Ma'anshan Changjiang Gonglu Daqiao

马鞍山长江公路大桥

Shigong Teding Zhuangtai Anquan Fengxian Pinggu Ji Jiance Jishu

施工特定状态安全风险评估及监测技术

马鞍山长江公路大桥施工安全控制与管理成套技术研究课题组 编著

人民交通出版社
China Communications Press

内 容 提 要

本书在将矛盾分析方法与工程风险评估理论相结合的基础上，选出对大桥施工安全生产最具影响的 7 种“特定状态”，通过马鞍山长江公路大桥的安全管理实践，从技术措施角度，重点研究这些“特定状态”下施工安全风险评估与监测技术，并提出了相应的风险事态安全防控措施，以有效降低安全事故风险，提高安全生产管理水平。

本书可供从事桥梁工程建设项目的建设、施工、监理单位的技术人员使用。

图书在版编目(CIP)数据

马鞍山长江公路大桥施工特定状态安全风险评估及监测技术 / 马鞍山长江公路大桥施工安全控制与管理成套技术研究课题组编著. —北京：人民交通出版社，2014.4

ISBN 978-7-114-11325-3

Ⅰ. ①马…　Ⅱ. ①马…　Ⅲ. ①长江—公路桥—桥梁工程—安全评价—马鞍山市　Ⅳ. ①U448.14

中国版本图书馆 CIP 数据核字(2014)第 056481 号

书　　名：马鞍山长江公路大桥施工特定状态安全风险评估及监测技术
著 作 者：马鞍山长江公路大桥施工安全控制与管理成套技术研究课题组
责任编辑：孙玺　牛家鸣
出版发行：人民交通出版社
地　　址：(100011)北京市朝阳区安定门外外馆斜街 3 号
网　　址：http://www.ccpress.com.cn
销售电话：(010)59757973
总 经 销：人民交通出版社发行部
经　　销：各地新华书店
印　　刷：北京市密东印刷有限公司
开　　本：787 × 1092　1/16
印　　张：9.5
字　　数：215 千
版　　次：2014 年 4 月　第 1 版
印　　次：2014 年 4 月　第 1 次印刷
书　　号：ISBN 978-7-114-11325-3
定　　价：30.00 元
(有印刷、装订质量问题的图书由本社负责调换)

“马鞍山长江公路大桥施工安全控制与管理成套技术研究”

科研项目负责人

何　光　屠筱北　张劲泉　殷治宁　周荣贵　殷永高　刘恒权

《马鞍山长江公路大桥施工特定状态安全风险评估及监测技术》

编 著 人 员

主　　　编： 殷治宁

副　主　编： 蔡曙日　何　光

主要编著人员： 殷治宁　蔡曙日　何　光　程寿山　魏文江　郭　佳　毛　燕　刘　京　刘　智　倪振松

统　　　稿： 魏文江　蔡曙日　郭　佳

主　　　审： 殷永高

主要审查人员： 孙敦华　张立奎　王　宏

前 言

安全事故与安全管理是桥梁建设工程中的一对尖锐矛盾,风险隐患与风险防控又是这对矛盾中的主要方面。

安全隐患存在于桥梁建设的全过程中。在桥梁建设中,由于采用的工艺工序的不同,所产生的风险隐患也不尽相同。这体现了矛盾论中的普遍性与特殊性。

矛盾分析方法是唯物辩证法的基本方法。它包括一分为二看问题、具体问题具体分析,抓住重点和主流、坚持两点论和重点论的统一。在研究复杂事物矛盾发展过程中,既要研究主要矛盾,又要研究次要矛盾,既要研究矛盾的主要方面,又要研究矛盾的次要方面,二者不可偏废。在坚持两点论的前提下,坚持重点论。依据这个方法原理,在马鞍山长江公路大桥海量般的施工工序中,将深水桩基和深水围堰施工、锚碇沉井施工、钢塔柱安装施工、高索塔爬模施工、悬索桥上部结构施工、斜拉桥上部结构施工、大型临时工程施工等,确定为对大桥施工安全生产最具影响的7种"特定状态"。这些"特定状态"在工程建设中,具有分部或分项工程规模大、施工作业难度大、受自然环境影响大等特点,而且一旦发生安全事故,极易造成群死群伤的作业环境和作业工序。

保障安全生产的路径有多条,方法有多种。大体归纳为:一、工程措施,就是在设计方案、实体形式和机械设备等方面的选择上,做到物的本质安全;二、技术措施,就是通过优化施工方案,科学排查、整改与防控生产隐患,实现安全生产;三、管理措施,就是建立健全工作规程,用制度规范作业人员行为,达到人的本质安全。本书力图通过马鞍山长江公路大桥的安全管理实践,从技术措施角度,重点研究这些"特定状态"下施工安全风险评估与监测技术,以有效降低安全事故风险,提高安全生产管理水平。

全书共分9章,主要内容有:概述、桥梁施工特定状态与风险评估、深水桩基和深水围堰施工、锚碇沉井施工、钢塔柱安装施工、高索塔爬模施工、悬索桥上部结构施工、斜拉桥上部结构施工、大型临时工程施工。

在桥梁工程建设中,将矛盾分析方法与工程风险评估理论相结合是我们的探索;在众多施工工况中,遴选出对大桥施工安全生产最具影响的7种"特定状态",抓住重点,提高安全管理工作效率是我们的尝试。本书编著的研究内容、方法和结论,是"马鞍山长江公路大桥施工安全控制与管理成套技术研究"的成果之一。

在编写和审定过程中,本书得到了安徽省高速公路控股集团公司、安徽省高等级公路工程监理公司、中铁大桥局集团有限公司、中交第二公路工程局有限公司、中交第二航务工程局有限公司、路桥华南工程有限公司、安徽省交通建设有限责任公司等单位的大力支持。交通运输部公路科学研究院的楼庄鸿、王迪荣两位专家,为本书提出了很多宝贵意见,在此表示衷心感谢!

由于水平限制等因素,本书中的一些概念与做法仍在研究之中,研究的成果和编写的著作肯定会存在不少问题,敬请读者朋友批评指正。

编　者

2014 年 3 月

目　　录

第1章　概　　述

马鞍山长江公路大桥施工安全控制与管理成套技术研究是依托马鞍山长江公路大桥重大建设工程展开的。本章主要介绍马鞍山长江公路大桥工程项目及其施工安全控制与管理成套技术研究的概况,以及本书的主要内容。

1.1　马鞍山长江公路大桥工程简介

1.1.1　项目概况

马鞍山长江公路大桥位于安徽省东部,起自和县姥桥镇上的206省道,接规划中的马鞍山至合肥高速公路,跨江后进入马鞍山市,终点止于马鞍山市当涂县牛路口(皖苏界),与规划中的马鞍山至溧水公路(江苏段)相接,路线全长约36.14km。其中跨江主体工程长11km,南岸接线长19.49km,北岸接线长5.65km,项目总投资约70.8亿元。

马鞍山长江公路大桥是2004年7月国家发展和改革委员会召开的全国长江干流过江通道会议初步规划确定的70座长江过江通道之一,也是2004年1月安徽省发改委、交通厅编制的《长江过江通道布局规划研究》中10座公路大桥之一。在区域路网中,该项目是原交通部编制的《长江三角洲地区现代化公路水路交通规划纲要》中上海—江阴—马鞍山—合肥高速公路的组成部分和《促进中部地区崛起公路水路交通发展规划纲要》中马鞍山—和县—武汉高速公路的重要路段;在安徽省路网中,该项目是规划的"四纵八横"高速公路网规划中"纵一"徐州至杭州高速公路和"横七"南京至九江公路合肥至马鞍山联络线的跨越长江的关键工程。

马鞍山长江公路大桥的建成,将进一步加强安徽省与长江三角洲地区的经济联系,加快长江三角洲及其周边地区的一体化、均衡化发展,贯彻实施党中央、国务院的中部崛起战略及安徽省的东向发展战略,进一步完善安徽省、华东高速公路网和国家、安徽省长江过江通道的规划建设。

1.1.2　技术标准

大桥按全封闭、全立交、6车道高速公路标准设计,设计车速为100km/h,桥梁整幅标准宽度为33m,路基宽度为33.5m,设计荷载为公路—I级,左汊通航净空32m,右汊通航净空18m。

1.1.3　桥型方案

大桥桥型新颖,技术含量高,在设计与施工上做了大量开创性的研究工作。左汊主桥采用2×1 080m三塔两跨悬索桥,主跨跨径突破千米,位列世界同类桥型第一,主缆长度突破3 000m,钢混叠合塔规模为世界第一,并首次采用塔梁固结体系。右汊主桥采用2×260m三塔斜拉桥,桥塔为椭圆拱形(以下简称左汊悬索桥、右汊斜拉桥)。

大桥在桥型设计中，充分体现了浓厚的徽派特色，含有“安徽元素”。大桥左汊悬索桥的桥塔整体采用比较古朴素雅的古典造型，高大威武，同时在桥塔横梁的设计中，采用了徽派建筑中牌坊的多个元素。右汊斜拉桥桥塔采用拱形，桥塔造型由“A”和“H”组合而成，与“安徽”的汉语拼音首字母一致。大桥的桥塔造型更具寓意，都是门式结构。它们就像打开的大门，开放性的设计，寓意着“敞开东大门，融入长三角”。除此之外，大桥的色彩艳美，尤其是右汊主桥，充满柔性的拱形桥塔、橘红色的塔身，与滨江新区、采石风景区等遥相呼应、相得益彰，见图1-1和图1-2。

图1-1　左汊悬索桥

图1-2　右汊斜拉桥

1.1.4　关键技术

1）左汊悬索桥中塔大直径深水桩基础施工技术

左汊悬索桥中塔位于长江中央主航道，水深流急，具有钻孔桩直径大、钻孔较深，桥位处岩层强度高、软硬不均、裂隙发育，承台一次性浇注混凝土方量大等特点。

对于中塔大直径深水桩基础，其关键技术是钢吊箱水中精确定位、钢护筒定位、深厚砂层钻孔、钻孔桩清渣、基础局部冲刷等。

施工技术方案主要包括：中塔墩基础施工采用围堰钻孔平台一体化施工方案。双壁钢吊箱围堰在岸上整体制造组拼，气囊法断缆下水，整体浮运至墩位，采用重型锚碇精确定位。桩基础采用“KTY4000”型动力头钻机钻进成孔；在钻孔接近各层分界面时，将钻机减压并降低转速防止桩孔偏斜、移位，待桩孔入岩2.0m左右时，再恢复至正常的钻压、转速；同时增设稳定装置克服“S形”孔，钢筋笼采用专门胎具长线制作，在墩位处船上设有翻转架，浮吊采用大小双钩起吊、翻转、竖立，大节段安装以缩短成桩时间，确保桩基质量。

2）左汊悬索桥边塔混凝土施工技术

左汊悬索桥边塔为混凝土高塔，塔高175.8m，对于高塔混凝土施工难点在于外观质量控制，为解决高塔混凝土外观质量问题，参建单位主要采取以下关键技术：

（1）改善传统爬模结构。一是面板后每间隔一定距离增设木板条，并在原横向钢围檩外增设一道钢背枋，由此将模板系统刚度提高了200%，大大提高了混凝土大面平整度；二是将面板螺钉从正面钉入改为从背面钉入，避免在混凝土表面留下螺钉影；三是将增设的竖向钢背枋沿模板地面延长，在已浇混凝土顶面增设一层拉杆，以避免新老混凝土交界面形成错台；四是为保证塔柱倒角顺直，爬模的倒角模板采用定型钢模板。

（2）根据塔柱高度不同，采用不同坍落度和初终凝时间的混凝土，保证混凝土性能适用塔柱高度变化。

(3)精细化施工提高混凝土外观质量。细化测量精度要求、细化立模工艺、细化振捣过程、细化模板交界面处理等。

3)左汉悬索桥中塔施工技术

左汉悬索桥中塔采用钢混叠合塔,桥面以下为混凝土,桥面以上为钢结构,采用塔梁固结结构体系,进行中间叠合塔墩接头及塔梁固结部分受力及施工工艺研究。同时,中塔高度达到176m,钢塔柱拼装节段42个,架设难度大,最大吊装重(塔柱底节段)达580t,单节段吊装重180t,吊装精度要求塔柱垂直误差不超过1/4 000,施工控制困难。其关键技术是塔梁固结钢混叠合段施工、大节段钢塔吊装及线形控制。

(1)混凝土塔柱为预应力结构,施工中采用带调整装置的劲性骨架及预埋钢管通过1∶1放样弯制弧度,解决了预应力定位和倾斜度控制问题。

(2)塔梁固结段和钢混叠合段施工是中塔核心部位。通过合理安排固结段施工顺序、布置三向调整装置等措施,消除下横梁、支架温度变形对结构的影响,钢塔下横梁安装位置准确,连接时间选择恰当,保证了塔梁固结段施工质量。

(3)采用剪力钉自密实混凝土加高强度砂浆的方案保证了超大断面钢混叠合面的密实性和密贴性。

(4)研发了D5200塔机,创造了吊高超过200m、吊重达240t,钢塔标准节段安装效率平均每节段耗时2.5d的纪录。

4)左汉悬索桥锚碇沉井施工技术

左汉悬索桥锚碇是悬索桥的主要受力构件,承受着巨大的缆力荷载,是大桥建设的控制性工程。锚碇基础采用超大沉井,其中北锚碇沉井高41m,南锚碇沉井高48m。平面尺寸为60.2m×55.4m(第一节沉井长和宽分别为60.6m和55.8m)的矩形截面,第一节为钢壳混凝土沉井,其余为混凝土沉井,平面布置为25个井孔。

锚碇体积庞大,下沉深度大,沉井位置处的地质以砂层为主,存在丰富的潜水,易出现涌砂等不利状况。施工中沉井一旦出现偏斜,纠偏困难。施工方案的选择必须确保长江大堤和附近建筑物的安全。

对于较深的南锚碇沉井,通过多次召开专家会研讨,确定了沉井基础采用三次接高三次下沉的施工工艺,吸泥取土采用"降排水+半排水+不排水"相结合的方式,在沉井下沉至难以下沉的圆砾土层后,开启空气幕助沉,既提高了下沉速度,又保证了沉井姿态。

5)左汉悬索桥猫道架设技术

左汉悬索桥主缆长度突破3 000m,主缆架设不同于常规的两塔悬索桥,需要跨越三个主塔,由两点一线,变为三点一线,增加了技术难度。在猫道架设阶段,作业现场风将使猫道产生比较大的竖向、横向及扭转振动,可能危及猫道及桥上作业人员的安全。

(1)在猫道上设置控制振动的位移和减振的装置,避免猫道振动过大。

(2)左汉悬索桥上部施工要求猫道尽量平行于主缆。

(3)为使主塔承受较小的不平衡外力,猫道承重索按照左右幅对称、两主跨对称的顺序依次架设。

(4)考虑中间桥塔和中塔基础等结构限制,以及综合施工对通航影响等因素,明确先导索越过中塔、过江的优选方案。

6)左汊悬索桥钢箱梁吊装技术

左汊悬索桥主梁为钢箱梁,采取分段制造安装,全桥梁段对称布置,共划分为135个节段,分为A、B、C、D、E、F、G、H 8种类型的节段。左汊悬索桥采用了刚度适中的中主塔和在中塔处设塔梁固结体系,以降低中塔两侧产生的不平衡缆力,提高主缆与鞍座间的抗滑移安全系数、增大结构的竖向刚度,由此引起的施工难题除作为特大跨径悬索桥本身具有的施工难题解决外,还应解决由结构特性及施工环境带来的技术难题。

(1)悬索桥为以悬索承重的柔性结构,当钢箱梁吊装后主缆有相应的变位,本桥在中塔处H梁段与中塔固结,且G梁段吊索为定长,因而在G梁段吊装后,通过厂内加工数据进行现场匹配处理,解决了中塔处线形顺接技术难题。

(2)由于钢箱梁在中塔处为塔梁固结,与飘浮体系结构不同,钢箱梁吊装顺序和合龙段选择应慎重考虑,通过温度应力、结构应力及线形因素论证,并经设计、监控单位验算,确定了南北主跨钢箱梁吊装顺序和合龙段位置。

(3)南边塔浅滩区在钢箱梁吊装期间处于无水状态,另由于护坡需要,海事部门已进行抛石防护,造成边塔侧部分梁段安装困难;北主跨在低水位期间沙滩外露超过400m宽,运梁船只无法直接到达吊装位置。现场通过设置栈桥平台,将钢箱梁存放于平台处,通过跨缆吊机起吊或荡移进行吊装。

(4)与飘浮、半飘浮体系相比,固结体系对钢箱梁线形控制要求更高,施工单位应严格按照监控指令进行吊装,严格控制梁段吊装容许数量差及线形测量控制。

7)右汊斜拉桥拱塔施工技术

右汊斜拉桥采用38m+82m+2×260m+82m+38m的三塔六跨双索面半飘浮体系。桥塔为钢筋混凝土拱形塔(由椭圆形曲线、圆曲线和悬链线三种线形组合而成),中塔塔高106m,桥面以上高76m;两个边塔塔高88m,桥面以上高61m。由于右汊斜拉桥索塔为椭圆拱形混凝土结构,结构复杂,应力可调整幅度小,其在施工过程中有以下难点:模板施工工艺技术要求高;劲性骨架刚度要求大;整体线形和局部线形控制细节难度大。

对于拱形混凝土结构的塔肢,常规施工工艺大部分采用以直代曲施工工艺,该工艺施工的线形在一定程度上存在折线现象,从而影响结构受力。通过对常规工艺进行分析比对,右汊斜拉桥采用新型可调曲率液压爬模施工技术,曲率可调的方式为在龙骨与背楞之间设置可调节螺杆,通过拧动螺栓的长短来调整整个面板的矢高值,从而达到弧线线形,能较好的模拟设计线形进行模板线形的调整,适用于各个节段不同曲率变化的混凝土结构,并可重复使用。为异形塔的设计与施工提供保障。

1.2 马鞍山长江公路大桥力学结构体系及特点

1.2.1 左汊悬索桥力学特点

左汊悬索桥为主跨2×1 080m的三塔悬索桥,为解决该桥在不平衡荷载作用下引起中塔两侧主缆缆力差值较大的问题,需要选择合理的结构体系,对塔梁固结、支座约束、半飘浮与全飘浮4种结构体系进行对比分析。采用有限元软件BNLAS分析4种结构体系的力学特性,计算结果表明:塔梁固结结构体系抗滑安全系数最高、结构刚度最大,中塔钢结构段应力在容许范围内,抗风与抗振性能优于飘浮体系,不需要设置支座;4 种结构体系在缆索受力方面差异很小;塔梁固结体系加劲梁受力较大,但可以通过调整梁高来控制应力。经综合比选,最终采用塔梁固结的结构体系。

三塔悬索桥相比于传统的双塔悬索桥,最主要的区别就在于多了一个中间塔,因而其在荷载作用下的静动力特性与双塔悬索桥有所不同,在设计中,中塔的结构形式以及刚度的选取至关重要,既不能过刚也不能过柔。如果中塔的刚度选取过大,则在两主跨非对称荷载的不利作用下,要求中塔鞍座与主缆的抗滑移能力较大,这对结构安全性和施工简易性提出了很高的要求;如果中塔设置过柔,则在非对称荷载作用下会引起加劲梁及桥面的过大变形,影响桥面线形和行车平顺。

三塔悬索桥由于多了一个主跨和一个中塔,结构行为特征主要表现在加载工况和主缆对桥塔的约束不同。由于主缆对中塔塔顶的约束较边塔弱,当一边主跨加载,另一边主跨少载或空载时,中塔两侧主缆将出现缆力差值。计算分析表明:

(1)如果中间桥塔刚度很大,当一边主跨加载时,中塔纵向变形很小,则非加载跨主缆拉力增加不多,加载跨主缆与非加载跨主缆在中塔鞍座两侧形成的缆力差较大,有可能引起主缆在鞍槽内滑移,同时,巨大的不平衡力对桥塔及基础的受力不利。

(2)如果中间桥塔刚度较小,当一边主跨加载时,中塔顶纵向变形较大,导致空载跨主缆拉力增加较多,主缆在中塔两侧的缆力差减小,加载跨主梁挠度增大,结构刚度变弱,影响行车的舒适性。

(3)与中塔不同,边跨主缆对边塔塔顶的约束较中塔要强得多,边塔受力与两塔悬索桥基本相同。

1.2.2 右汊斜拉桥力学特点

右汊斜拉桥为 2×260m 三塔斜拉桥,桥塔为椭圆拱形,是国内首座拱形三塔斜拉桥。跨径布置为 37.25m+82.75m+2×260m+82.75m+37.25m,全长 760m,为三塔双索面半飘浮体系。主梁采用预应力混凝土分离式双箱断面,主塔采用椭圆拱形混凝土桥塔,下部采用承台及群桩基础。

右汊江面宽度不大,桥梁规模较小,是马鞍山长江公路大桥的支汊工程。在本桥的设计中,采用了“亦桥亦景”的设计构想,首先是一座桥梁,其次也是一个景观。

斜拉索沿塔柱锚固按曲线布置,在梁上锚固按直线布置,形成了一个曲面形状,全桥的 3 个主塔与斜拉索共形成了 12 个曲面。其中索塔为多种曲线线形,以椭圆线形为主,应力控制范围较为严格,对于施工线形的保障尤为重要,不允许出现折线线形,同时拱形塔的上部内倾角较大,易产生内倾变形和增加额外应力的情况,见图 1-3。

斜拉索采用双索面扇形布置,拉索在梁上标准间距为 7.0m,塔上标准间距为 2.0m,斜拉索采用平行钢丝新型预应力防腐拉索,拉索采用 7mm 镀锌、高强度、低松弛钢丝,抗拉强度为 1 670MPa,配以带有可转动球形支座的冷铸镦头锚,为使斜拉索安装有足够的调节范围,主梁、主塔处均采用张拉端锚具。

a)

b)

图 1-3　斜拉桥空间效果

1.3　马鞍山长江公路大桥施工安全控制与管理成套技术研究项目概况

1.3.1　研究内容

本研究依托马鞍山长江公路大桥建设工程，针对马鞍山长江公路大桥建设规模大、技术要求高、施工周期长的特点，开展“马鞍山长江公路大桥施工安全控制与管理成套技术研究”的工作。项目研究内容主要包括以下 5 个方面：

1）桥梁工程施工组织设计安全风险评价技术研究

（1）工程风险评估的技术调研；

（2）桥梁工程施工组织设计安全风险评估研究与分析；

（3）马鞍山长江公路大桥施工组织设计安全风险评估；

（4）公路桥梁工程施工组织设计安全风险评估指南。

2）桥梁施工现场安全风险源辨识与管理方法研究

（1）施工现场安全管理状况调研；

（2）桥梁施工现场安全风险源辨识与防控；

（3）桥梁施工现场安全管理方法研究。

3）桥梁施工特定状态安全风险评估及监测技术研究

（1）特大型桥梁施工特定状态调研；

（2）特大型桥梁施工特定状态安全风险评估；

（3）特大型桥梁施工特定状态监测技术体系研究；

（4）特大型桥梁施工特定状态重大安全危险预警和控制方法研究。

4）桥梁施工作业区智能监控与系统集成技术研究

（1）施工过程重大风险源智能监测技术调研；

(2)施工过程安全状态分析、预警及应急控制技术研究；

(3)复杂施工环境下的安全生产监控网络组网及系统集成技术研究。

5)公路工程安全生产监管制度体系研究

(1)国内外工程安全监督管理制度分析；

(2)风险管理运行机制研究；

(3)安徽省交通建设重点急需制度研究；

(4)安徽省交通建设工程安全生产监管制度体系构建；

(5)安徽省公路工程安全生产管理研究。

1.3.2　研究意义

本项目的研究意义体现在以下 4 个方面：

第一，适应马鞍山长江公路大桥建设工程安全生产的需要。

通过本项目研究工作，促进马鞍山长江公路大桥建设工程安全生产管理规范化，使大桥施工安全风险得到有效控制，遏制重、特大事故的发生，实现安全工作从被动防范向源头管理转变，总体提升马鞍山长江公路大桥安全生产管理水平。

第二，总结提炼马鞍山长江公路大桥施工期间安全生产管理经验。

大桥施工期间，参建单位之多，交叉施工之多、作业人数之多都是一般工程不具有的。运用系统论、控制论和信息论的观点，总结提炼大桥建设中先进的理念与做法，为安徽省乃至全国同类型桥梁施工提供安全生产管理经验。

第三，促进我国重大交通建设工程安全生产形势好转。

近年来，全国各地先后发生多起重大建设工程现场的重大、特大伤亡事故，给人民生命和国家财产造成重大损失，并造成不良的社会影响。“马鞍山长江公路大桥施工安全控制与管理成套技术研究”的研究成果，立足于桥梁施工全过程中关键工序和成套管理技术，以重大桥梁建设工程安全生产管理为主要内容，注重预防性、普适性和通用性，为其他行业和领域的重大建设工程安全生产工作提供借鉴和技术支撑，从而促进当前和今后我国重大建设工程安全生产形势好转。

第四，丰富我国公路桥梁建设安全生产管理理论与方法。

为实现交通运输部制订的全国公路水运建设工程安全生产管理目标，亟需开展以公路桥梁安全生产技术为重点的理论与方法研究。长期以来，我国安全生产管理多以行政手段为主，安全生产管理作为一门科学起步较晚。本课题以理论力求创新求实、方法力求简明易用为研究目标，通过对国内外安全管理的理论分析，以及国内外安全生产管理方法的应用比较，探索适应我国公路桥梁建设安全管理现状的安全生产管理方法。

1.3.3　研究技术路线

本项目研究总体技术路线如图 1-4 所示。

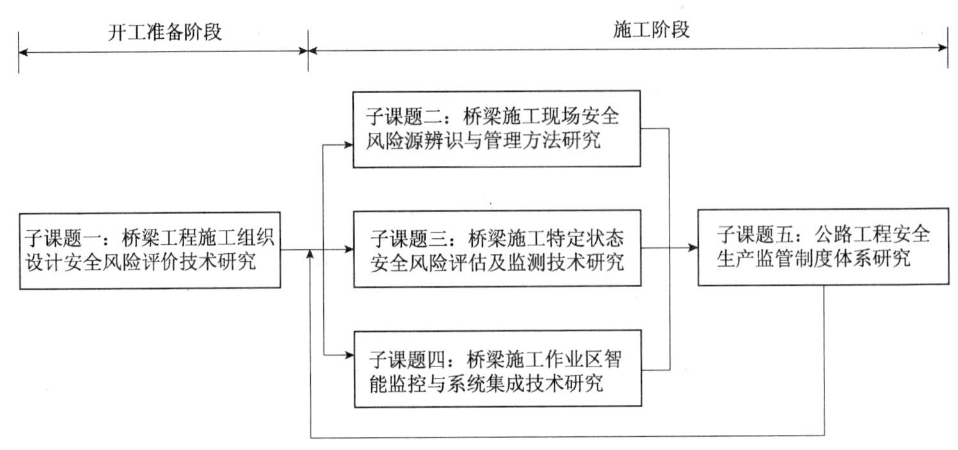

图 1-4　项目研究总体技术路线(各子课题关系)

1.3.4　研究目的与主要研究成果

本项目以保障马鞍山长江公路大桥施工的本质安全为基本目的，主要研究成果包括以下5个方面：

(1)研发针对桥梁工程的施工组织设计安全风险评价技术，构建桥梁工程开工准备期安全风险评估体系，并在马鞍山长江公路大桥建设工程中进行有效性验证，形成《桥梁工程施工组织设计安全风险评估指南》。

(2)总结马鞍山长江公路大桥施工期间安全风险分析和预防的安全管理方法，形成专著《马鞍山长江公路大桥施工安全风险源辨识与管理》，地方标准《安徽省公路水运工程施工人员上下通道技术规程》、《安徽省公路水运工程施工满堂钢管支架技术规程》、《安徽省公路水运工程梁式支架技术规程》。

(3)针对马鞍山长江公路大桥在施工期特定状态下重大风险隐患，开展有关桥梁施工期主体结构及临时结构工程的重大风险源的动态监测、预警的关键技术，开发大型支架施工安全监测系统、大型临时结构动态无线应力监测系统、特大桥梁索塔偏位动态实时无线监测系统、桥梁施工高空吊物安全监测预警系统等成套技术装备，形成专著《马鞍山长江公路大桥特定状态施工安全风险监测及预控技术》、软件著作《桥梁施工结构安全无线数据采集系统》、专利《一种可测倾角变化的智能钢管脚手架扣件》和《一种可测受力变化的智能钢管脚手架扣件》。

(4)研究适用于桥梁施工安全的桥梁施工作业区智能监控与系统集成技术，开发《桥梁施工作业区智能监控系统》，形成《马鞍山长江公路大桥施工安全管控平台管理与使用手册》、地方标准《公路交通应急宽带无线接入系统总体要求》、软件著作《马鞍山长江公路大桥施工安全管控平台应急处置系统》。

(5)针对特大型工程安全管理，基本建立开工前预评估、施工现场安全检查和风险评估、风险监控等成套风险管控体系，并在马鞍山长江公路大桥建设工程中进行有效性验证。在此基础上形成《公路工程施工关键工序安全生产作业指导书编制指南》、《安徽省公路水运工程安全生产管理制度体系》和《安徽省公路水运重点工程建设项目安全生产管理指南》。

1.4　本书主要研究内容

本书是将矛盾分析法与工程风险评估理论相结合，对影响大桥施工安全生产的7种特定状态风险评估与监（检）测技术进行研究，同时简要介绍了显著风险事态相关防控措施。

具体章节安排如下：

（1）第1章概述。简要介绍马鞍山长江公路大桥三塔两跨悬索桥、三塔拱形斜拉桥的结构体系和力学特点，以及马鞍山长江公路大桥施工安全控制与管理成套技术研究的概况，并介绍本书的研究内容。

（2）第2章桥梁施工特定状态与风险评估。通过对马鞍山长江公路大桥桥梁施工特定状态的定义，主要介绍桥梁工程施工风险评估的基本理论、评估流程和评估方法。

（3）第3章深水桩基和深水围堰施工。根据马鞍山长江公路大桥主桥的深水桩基和深水围堰施工工序特点，对其产生风险事态进行辨识，提出深水桩基和深水围堰施工安全监（检）测技术，同时对深水围堰显著风险事态进行相关安全防控介绍。

（4）第4章锚碇沉井施工。根据左汊悬索桥锚碇工程施工工序特点，对锚碇工程的风险事态进行辨识，提出锚碇工程施工安全监（检）测技术，同时对锚碇工程显著风险事态进行相关安全防控介绍。

（5）第5章钢塔柱安装施工。根据左汊悬索桥中塔钢塔柱施工工序特点，对其施工过程的风险事态进行辨识，提出中塔钢塔柱安装安全监（检）测技术，同时对塔吊吊装显著风险事态进行相关安全防控介绍。

（6）第6章高索塔爬模施工。根据左汊悬索桥和右汊斜拉桥的索塔爬模施工工序特点，对其风险事态进行辨识，提出高索塔爬模施工安全监（检）测技术，同时对爬模工程显著风险事态进行相关安全防控介绍。

（7）第7章悬索桥上部结构施工。根据左汊悬索桥上部结构猫道架设施工、主缆索股架设施工、栈桥存梁施工、主梁吊装施工、猫道拆除施工的工序特点，对其施工风险事态进行辨识，提出悬索桥上部结构施工安全监（检）测技术，并对显著风险事态进行相关防控介绍。

（8）第8章斜拉桥上部结构施工。根据右汊斜拉桥塔梁同步施工及主梁悬臂现浇施工工序特点，对其施工风险事态进行辨识，提出斜拉桥上部结构施工安全监（检）测技术，同时对塔梁同步施工显著风险事态进行相关防控介绍。

（9）第9章大型临时工程施工。根据满堂支架、梁式支架以及钢栈桥施工工序特点，对其施工风险事态进行辨识，提出工程施工安全监（检）测技术，同时对满堂支架、梁式支架以及钢栈桥显著风险事态进行相关防控介绍。

第2章　桥梁施工特定状态与风险评估

风险评估是以特定的工况为前提,而不同的工况下存在着不同的风险。本章通过对马鞍山长江公路大桥桥梁施工特定状态的定义,主要介绍桥梁工程施工风险评估的基本理论、评估流程和评估方法。

2.1　特定状态定义

桥梁工程施工具有野外作业多、施工时间长、作业人员流动性大、工序复杂多样的特点。由于桥梁类型、工程规模、建设环境、工艺工序、机械设备和施工季节的多样性,形成了施工技术方案的可变性和施工状态的独特性。"特定状态"广义上是为方便研究问题而作出的特别规定或指定的工作状态。本书"特定状态"是指在马鞍山长江公路大桥施工建设中,分部或分项工程规模大、施工作业难度大、受自然环境影响大的工序,而且一旦发生安全事故,极易造成群死群伤的作业环境和作业工序。因此,本书中简称的"特定状态"包含作业环境的恶劣性与作业工序的复杂性两个主要风险,或者是二者风险的叠加。

根据马鞍山长江公路大桥特定状态定义,结合大桥结构体系和施工环境的特点,梳理了7种"特定状态":深水桩基和深水围堰施工、锚碇沉井施工、钢塔柱安装施工、高索塔爬模施工、悬索桥上部结构施工、斜拉桥上部结构施工、大型临时工程施工,重点研究这些"特定状态"下施工安全风险评估与监测技术。

2.2　桥梁工程风险评估

2.2.1　风险定义

1)风险

风险是客观存在的,任何系统都必然存在风险。生活中常用的"风险"一词,针对不确定性而言,既可以表现为利益和机遇,又可以表现为损失或灾难。学术上,风险一词最早起源于经济学的风险管理领域。不同年代、不同学科,学者们对于风险的定义不同,对风险研究的侧重点也不同,但主要研究都集中于危害事件及其发生的概率和造成的后果等几个方面。

风险评价的最直接方法是对各种可能的风险进行量化的度量,因此,确定风险的数学表达式是进行定量风险评价必须完成的工作之一。对于某项行动,其风险与该项行动中风险事态可能出现的概率及其可能造成的损失、该项行动的目标收益及目标收益实现的可能性具有某种函数关系,风险定义的数学表达式为:

$$R = f(p,c;q,b) \tag{2-1}$$

式中:R——风险的数值度量;

p——风险事件发生的概率；

c——风险事件发生造成的损失；

q——目标利益实现的概率；

b——目标利益。

风险事态出现的概率和收益目标达成的概率具有互补的关系，即

$$p + q = 1 \tag{2-2}$$

因此，上式可以简化为：

$$R = f(p,c;b) \tag{2-3}$$

式(2-3)体现了风险是潜在收益与损失之间的博弈这一本质特点，可视为风险的一般数学表达式。当收益难以量化，或者与损失相比收益可以忽略时，如安全风险，此时收益与损失的博弈将转化为各种潜在损失之间的博弈，式(2-3)简化为：

$$R = f(p,c) \tag{2-4}$$

式(2-4)可理解为，某项行动的风险 R 是该项行动中潜在的风险事态转换为现实的概率 p 及其造成的损失 c 的某种函数形式。常见的风险实现形式是风险概率及损失的累乘或积分形式：

$$R = \sum_i p_i \cdot c_i \tag{2-5}$$

以乘积形式作为风险定义的数学函数关系式是最常见的表达形式。式(2-5)累乘关系式是以风险事态之间相互独立为前提，如果考虑行动中发生某种风险事态而产生不同程度的损失时，各种损失的发生概率是不同的，则式(2-5)表示为：

$$R = \sum_{ij} p(h_i)p(e_{ij} \mid h_i) \cdot c_{ij} \tag{2-6}$$

式中：　i——风险事态的数量；

j——某种风险事态可能造成的损失种类；

$p(h_i)$——第 i 种风险事态出现的概率；

$p(e_{ij} \mid h_i)$——第 i 种风险事态发生时，出现第 j 种损伤的概率；

c_{ij}——第 i 种风险事态造成第 j 种损伤时的损失。

风险定义的积分表达形式为：

$$R = \iint p(x)c(y)\mathrm{d}x\mathrm{d}y \tag{2-7}$$

式中：$p(x)$——风险概率的密度形式；

$c(y)$——损失的密度形式。

2）桥梁工程风险

广义的风险可以理解为现实状态与预期之间的差异，因此，桥梁在生命全过程都受着潜在风险的威胁，全过程中包含桥梁的规划、设计、施工、使用、维修和拆除等各个阶段。本书主要针对桥梁施工阶段“特定状态”下所面临的风险。

桥梁工程风险的主要特点有：

（1）桥梁工程的风险事态与桥梁的结构形式有关。

（2）桥梁工程中风险事态的不确定性由桥梁荷载变异、材料变异、计算模型的不确定性以及人为不确定性等诸多复杂因素构成。

(3)在桥梁风险评估中,对于损失的关注大于对于收益的关注,这与桥梁本身的投资规模、事故后果和社会影响因素有关。

(4)桥梁工程风险评估由于其复杂性和多样性,常使用风险矩阵或某一概率指标对风险事态的严重程度排序,从而进行风险测量,没有特定的函数形式。

2.2.2 桥梁工程风险损失模型与风险概率模型

1)风险损失模型

桥梁风险损失是指桥梁在风险事态中遭受的结构损伤、人员伤亡、服务水平下降等直接影响,以及交通受阻、声誉受损等间接影响,而形成的各种价值的缺失或灭失,而不是狭义的货币价值。根据广义风险的定义,也可以将其理解为由于潜在风险事态的出现,而对既定目标产生的影响。因此,针对不同利益主体,桥梁风险损失的内涵和外延可能不同。

不确定性是构成风险损失的基本条件之一,对于风险损失的不确定性可以从损失是否出现、出现的次数和损失幅度的不确定等方面来理解。如果尝试用多个随机变量描述不确定性,可以用随机变量 N_i 表示在评估期内风险事态 i 出现的次数,用随机变量 $L_{i,j,k}$ 表示该风险事态 i 在第 k 次实现时,造成的第 j 种损失幅度。则全寿命期内,风险事态 i 造成的损失 j 的总量可表示为:

$$L_{i,j} = \sum_{k=1}^{N_i} L_{i,j,k} \tag{2-8}$$

损失的表现形式有多种,不同利益代表团体对其的理解可能不同。但从损失的基本物理形式的角度,可以用比较简洁、全面的形式对损失进行划分,便于建立基本的损失量测模型。参考以往桥梁风险事态的研究,从损失基本物理形式的角度,本书将损失归结为人员伤亡、时间延误和货币损失三种基本类型。

①人员伤亡是指桥梁风险事态发生时,对桥梁建造者、使用者或其他人员造成的人身伤害或死亡;②时间延误是指由于桥梁风险事态的发生,造成的桥梁建造或使用时间的减少;③货币损失用以衡量物质损失的价值。为了方便研究,本书将三者的损失水平分别乘以不同权重系数得到损失的综合效应,即

$$L = L_{\mathrm{h}} \times w_{\mathrm{h}} + L_{\mathrm{t}} \times w_{\mathrm{t}} + L_{\mathrm{m}} \times w_{\mathrm{m}} \tag{2-9}$$

式中:w_{h}——人员伤亡权重,根据参考资料取为0.45;

w_{t}——时间延误权重,取为0.35;

w_{m}——货币损失权重,取为0.2。

根据《公路桥梁和隧道工程设计安全风险评估指南》和马鞍山长江公路大桥施工管理相关规定,通过施工现场实地发放调查问卷的方式,确定马鞍山长江公路大桥施工期的损失等级,如表2-1所示。

风险事态损失划分等级　　表2-1

等　级	1	2	3	4	5
人员伤亡	0	轻伤1~2人	重伤1~2人	死亡1~2人	死亡3人以上
时间延误	小于2天	2~10天	10~30天	30~60天	60天以上
货币损失	小于10万	10万~50万	50万~100万	100万~200万	300万以上

2）风险概率模型

（1）桥梁风险概率的定义

桥梁风险概率模型是对桥梁风险损失现实发生的可能性的数学描述。设在风险事态 H 作用下，引起损失的极限状态可以用状态方程 $Z=R-S<0$ 表示，其中 S 为风险事态 H 作用下的广义效应，R 为广义抗力，则损失发生的概率可表示为：

$$P = p(R \leqslant S) = \int_R^{\infty} f(S)\,\mathrm{d}S \tag{2-10}$$

效应 S 与风险事态 H 相关，设关于 S 与 H 的联合概率密度函数为 $f(S,H)$，则有：

$$f(S,H) = f(S \mid H) f(H) \tag{2-11}$$

式中：$f(S|H)$——给定风险 H 状态下，极限状态失效的条件概率密度函数；

$f(H)$——风险事态 H 的概率密度函数。

由全概率公式得：

$$f(S) = \int_{-\infty}^{+\infty} f(S \mid H) f(H)\,\mathrm{d}H \tag{2-12}$$

将上式带入式（2-10），得：

$$\begin{aligned} P = p(R \leqslant S) &= \int_R^{\infty}\left[\int_{-\infty}^{+\infty} f(S \mid H) f(H)\,\mathrm{d}H\right]\mathrm{d}S \\ &= \int_0^{\infty}\left[\int_R^{\infty} f(S \mid H)\,\mathrm{d}S\right] f(H)\,\mathrm{d}H \end{aligned} \tag{2-13}$$

令

$$F_S(H) = \int_R^{+\infty} f(S \mid H)\,\mathrm{d}S \tag{2-14}$$

则有：

$$P = \int_0^{+\infty} F_S(H) f(H)\,\mathrm{d}H \tag{2-15}$$

考虑风险事态 H 可能引起失效的水平上、下限位 H_1 和 H_2，则式（2-15）可改写为：

$$P = \int_{H_1}^{H_2} F_S(H) f(H)\,\mathrm{d}H \tag{2-16}$$

将上式离散化，可得：

$$P = \sum_{i=1}^{N} F_S(\overline{H}_i)\Delta F_0(\overline{H}_i) \tag{2-17}$$

式中：$F_S(\overline{H}_i)$——风险事态 H_i 水平处于 i 区间的极限状态失效概率；

$\Delta F_0(\overline{H}_i)$——风险事态水平处于 i 区间的区间概率；

N——划分的风险事态水平区间数量。

进行风险概率模型的研究时，必须研究风险事态出现的概率和风险事态作用下损失发生的概率两部分内容。将风险事态 H 出现的频率称为风险事态的基础概率，用随机变量 $F_0(H)$ 表示；将在该风险事态作用下损失发生的概率称为损失发生概率，用随机变量 $F_S(H)$ 表示。

在具体的评估案例中，由于风险定义的不同，风险事态基础概率的含义也有差别。在广义风险的定义下，风险事态的出现与系统本身有一定联系，是系统性能指标的函数；而在重点关注灾害、事故等事件的狭义风险定义下，基础概率主要受风险事态本身特性的影响，而与系统本身无关。

(2)马鞍山长江公路大桥施工风险事态概率获取

根据《公路桥梁和隧道工程设计安全风险评估指南》及马鞍山长江公路大桥施工管理相关规定，确定马鞍山长江公路大桥施工期风险事态发生的概率等级，如表2-2所示。

风险事态概率划分等级　　表2-2

等　级	1	2	3	4	5
文字描述	几乎不可能	很少	偶然	可能	频繁
概率间隔	<0.000 3	0.000 3 ~ 0.003	0.003 ~ 0.03	0.03 ~ 0.3	>0.3
概率中间值	0.000 1	0.001	0.01	0.1	1

由于特大桥施工期风险事态均属于小概率事件，人为原因在其实现过程中具有比较显著的影响，建立规则的基础概率模型比较困难。因此，确定此类风险事态的概率常选择数据统计法、专家调查法等方法，将确定的概率作为其风险事态的基础概率。数据统计法是通过已有类似事故的调查统计，得到关于基础概率的描述；专家调查法是通过咨询、问卷调查的方法利用专家经验建立有关概率模型。

本书采用专家调查法，调查流程为：

①组织相关部门技术负责人及安全专员，讨论分析在特定状态下存在的风险事态，相关人员有课题组建设单位相关技术负责人、监理单位技术负责人、专职安全员、质检单位技术负责人、马鞍山长江公路大桥各标段项目技术负责人及安全经理；

②根据表2-1、表2-2的风险概率及调查得到的特定状态风险事态，组织相关部门技术负责人及安全专员做问卷调查；

③根据式(2-9)计算各特定状态下的风险事态评估损失水平；

④请桥梁施工专家和安全专家进行咨询复核；

⑤最终确定马鞍山长江公路大桥施工阶段特定状态下每项风险事态发生的概率和损失等级。

2.2.3　效用函数

在决策分析中，将决策人对后果的实际判断与后果的真实价值的差异称为偏好。在决策理论中，效用是描述决策人对后果的偏好，即后果的实际价值，并且用效用函数来量化对后果的偏好，它是后果的实值函数。

效用函数的研究实质是确定业主对损失幅度的基本处理态度。本书通过调查问卷的方式，获取马鞍山长江公路大桥指挥部的风险决策偏好，了解大桥管理人员的效用函数特征，以及他们对大桥风险概率和损失组合等级的风险态度。

2.2.4　基于满意准则的桥梁风险评估方法

1)桥梁风险评估流程

桥梁风险评估有以下主要步骤：

(1)明确风险评估对象和评估目的;

(2)明确决策人的风险偏好及效用函数;

(3)明确项目中所包含的风险事态,即风险识别;

(4)明确风险事态多对应的损失模型和概率模型;

(5)基于满意准则形成对风险事态的基本对策;

(6)对被满意准则判定为影响程度显著的风险事态采取积极主动的风险对策,降低其风险。

风险评估流程并非一成不变,根据项目背景、风险事态处理的不同,可针对具体的问题对以上流程进行简化或有所侧重,当目标明确时,甚至可以省略其中的某些步骤。

2)满意决策准则

在做决策时,决策人需要对各方案的优劣进行排序,从而找出最优方案进行实施,决策准则指的就是方案排序所遵守的基本依据。常用的决策准则可分为满意准则和最优化准则两大类。最优化准则能把所有备选方案排成完全序,它适用于已知效用函数及风险概率模型、风险损失模型精确分布的情况,或用于更为细致的方案比选过程,而桥梁施工过程的风险评估往往不具备以上条件,故本书选择满意准则形成风险事态的基本对策。实践证明,满意准则能够满足桥梁施工过程中各分项工程风险评估的要求。

满意准则是使分析简化、节省实践、降低费用而牺牲最优性的一种决策准则,它把方案划分成容易处理的几个有序子集,如接受、可接受、不可接受三个子集,不同子集的各个方案的优劣显而易见,但同一子集中各方案的优劣却难以分辨。为简化桥梁工程风险评估的复杂性,降低评估成本,常选用满意准则进行决策,如对公共安全的风险评价进行决策,及本书采用的利用风险矩阵进行的准定量风险评估。

3)ALARP原则

ALARP(As Low As Reasonably Possible)风险决策准则是满意准则的具体体现。其操作方法是:首先确定合理的衡量风险的指标,然后研究确定其效用函数特点,根据其代表值,确定合理的风险水平,同时也就确定了基本的风险对策。

通过对决策人的问卷调查,得到决策人效用函数的代表值,确定了风险等级的划分水平,如表2-3所示。

决策人风险等级划分水平　　表2-3

风险等级	可忽略	可接受(ALARP)	合理控制(ALARP)	严格控制(ALARP)	不可接受
划分水平	$0\leqslant R\leqslant 3$	$3\leqslant R\leqslant 5$	$5\leqslant R\leqslant 6$	$6\leqslant R\leqslant 7$	$7\leqslant R\leqslant 10$

将所确定的风险事态损失评定结果绘于风险等级区间划分表格内,如图2-1所示。风险等级区间划分由风险决策人的风险态度决定,决策人的风险态度取决于决策人的风险效应函数。风险等级区间按照ALARP风险决策准则确定各划分区域名称,即将整个风险区域划分为风险不可接受区域、风险可忽略区域和ALARP区域。对落于不可接受区域的风险事态,必须采取强制措施降低其风险;对落于风险可忽略区域的风险事态,表明其风险远低于社会可接受水平,不需采取任何措施;落于两者之间区域的风险事态介

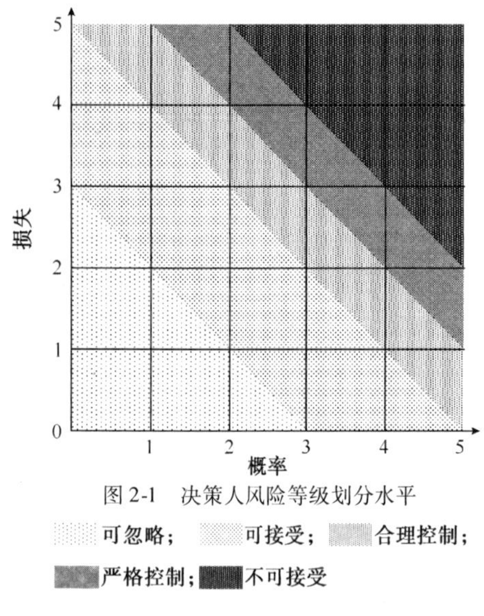

图 2-1　决策人风险等级划分水平

可忽略；可接受；合理控制；严格控制；不可接受

于可忽略和不可接受之间，应采取合理的控制成本降低其风险。

ALARP 准则常见表现形式有常函数形式、连续函数形式和离散函数形式，风险矩阵可视为离散函数形式的 ALARP 准则的体现。在 ALARP 区域中，根据风险事态损失评定的不同，又具体划分为风险可接受区域、风险合理控制区域和风险严格控制区域。对于风险可接受区域的风险事态，只需进行常规管理措施降低其风险，无需重点研究；而对位于风险可控制区域和风险严格控制区域的风险事态（又称显著风险事态），必须予以高度重视，除常规管理外，在考虑降低风险成本与所获效应的相对比值后，还应采取合理必要的专门防控措施降低其风险。

2.2.5　基于事故树分析的桥梁风险对策

事故树分析是安全系统工程中常用的一种分析方法。目前事故树分析法已从宇航、核工业领域进入一般电子、电力、化工、机械、交通等领域。它可以进行故障诊断，分析系统的薄弱环节，指导系统的安全运行和维修，实现系统的优化设计。事故树分析是一种演绎推理法，这种方法把系统可能发生的某种事故与导致事故发生的各种原因之间的逻辑关系，用一种称为事故树的树形图表示，通过对事故树的定性与定量分析，找出事故发生的主要原因，为确定安全对策提供可靠依据，以达到预测与预防事故发生的目的。

事故树编制的主要步骤：

（1）确定事故树的顶事件，顶事件是指所要分析的对象事件，本书指通过 ALARP 准则所确定的桥梁施工特定状态所面临的显著风险事态。

（2）调查与顶事件有关的所有原因事件，确定事故原因并进行影响分析。

（3）编制事故树，采用一些规定的符号，按照一定的逻辑关系，把事故树顶事件与引起顶事件的原因事件，绘制成反映因果关系的树形图。

编制事故树时，首先确定系统的顶事件，找出直接导致顶事件发生的各种可能因素或因素的组合，即中间事件。在顶事件和与其紧连的中间事件之间，根据逻辑关系相应地画上逻辑门。然后再对每个中间事件进行类似的分析，找出其直接原因，逐级向下演绎，直到不能分析的基本事件为止。

在事故树中，引起顶事件发生的基本事件的集合称为割集，也称截集或截止集。一个事故树中的割集一般不止一个，在这些割集中，凡不包含其他割集的，叫作最小割集。最小割集表示系统的危险性，是顶事件发生的原因组合，通过求取最小割集，可以为降低系统的危险性提出控制方向和预防措施，利用最小割集可以判定事故树中基本事件的结构重要度，并方便地计算顶事件发生的概率。

按照事故树的结构，求取事故树的最小割集，以及基本事件的结构重要度，根据事故树定性分析的结果，可以最终确定显著风险事态的监测预控措施，得到相应风险对策。

2.2.6　桥梁特定状态风险评估总体流程

本书桥梁特定状态风险评估总体流程如下：

（1）确定特定状态："特定状态"指在马鞍山长江公路大桥施工建设中规模大、施工作业难度大、受自然环境影响大的重要施工工序。

（2）效用函数研究：通过调查问卷的方式进行效用函数研究，获取大桥管理者的风险决策偏好，以及对大桥风险概率和损失组合等级的风险态度。

（3）确定风险事态：指各"特定状态"所面临的风险事态。

（4）风险损失评定与概率估计：从人员伤亡、时间延误、货币损失等方面对各风险事态进行损失评定和风险概率估计。

（5）确定显著风险事态：通过 ALARP 风险决策准则确定各风险事态的风险水平和相应的基本风险对策，并找出各"特定状态"显著风险事态。

（6）监测与防控：采取合理的安全监测和安全防控措施等技术手段和管理手段，降低"特定状态"显著风险事态的风险。

（7）事故树分析：通过事故树编制，逐条分析显著风险事态事故发生的主要原因，确定更具针对性的管理对策。

综上所述，桥梁特定状态风险评估总体流程如图 2-2 所示。

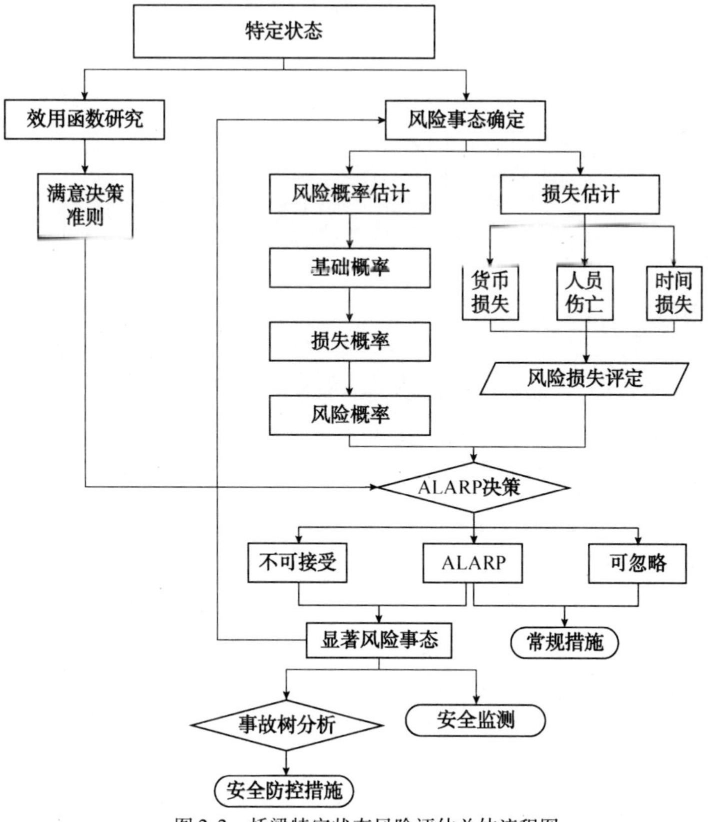

图 2-2　桥梁特定状态风险评估总体流程图

第3章 深水桩基和深水围堰施工

桩基础由基桩和连接于桩顶的承台共同组成。若桩身全部埋于土中,承台底面与土体接触,则称为低承台桩基;若桩身上部露出地面而承台底位于地面以上,则称为高承台桩基。桩基础的作用是将上部建筑物的荷载传递到承载力较强的深处土层上,或将软弱土层挤密实以提高地基土的承载能力和密实度。

围堰是指为建造永久性承台等设施而修建的临时性围护结构。其作用是防止水和土进入建筑物的修建位置,以便在围堰内排水,开挖基坑,修筑建筑物。一般主要用于水工建筑中,除作为正式建筑物的一部分外,围堰一般在用完后拆除。围堰的好坏,直接关系到钻孔灌注桩以及桥梁基础承台的施工质量和安全。

本章主要针对左汉悬索桥的中塔深水桩基及深水围堰施工特点,重点探讨其安全风险评估,为降低风险,针对钻孔桩坍塌、钢围堰平台失稳等显著风险事态,介绍相关的监测技术及安全防控措施。

3.1 深水桩基施工

马鞍山长江公路大桥深水基础钻孔桩一般为大直径桩,左汉悬索桥深水桩基主要为中塔,施工形式为钢吊箱桩基施工平台;右汉斜拉桥深水桩基为中塔,施工形式为钻孔钢平台施工。

3.1.1 深水桩基施工工序

1)左汉悬索桥中塔深水桩基(MQ－1标)

中塔柱基础共有69根ϕ3.0m钻孔灌注桩,桩基呈行列式布置,行距6.3m、列距7.5m;桩底高程－80.00m;桩底持力层为微风化砂岩、砂质泥岩(图3-1)。钻孔桩采用C30水下混凝土。钻孔桩钢护筒内径3.2m,壁厚24mm,长35.2m,钢护筒作为永久结构的组成部分,与基桩共同参与受力,钢护筒采用Q345C钢材。

因中塔基础为高桩承台,在长江主河道进行定位施工时,受流速快的长江水流影响较大,综合考虑,采用深水围堰和深水桩基穿插一体化施工。总体施工方案为钢围堰在加工场场地进行拼装,整体下水后浮运至墩位处,通过锚碇系统定位后,插打定位钢护筒,定位钢护筒施工完成后,向吊箱侧壁隔仓内缓慢、均匀加水,并精确调整围堰平面位置,使围堰下沉至内支撑上弦杆,挂桩点落于钢护筒牛腿上实现挂桩施工。

左汉悬索桥中塔深水桩基施工工序如图3-2所示。

2)右汉斜拉桥中塔深水桩基(MQ－10标)

右汉斜拉桥中塔桩基采用19根ϕ2.5m钻孔灌注桩(钢护筒直径2.7m),桩基类型为嵌岩桩,桩长 44m,采用 C30 水下混凝土,桩底持力层为微风化闪长岩,嵌入深度不少于 4m。右汉斜拉桥深水桩基布置如图 3-3 所示。

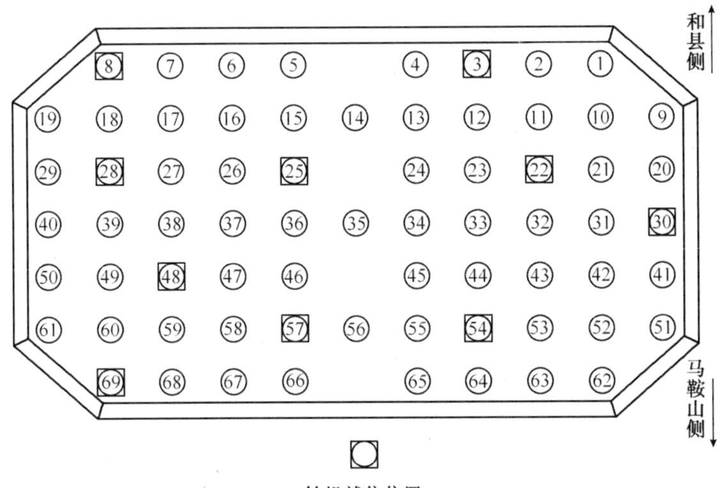

图 3-1　左汉悬索主桥中塔深水桩基钻孔桩位置图

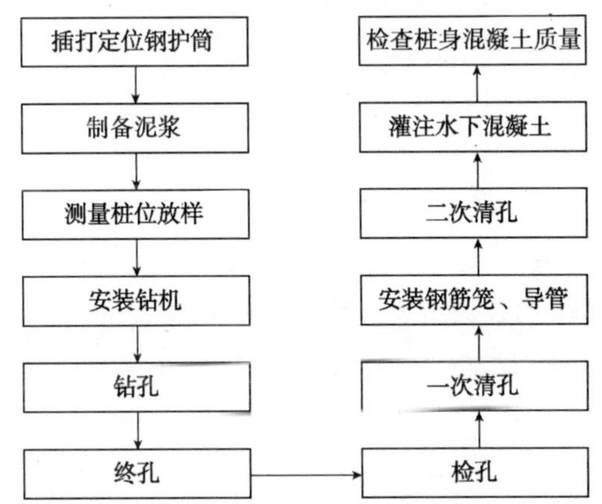

图 3-2　左汉悬索主桥中塔深水桩基施工工序图

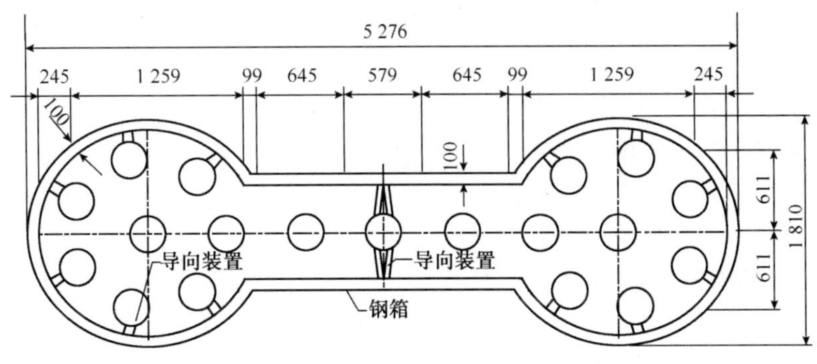

图 3-3　右汉斜拉桥中塔深水桩基布置图(尺寸单位:cm)

右汊斜拉桥中塔位于长江右汊水面上，水上设备及临时材料投入多，结合本工程的自然环境条件、水文地质条件和结构特点，采用钻孔平台施工，其中，中塔施工时通过搭设水中施工钢栈桥作为水中主体结构工程施工的通道。

右汊斜拉桥深水桩基施工工序如图3-4所示。

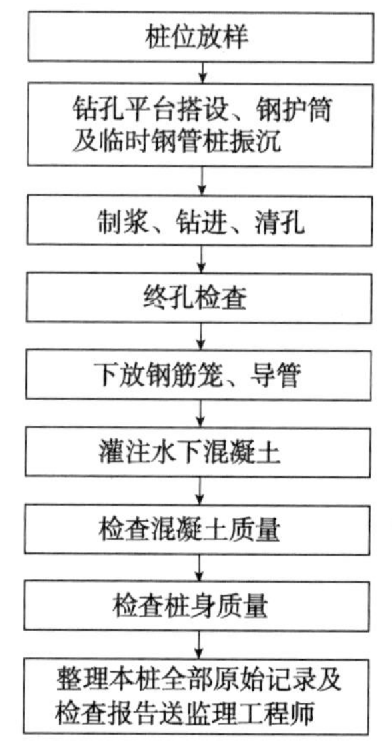

图3-4 右汊斜拉桥中塔深水桩基施工工序图

3.1.2 深水桩基施工风险事态分析

1）深水桩基施工风险事态

（1）深水桩基施工期间吊运及振沉钢护筒时人员伤害（ZJ01）

吊运时吊钩脱落，吊运钢丝绳断裂，吊装振桩锤的起重机钢丝绳不符合要求或钢丝绳磨损超标而造成钢丝绳断裂产生的人员伤害；钢护筒振沉时，如中途钢护筒振沉时，振坏邻近建（构）筑物，造成裂缝、倾斜，甚至倒塌事故；起重机超载作业断臂引起的人员伤害等；大风天气下进行吊装、大型临时设施未进行防倾覆导致的坍塌、物体打击人员伤害。

（2）深水桩基施工期间钻孔桩坍塌（ZJ02）

钻机龙门导向架与底盘连接不牢固引起的龙门导向架倒塌人员伤害；在深水桩基钻孔过程中，易出现斜孔、扩孔、缩孔、塌孔事故，钻孔机操作时会出现突然倾倒现象，会造成人员伤亡和设备损坏，其中泥浆护壁成孔时，可能出现塌孔，造成人员伤亡。

（3）深水桩基施工期间钢筋笼制作和吊装物体打击（ZJ03）

由风力导致起重物体晃动时易撞击人员、设备或工程构筑物；钢筋笼吊放在车上未经固定时易发生滑落、翻滚；起重设备安全装置失灵时易发生人、机事故；起重超负荷、钢丝绳及吊具选择不合理、钢丝绳断裂、吊物下面站人时易发生起重伤害；起重立体交叉作业时易发生物体打击；特种作业未持证上岗易发生的其他伤害。

（4）深水桩基施工期间桩基平台失稳（ZJ04）

左汊悬索桥中塔为深水围堰和深水桩基穿插一体化施工，深水桩基在钢围堰平台上进行，钢围堰平台通过锚碇系统及钢护筒固结在一起，在桩基施工期间，可能由于冲刷、渡洪、大风等外在环境影响引起钢围堰平台失稳，造成人员淹溺、机械打击、坍塌等重大安全生产事故。

2）深水桩基施工风险事态损失评定

针对以上风险事态，根据本书 2.2.2 节公式(2-9)所提出的损失模型，对深水桩基风险事态进行损失评定。评定过程：采用调查问卷发放的方式，确定各风险事态人员伤亡、时间延误和货币损失等级，并将三者损失水平分别乘以不同权重系数得到损失的综合效应。计算结果如表 3-1 所示，各权重所占比例如图 3-5 所示。

深水桩基施工风险事态损失评定结果　　表 3-1

风险事态	发生概率等级	人员伤亡	时间延误	货币损失	综合效应	损失评定
深水桩基施工期间吊运及振沉钢护筒时人员伤害(ZJ01)	3	2	1	2	1.65	4.65
深水桩基施工期间钻孔桩坍塌(ZJ02)	3	2	2	3	2.2	5.2
深水桩基施工期间钢筋笼制作和吊装的物体打击(ZJ03)	3	2	1	1	1.45	4.45
深水桩基施工期间桩基平台失稳(ZJ04)	2	4	3	5	3.85	5.85

3）深水桩基施工显著风险事态识别

参考本书 2.2.4 节决策人效用函数代表值以及风险等级的划分水平，由表 2-3 及 ALARP 风险决策准则，将以上所确定的深水桩基施工期间风险事态的损失评定结果绘于风险等级区间划分表格内，如图 3-6 所示。

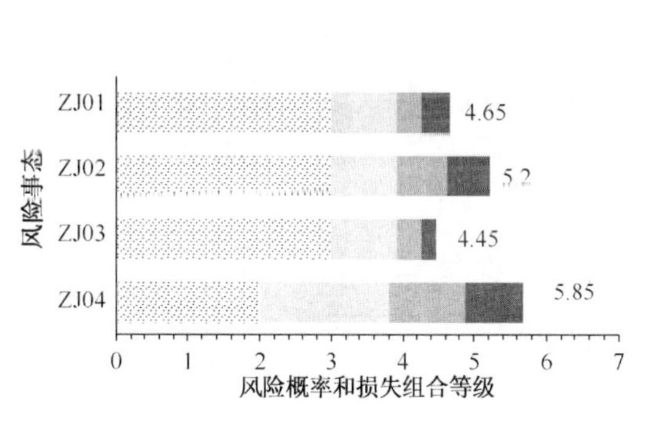

图 3-5　深水桩基施工风险事态损失评定各权重所占比例

发生概率等级；人员伤亡；时间延误；货币损失

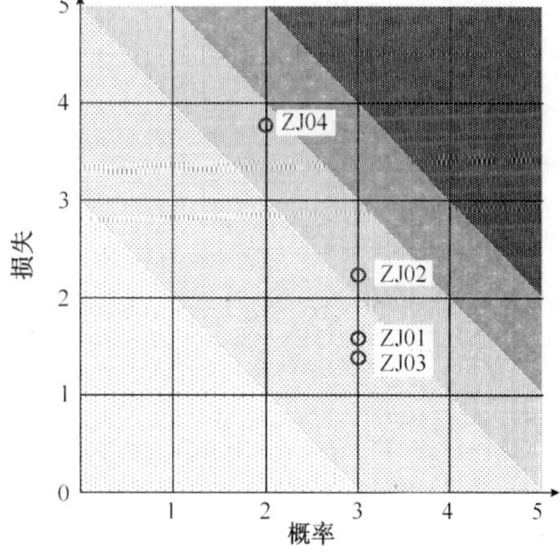

图 3-6　深水桩基施工风险等级划分结果

可忽略；可接受；合理控制；严格控制；不可接受

由图 3-6 可知，风险事态 ZJ01、ZJ02、ZJ03 及 ZJ04 位于 ALARP 区域内，均应采取合理的安全防范措施降低其风险。其中，ZJ01 及 ZJ03 属于风险可接受区域内的风险事态，只需进行常规管理措施降低其风险，无需重点研究；而位于风险可控制区域的 ZJ02 及 ZJ04 属于显著风险事态，必须予以高度重视，除常规管理外，在考虑降低风险的成本与所获效应的相对比值后，还应采取合理必要的专门防控措施降低其风险。

3.1.3 深水桩基施工安全监测

1)钻孔桩监测

左汉悬索桥中塔深水桩基础规模大,施工周期长,受河床地质、河面风力及长江上游水域环境的影响,在深水桩基钻孔过程中,易出现斜孔、扩孔、缩孔、塌孔事故,钻孔机操作时会出现突然倾倒现象,造成人员伤亡及财产损失。以中塔深水桩基础钻孔桩为例,中塔钻孔桩施工期间由 1 台 100t 浮吊、1 台 200t 浮吊配合进行钻机的移位、钢筋笼吊装和混凝土灌注等工作,并配 2 艘泥浆船。为了保障施工过程中的安全,钻孔桩施工过程中的主要安全监测内容如表 3-2所示,测点布置如图 3-7 所示。

钻孔桩施工过程主要安全监测内容　　表 3-2

监测项目	传感器	说明	监测项目	传感器	说明
风力、风速	风力、风速传感器	风力≥6 级时,应停止作业	冲刷	探绳,超声探测仪	
水位	探绳,水位传感器		钻机定位	GPS 或全站仪	
水速	水速传感器		成孔倾斜度	超声波测壁仪	

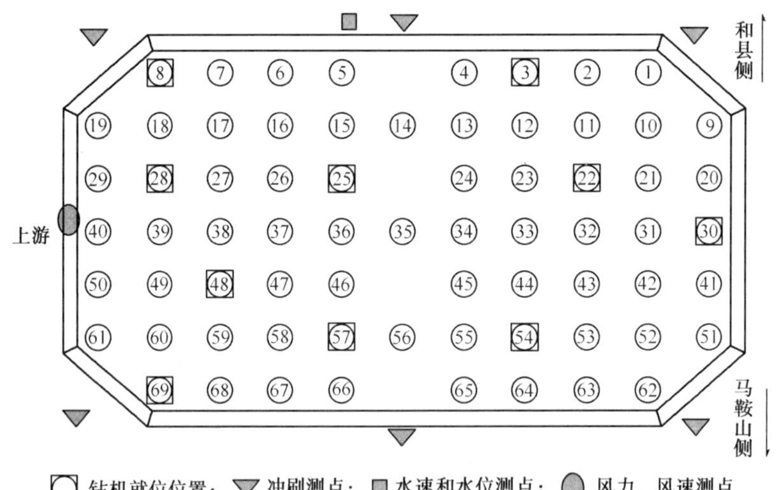

图 3-7　中塔钻孔桩施工时主要监测内容布置

(1)风力、风速、水位、水速及冲刷监测

①风力、风速监测:钻孔桩施工过程中风力、风速的监测设备,可布置在钢围堰平台上无遮挡处,如图 3-7 所示。当风力超过 5 级时,应开始预警,提醒水上作业人员注意,防范风险,风力超过 6 级时,应马上停止水上作业;阵风速度达到 15m/s 时,应开始预警,提醒水上作业人员注意,防范风险,风速达到 20.2m/s 时,此为马鞍山长江水域 10 年一遇的最大风速,此时应停止水上作业。

②水位、水速监测:水位和水速的监测如图 3-7 所示,在钢围堰纵桥下布置 1 个水位和水

速监测点，其中，可在岸边再设一个水位监测点。20年一遇的渡洪水位为9.33m，年月均最高水位一般为6.5m，发生在6、7、8月份潮水期，因此，钻孔桩施工期间当水位达到6.5m时，应当加大监测频率，在渡洪期间监测频率可设为每15min一次。钻孔桩施工前测量到的长江水域马鞍山区年最高水速为1.75m/s，因此当水速达到1.75m/s时应当加大监测频率。

③冲刷监测：经测量，中塔钢围堰平台的河床高程在-12.09～-10.54m，经计算，一般冲刷线高程为：-20.69～-19.14m（水速取2.0m/s），因此当监测冲刷值达到-19m时，应当开始预警，同时加大监测频率。

冲刷深度的监测布置如图3-7所示，布置6个冲刷深度测点。

（2）钻机定位监测

左汉悬索桥中塔的钻机是通过浮吊形式进行移位，在钻孔过程中，定时监测钻机底座的水平度及钻塔的垂直度，发现问题及时调整，以保证钻孔的垂直度，偏差控制在1/300之内。这样，不仅保障施工质量，也可避免因钻孔引起的局部坍塌问题。

监测方法为用全站仪复测钻盘中心位置，调整到位并实施找平，确保桩位中心偏差小于50mm。在钻进过程中，需对钻机底盘4个角点沉降以及钻架垂直度进行检测，以保证钻机的稳定性，避免钻机坍塌，同时确保钻孔施工在开始时的竖直度。

2）钻孔桩平台失稳监测

由于左汉悬索桥中塔为深水围堰和深水桩基穿插一体化施工，深水桩基在钢围堰平台上进行，且钻孔桩平台失稳和下一节的钢围堰平台失稳风险事态一致，因此，钻孔桩平台失稳监测参见3.2.3.2节内容。

3.1.4　深水桩基施工显著风险事态安全防控

为有效降低钻孔桩施工过程中的坍塌风险（ZJ02），应采取以下措施：

（1）钻机底座牢固可靠，钻机不得产生水平位移和沉降。钻进的过程中，每接长一根钻杆、钻进时间超过4h和怀疑钻机有歪斜时，均要进行基座检测调平。

（2）采用大配重减压钻进。施钻时，始终采取重锤导向、减压钻进（钻压小于钻具重量的80%，即吊钻）、中低速钻进，严禁大钻压、高速钻进，以减小钻具的自由变形长度，使钻具在重力的作用下始终垂直向下，保证钻孔垂直度。

（3）钻进过程中根据不同的地层控制钻压和钻进速度，尤其在变土层位置采用低压慢转施工。

（4）钻孔的垂直度偏差控制在1/300之内，发现孔斜后及时进行修孔。

（5）选用优质泥浆护壁。本工程钻孔施工中选用不分散、低固相、高黏度的PHP泥浆进行护壁，同时加强泥浆指标的控制，使泥浆指标始终在容许范围内，控制钻进速度，使孔壁泥皮得以牢靠形成，以保持孔壁的稳定。

（6）在施工过程中，根据不同的地层情况，选择合理的钻进参数。同时注意观察孔内泥浆液面的变化情况，孔内泥浆液面应始终高于江水面2m左右，并适时往孔内补充新制备泥浆。

（7）由具有丰富施工经验的技术工人参与施工，强调预防为主的指导思想，避免塌孔事故的发生。

（8）一旦发现塌孔现象，应立即停钻。如果塌孔范围较小，可通过增大泥浆黏度及相对密度的办法稳定孔壁；如果塌孔较为严重，可对钻孔采用黏性土回填，待稳定一段时间后再重新钻进成孔。

(9)遇到六级以上强风、浓雾等恶劣天气时,应停止作业。

(10)水位达到 +9.0m 时,码头人员及设备应撤回项目部。

(11)水位达到 +10m 时,服从当地政府防洪部门的统一指挥,全力投入防汛抗洪,项目部所有人员做好撤离准备。

3.2 深水围堰施工

马鞍山长江公路大桥深水围堰施工主要有两种:左汊悬索桥中塔采取钢吊箱(先堰后桩)施工方案。右汊斜拉桥中塔采取有底钢套箱(先桩后堰)施工方案。

3.2.1 深水围堰施工工序

1)左汊悬索桥中塔围堰(MQ-1标)

承台为带切角的矩形,平面尺寸为 80.2m×43m,厚 7m,承台顶在最高通航水位以下,高程为 +7m,采用 C40 混凝土,抗渗等级为 S10,承台混凝土方量为 23 147m^3。

中塔墩基础为高桩承台,施工采用先围堰后平台方案,围堰与钻孔平台合二为一。双壁钢吊箱围堰作为围水结构,采用岸边制造组拼成整体气囊法断缆下水,整体浮运至墩位。采用重型锚碇精确定位,振沉渡洪钢护筒,进行围堰挂桩施工,建立施工平台,继续振沉其余钢护筒,安装钻机,进行钻孔桩施工。钻孔桩施工完后进行围堰封底和承台施工。

左汊悬索桥中塔围堰施工工序如图 3-8 所示。

2)右汊斜拉桥中塔围堰(MQ-10标)

中塔基础采用哑铃式圆形承台及群桩形式,单个圆形承台直径为 16.1m,两承台之间采用宽 7.5m矩形系梁连接,整体式承台外形尺寸为 50.765m(横桥向)×16.10m(纵桥向)×5.0m(高度)。

中塔承台处河床高程为 -6.0m,承台底面设计高程为 -1.485m,考虑到桩基施工完毕后进行钻孔桩平台拆除,承台施工采用双壁与单壁结合的有底套箱施工方案。

右汊斜拉桥中塔有底钢套箱施工工序如图 3-9 所示。

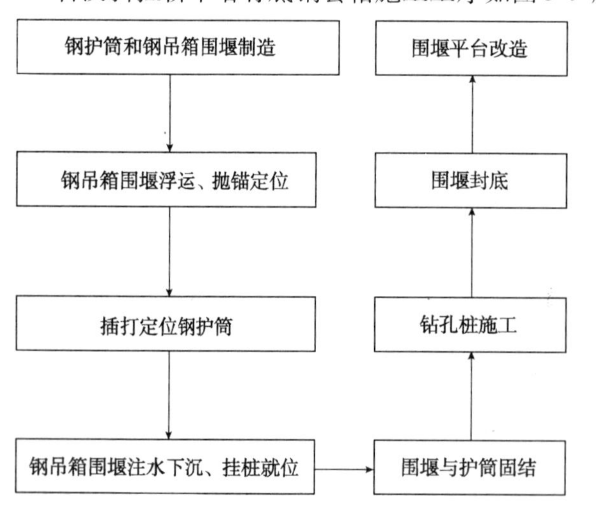

图 3-8 左汊悬索桥中塔深水围堰施工工序图

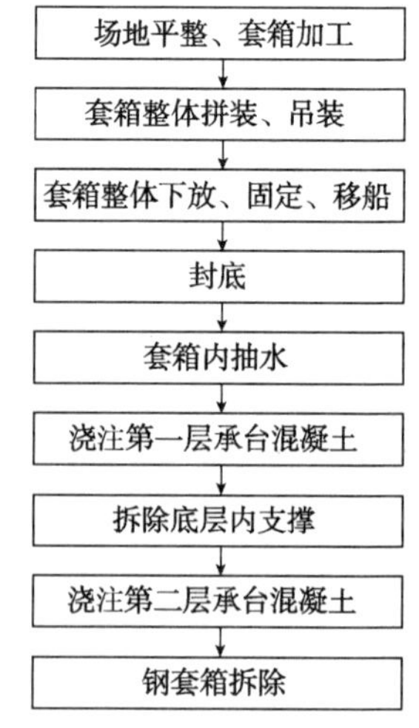

图 3-9 右汊斜拉桥中塔有底钢套箱施工工序图

3.2.2 深水围堰施工风险事态分析

1）深水围堰施工风险事态

（1）深水围堰施工期间锚碇定位的机械打击、淹溺（WY01）

中塔围堰的锚碇系统是为钢围堰定位服务的，锚碇系统中的定位船上布置有马口、将军柱、绞罐、固定座、卷扬机、发电机等设备，卷扬机操作人员不按操作规程操作会导致机械打击、人员落江淹溺，大风大浪下作业则会导致人员落江淹溺等。

（2）深水围堰施工期间钢围堰吊运时的物体打击、淹溺（WY02）

由于钢吊箱围堰在组拼场地整体制造成形后下水，浮运到墩位进行定位，在浮运过程中，若起吊作业无专人操作会引起人员物体打击及淹溺。

（3）深水围堰施工期间钢围堰定位时的淹溺（WY03）

浮运到墩位进行精确定位时，需要控制围堰的平面位置偏移、扭转和围堰的垂直度，若现场协调指挥不和等会引起较严重的人员淹溺事件。

（4）深水围堰施工期间钢围堰平台失稳（WY04）

左汉悬索桥中塔为深水围堰和深水桩基穿插一体化施工，钢围堰平台通过锚碇系统及钢护筒固结在一起，在桩基施工期间，可能会由于冲刷、渡洪、大风等外在环境影响引起钢围堰平台失稳，造成人员淹溺、机械打击、坍塌等重大安全生产事故。

2）深水围堰施工风险事态损失评定

针对以上风险事态，根据 2.2.2 节公式（2-9）所提出的损失模型，对深水围堰风险事态进行损失评定。评定过程：采用调查问卷发放的方式，确定各风险事态人员伤亡、时间延误和货币损失等级，并将三者损失水平分别乘以不同权重系数得到损失的综合效应，计算结果如表 3-3 所示，各权重所占比例如图 3-10 所示。

深水围堰施工风险事态损失评定结果 表 3-3

风险事态	发生概率等级	人员伤亡	时间延误	货币损失	综合效应	损失评定
深水围堰施工期间锚碇定位的机械打击、淹溺（WY01）	3	2	1	1	1.45	4.45
深水围堰施工期间钢围堰吊运时的物体打击、淹溺（WY02）	3	2	1	1	1.45	4.45
深水围堰施工期间钢围堰定位时的淹溺（WY03）	3	3	2	3	2.65	5.65
深水围堰施工期间钢围堰平台失稳（WY04）	2	4	3	5	3.85	5.85

3）深水围堰施工显著风险事态识别

参考 2.2.4 节决策人效用函数代表值以及风险等级的划分水平，根据表 2-3 及 ALARP 风险决策准则，将以上所确定的深水围堰施工期间风险事态的损失评定结果绘至于风险等级区间划分表格内，如图 3-11 所示。由图可知，风险事态 WY01、WY02、WY03 及 WY04 位于 ALARP 区域内，均应采取合理的安全防范措施降低其风险。其中，WY01 及 WY02 位于风险可接受区域，只需进行常规管理措施降低其风险，无需重点研究，而位于风险可控制区域的 WY03 及 WY04 属于显著风险事态，必须予以高度重视，除常规管理外，在考虑降低风险成本与所获效应的相对比值后，还应采取合理必要的专门防控措施降低其风险。

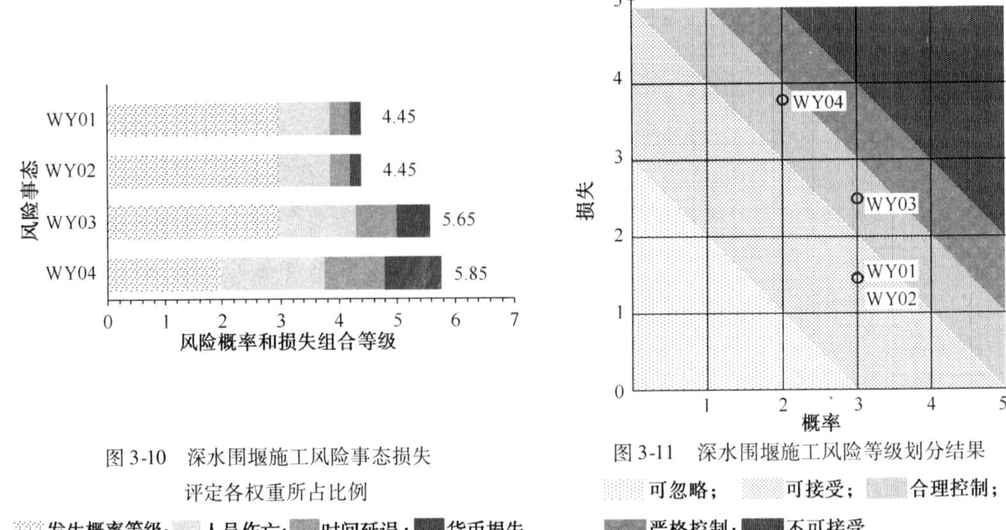

图 3-10　深水围堰施工风险事态损失评定各权重所占比例

发生概率等级；人员伤亡；时间延误；货币损失

图 3-11　深水围堰施工风险等级划分结果

可忽略；可接受；合理控制；严格控制；不可接受

3.2.3　深水围堰施工安全监测

3.2.3.1　钢围堰定位监测

中塔钢吊箱围堰的定位，是为了保证后续的钢护筒振沉、钻孔桩和承台施工能满足施工规范及验收规范的要求。因此，在定位过程中需要精确调整围堰的平面位置、扭转、垂直度，此外，为了确保施工安全，还应当实时监控水位和水速的变化。综上分析，钢围堰定位时的安全监测应包括以下内容，见表 3-4。

深水围堰定位安全监测内容　　表 3-4

监测项目	传感器	说　明	监测项目	传感器	说　明
锚力监测	锚力传感器	根据计算选取合适的传感器	风力、风速	风力、风速传感器	
水位	液位传感器		钢围堰定位精度	GPS 或全站仪	
水速	水速传感器				

1）锚力监测

钢围堰定位的锚力监测在围堰定位的第六个步骤，围堰定位的步骤如下：

（1）围堰浮运前，预先将定位船、临时定位船和围堰的边锚、尾锚抛入预定位置，并将定位船主锚、边锚预收紧，将定位船调整到预定位置。

（2）在 4 条拖轮的拖带下，围堰浮运到墩位前一定位置，前拖轮解缆驶离，由其他 3 条拖轮继续将围堰往前拖运，同时，锚船做好过主拉缆的准备。

（3）围堰浮运到墩位上游不小于 10m 位置，稳住围堰，通过抛锚船将定位船上 4 根主缆过到围堰上连接好，并预收紧。

（4）右侧拖轮解缆驶离，右侧临时定位船绞锚靠近围堰，通过抛锚船将临时定位船上的 17

号锚尾锚过到围堰上，然后左侧拖轮解缆驶离，左侧临时定位船绞锚靠近围堰，通过抛锚船将临时定位船上的 17 号锚尾锚过到围堰上。

（5）利用抛锚船依次将 9、10、11、12、13、14、15、16 号边锚锚过到围堰上，并预收紧。

（6）围堰尾部拖轮解缆驶离，调整围堰各个锚绳的拉力使围堰实现精确定位，如图 3-12 所示。

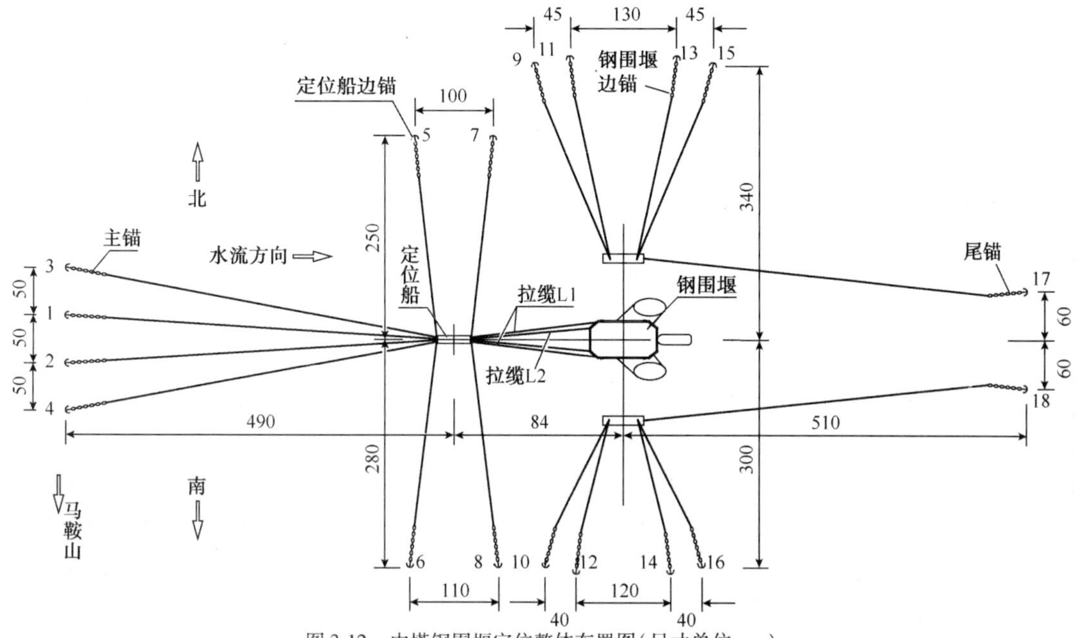

图 3-12　中塔钢围堰定位整体布置图（尺寸单位：cm）

根据以上六个步骤可知，锚力的监测对于围堰定位的精度调整具有重要的作用。

根据计算，中塔围堰定位时主锚所受主压力如表 3-5 所示，主要考虑水流阻力、风力、绳缆的弹性变形等综合作用，根据墩位处河床高程及水流情况，采用定位船锚碇方案。锚分为主锚、边锚、尾锚，18 个锚力传感器布置在尾锚位置，可在尾锚位置直接读数，如图 3-13 所示。

主锚所受主压力　　表 3-5

名　　称	压力值（kN）	名　　称	压力值（kN）
吊箱围堰所受水流阻力 R_1	790.7	定位船所受风阻力 R_4	4.0
吊箱围堰所受风阻力 R_2	62.3	临时工作船组所受水流阻力和风阻力 R_5	300
定位船所受水流阻力 R_3	16.92	Σ	1 173.92

2）水位、水速和风力、风速监测

表 3-5 所计算的力都是在一定水速及风速下获得的，由于围堰定位时间较长，水流速度受长江上游环境影响，风速风向也是时刻变化的，因此，在围堰定位时应当实时监控水位和水速状况，水位和水速的监测布置如图 3-13 所示，在定位船上游位置布置一个水位和水速监测点，监测频率为 1 次/h。风力和风速变化监测可设置在定位船上。

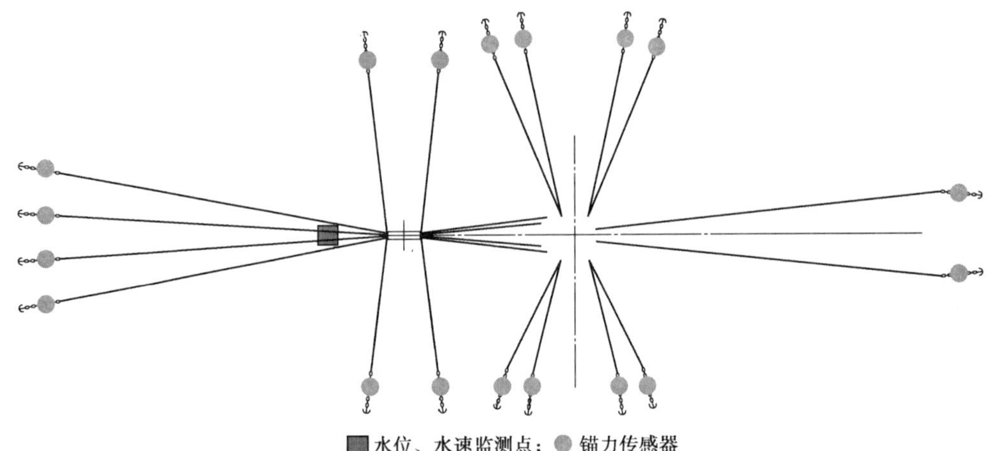

图 3-13　中塔钢围堰定位锚力及水位、水速监测布置

3）围堰定位监测

（1）定位精度分析

钢吊箱围堰的定位，需要精确调整围堰的平面位置、扭转、垂直度。围堰的位置，应保证以后的钻孔桩、承台施工能满足施工规范及验收规范的要求。由于钢吊箱围堰在组拼场地整体制造成形后下水，浮运到墩位进行定位，这就要求围堰在制造过程中需严格测量控制围堰的轮廓尺寸、桩位、上下导环的位置和同心度。浮运到墩位进行精确定位时，需要控制围堰的平面位置偏移、扭转和围堰的垂直度，以保证桩位和承台偏差在允许范围内。在双壁钢吊箱围堰制造完成后，应及时测量下固定导环的位置，用下固定导环的实际中心控制下活动导环、上固定导环的同心度，允许偏差为 10mm，并检查各导环每个方位的内径尺寸。在钢围堰的顶部测量围堰的理论纵横轴线、顶部四个角点的相对高程，并对下固定导环、下活动导环、上固定导环的数据进行分析比较，找出由于围堰制造引起的孔位偏差及围堰尺寸偏差，作为控制围堰定位精度的依据。

①围堰垂直度。钻孔桩钢护筒插打以钢吊箱围堰的上下导环作为导向结构，围堰的垂直度不得影响钢护筒的垂直度，围堰垂直度（相对于制造场地的垂直度）按 1/1 000 控制。围堰的相对垂直度用围堰顶部四个角点的相对高程差控制，按 1/1 000 控制，可推算出沿围堰长边的相对高差的允许偏差及沿短边的相对高差的允许偏差。

②围堰平面位置。根据施工规范及验收规范的要求，即群桩钻孔桩孔位中心偏差小于 ±100mm，承台长、宽、高的尺寸偏差小于 ±30mm，承台轴线偏差小于 ±15mm，以及承台前后、左右边缘距设计中心线尺寸偏差小于 ±50mm，可推算出围堰平面中心位置偏离设计中心位置的允许偏差在 ±50mm 以内。由于活动导环内径比钢护筒外径大 30mm，当围堰第一次挂桩时，围堰可能会往下游方向移动，因此围堰的平面位置应预偏上游 30 ~ 50mm。

③围堰扭转。钢吊箱围堰在制造时，对各桩位的中心位置已造成一定的偏差，为确保钻孔桩最后成桩后各桩中心偏差控制在 ±50mm 以内，在精确调整围堰的平面位置偏差小于 50mm 的同时，还应当控制围堰纵横轴线的扭转偏移。根据围堰纵横轴线的扭转偏移对任一桩位的中心位置产生的偏差与制造偏差之和≤100mm，可推算出围堰纵横轴线的允许扭角，进而推算出短边允许扭转偏移及长边允许扭转偏移。

(2)围堰垂直度(相对于制造场地的垂直度)调整

围堰的双壁舱分为若干个互不连通的隔舱,可通过注水下沉或排水上浮来调整围堰整体高程,也可通过在不同的隔舱注水或排水来调整围堰四个角点的相对高差。

(3)围堰的扭转调整

如果围堰在平面位置扭转偏差较大时,则先进行扭转偏差的调整(图3-14)。首先将围堰的边锚绳放松,暂不带紧;如果围堰整体偏下游时,先将围堰 *D* 角处的拉缆慢慢放松,同时 *B* 角的拉缆慢慢收紧,将围堰的扭转偏差控制在5cm内;如果围堰整体偏上游,则放松 *A* 角的拉缆,收紧 *C* 角的拉缆,再预收紧边锚绳(图3-15)。

(4)围堰横桥向位置调整

在围堰经过扭转调整后,围堰的纵、横桥向轴线已平行于墩轴线,当围堰偏下游时,先慢慢放松后定位船的尾锚索,同时收紧前定位船主锚索,将围堰向上游拉,调整至围堰轴线与墩轴线上下游偏差在5cm以内。在调整时要注意保持各锚索受力均匀。

(5)围堰顺桥向位置调整

围堰顺桥向位置主要通过围堰的边锚来调整,如果围堰偏向南岸侧,则放松南岸侧的边锚,收紧北岸侧的边锚,将围堰向北岸调整(图3-16)。

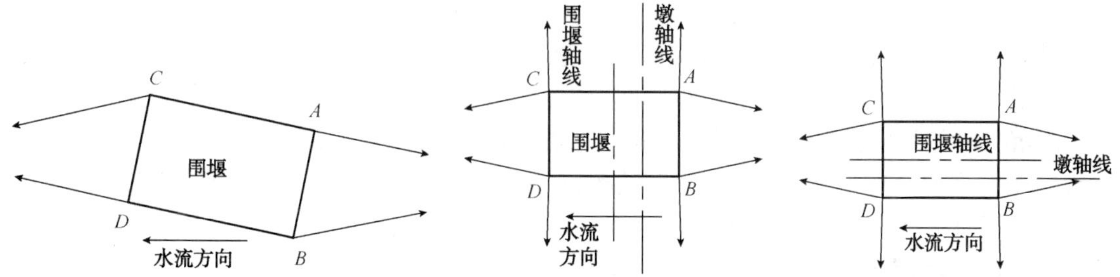

图3-14 假定扭转偏差示意图　　图3-15 扭转偏差调整后示意图　　图3-16 围堰顺桥向位置调整示意图

(6)围堰定位步骤

围堰锚碇系统形成后,即可利用锚碇系统对围堰位置进行调整、定位,围堰定位时应遵循先调整围堰顶面高程,后调整平面位置和扭角的原则。第一步,在底隔舱及双壁隔舱中灌水,使围堰底高程达到设计要求,同时,使围堰垂直度满足不大于1/1 000的要求,并测量围堰的平面位置及扭角;第二步,根据测量结果调整围堰,使其平面位置及扭角偏差均不大于100mm;第三步,均匀收紧后拉缆,使整个尾锚系统对围堰施加设计值10%的预拉力,同时,均匀收紧围堰边锚,使每侧边锚对围堰施加设计值10%的预拉力;第四步,测量围堰的垂直度、平面位置及扭角,并根据测量结果调整围堰位置;第五步,重复第四步,直至围堰位置达到精度要求,应注意,每次调整后,均应使后拉缆及每侧边锚的预拉力为设计值的10%。

①拉缆的固定端系扣在钢围堰上,活动端连接定位船,钢围堰拖运前先将固定端与钢围堰系扣好,活动端临时系挂在钢围堰前端。编好对应号码并用铝牌标注。

②起重船靠在定位船的一侧,船艏朝下游,钢围堰拖至现场后,起重船将船上的卷扬机引缆,通过定位船的滑轮系扣钢围堰拉缆的活动端,拽拉至定位船,将拉缆的活动端固定至定位船拽拉卷扬机的动滑轮上。

③底节围堰浮运到墩位处一定范围后,围堰前拖轮解缆驶离,此时两侧绑拖轮和尾拖轮,

继续将围堰浮运到达墩位上游约10m处，通过抛锚船将前定位船上的4根主缆按1、2、3、4号顺序依次将4根拉缆带到围堰上。

④4根拉缆带到围堰上并预收一定力量稳定围堰后，右侧拖轮解缆驶离，右侧临时定位船绞锚靠近围堰，通过抛锚船将西边临时定位船上的17号尾锚过到围堰上，过缆方法是利用起重船上的卷扬机通过引缆逐根将系缆头引至钢围堰上，通过导向轮系扣到动滑轮上。

⑤左侧拖轮解缆驶离，东侧临时定位船绞锚靠近围堰，抛锚船将东侧临时定位船上的18号尾锚按上述方法同样过到围堰上。

⑥然后按从上游到下游的顺序依次将9、10、11、12、13、14、15、16号的4个边锚过到围堰上并预收紧，过缆方法同17号尾锚，主要是起重船的卷扬机通过引缆逐根将系缆头引至钢围堰上，通过导向轮系扣到动滑轮上。

⑦顶推围堰的拖轮解缆驶离，通过调整围堰上锚绳拉力，调整围堰位置实现围堰初定位。

⑧通过围堰和定位船上的卷扬机调整围堰的平面位置，通过围堰顶面各标志点进行测量调控，最终实现围堰精定位。平面位移不大于10cm。

⑨围堰通过卷扬机收紧锚绳实现初步定位后，在围堰东西两侧及下游侧振沉直径1.5m的防撞桩11根，将所有作业船只缆绳过到防撞桩上，准备振沉钢护筒。

⑩为保证围堰定位准确，先振沉63、69、2、8号共4根对角护筒，振沉第一根护筒时围堰先进行精确调整，平面误差控制在2cm内，200t浮吊带负荷进行振沉，以防振沉钢护筒时护筒与围堰接触影响围堰定位。第一根钢护筒因不设导向，入土深度14m停止振沉，转到其余角桩护筒振沉。4根定位角护筒均由浮吊带负荷振沉，以控制围堰平面误差，4根护筒振沉完成后，再次对围堰平面进行精确调整，使其误差控制在2cm以内，将围堰与护筒间用型钢抄死，此时，围堰平面位置基本固定，围堰定位工作告一段落。

3.2.3.2 钢围堰失稳监测

钢围堰失稳的最直接原因是河床底部河水冲刷引起底部钢管桩发生位移，导致整体失稳，河水冲刷的主要原因是水位和水流速度发生大的变化。因此钢围堰最重要的是水位、水速、锚力及冲刷监测，锚力、水位、水速监测见3.2.3.1节。

受长江径流影响，马鞍山河段汛枯季分明。最高潮位发生在汛期，最低潮位发生在枯期。马鞍山水位站年内最高潮位出现在5月到9月间，最早在5月22日，最迟在9月13日，大部分发生在7、8、9三个月。年内最低潮位出现在12月到来年的3月间，最早在12月23日，最迟在3月30日，大部分出现在12月下旬到2月上旬。

桥区所在的马鞍山河段的水流受潮汐和长江径流的共同影响，但径流是控制河段内水流年内变化的主要因素，其水流特点是：由于受潮汐影响，流速过程呈周期性变化，涨潮时流速小，落潮时流速大，汛期流速变幅小，而枯季流速变化大。

根据上面分析可知，为做好钢围堰渡洪，必须实时监测钢围堰位置的水位、水速、冲刷。水位和水速的监测如图3-17所示，在钢围堰上游位置布置一个水位和水速监测点，监测频率可为1次/h。冲刷深度的监测布置如3-17所示，布置6个冲刷深度测点。

3.2.4 深水围堰施工显著风险事态安全防控

深水围堰施工显著风险事态主要考虑钢围堰平台失稳时的安全防控，经分析，钢围堰平台失稳的发生主要因为渡洪期间的冲刷，因此，本节主要考虑钢围堰渡洪时的应急防控措施。

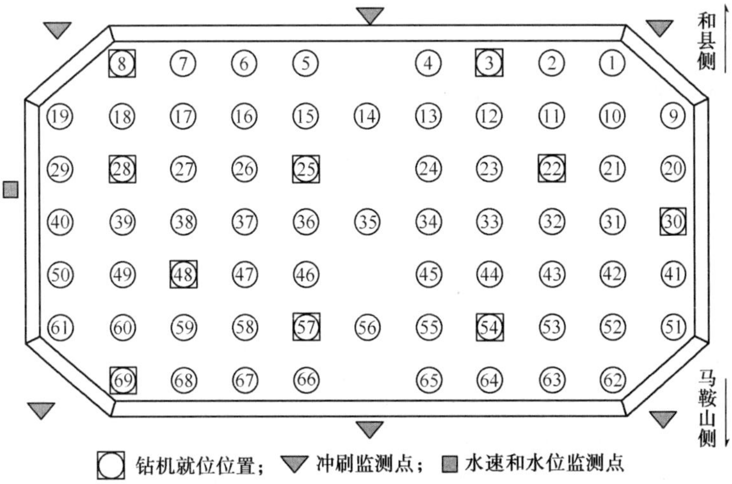

和县侧

马鞍山侧

钻机就位位置；冲刷监测点；水速和水位监测点

图 3-17　钢围堰渡洪时的安全监测布置

1）防风、防台、防汛措施

调度中心与气象、海事部门保持密切联系，提前掌握恶劣天气、水情警报等情况，并按照已制定的应急救援预案做好防护工作。

2）防雾措施

（1）雾天停止一切水上作业，锚泊船舶 24h 派人员值班；显示相应的雾中信号，并监听其他船舶的动态报告，发布本船动态报告。

（2）运输航行的船舶应择地锚泊，但不应在禁锚区锚泊。

3）应急方案

（1）应急指挥

工程现场发生事故时实行项目负责制，项目经理是第一责任人及管理者，按应急处置要点确定的原则采取一切行之有效的措施，确保渡洪安全。

（2）应急方案

围堰渡洪的关键，是水位、流速变化后围堰、护筒受力小于设计值，冲刷深度不超过计算值，如大于设计值、计算值，围堰渡洪将有一定的风险。而水情、冲刷有不确定性，在加强监测的同时，必须制定相关的应急方案。

根据现场的实际情况，降低围堰渡洪风险的方法有两条：一是增大锚碇系统安全储备能力，二是对冲刷深度进行控制。从这两方面入手，可提高抗风险能力。

项目部根据施工及环境特点，制定了锚碇系统渡洪预案和抛填应急预案。

①锚碇系统渡洪预案

根据确定的渡洪方案，锚碇系统在渡洪期间作为安全储备，不参与渡洪受力计算。但锚碇系统与围堰通过拉缆连接，实际上通过变形协调也发挥着作用，为保证渡洪安全，可以将锚碇系统作为渡洪应急方案之一进行相应的布置。

a. 应急方案思路

围堰在渡洪期间所受最大力在于正面的水流压力，风力、船舶临时作用力在围堰入水深度增加、防撞桩已施工的情况下均相应减小。因此,在围堰挂桩后,如能提高围堰主锚的受力能力,将对围堰安全渡洪起到更大的作用。

b. 对策

提高主锚受力能力的最有效方法是增加主锚个数,而围堰边锚在围堰定位过程中对保证围堰平面位置起较大作用,在围堰完成挂桩后已完成了任务,此时将围堰边锚抛至主锚方向,将直接增大围堰拱洪能力。此方法简单易行,投入的机械设备也不多。

c. 实施过程

围堰挂桩后,将上游侧边锚钢丝绳松掉,按照抛锚的反顺序,将铁锚起出,恢复到抛锚状态。将边锚马口转向改到围堰正面切边方向,重新进行抛锚,抛锚方向与主锚方向基本平行,锚链、钢丝绳长度与侧锚同样布置,完成后进行挂缆,并用定位船上的卷扬机收紧钢丝绳。

②抛填应急预案

a. 河床抛填防护预案启动的条件

按理论计算,护筒振沉完成45根时,即使冲刷高程达到-29.0m,亦可安全渡洪。

当现场情况符合下列条件之一时,需要实施河床抛填防护:

a)护筒振沉尚未完成45根时,如果冲刷高程低于-25.0m。

b)护筒振沉完成45根后,如果冲刷高程低于-29.0m。

b. 抛填防护方案

抛填防护作为本桥渡洪的预案之一,参照已往基础冲刷防护的经验制定。

当现场情况符合上述条件之一时,开始进行抛填防护,直至冲刷达到平衡,抛填如图3-18所示。抛填方案具体如下。

a)抛填厚度:最大厚度为3.0m。

b)抛填材料:袋装砂。

c)袋装砂规格:袋体尺寸为1.6m×1.6m×0.6m,充填率约80%,充填后约1.2m^3。

d)预计总抛填工程量:8 000m^3。

c. 抛填防护工艺

在正式抛投前,对抛投实施工艺性试验,抛投试验主要内容为相应施工水域水文地质条件下抛投体的落距计算公式、抛投体的整体成型、抛投单体稳定性。

袋装砂抛投工艺包括采砂运砂、砂袋充填、定位抛投等环节。砂料采用沉积法采集,用采砂船上的吸砂泵把砂吸入运砂船中,粗砂沉积下来后由砂船装运至定位船;砂袋的充填通过冲砂完成,冲砂运用高压水泵,通过水枪形成的高压射流将砂料冲成水砂浆,通过泥浆泵抽吸,将水砂通过输送管道送入砂袋中过滤而成,砂袋充填时主要控制砂袋的充填率和冲砂袖口绑扎;抛投通过装有扒杆的小型船舶完成,船装满砂袋后,定位于预定位置开体抛投。

冲刷防护工程具有水下隐蔽性,为及时反映抛投成型效果而控制施工质量、防护体的局部稳定性及整个防护区域河床冲淤,应对河床高程采取施工监测。

d. 河床高程的动态控制

在启动抛填防护预案前,需对围堰前端河床高程进行日常定时定点测量,并进行详细记录。在启动抛填防护预案后,需对围堰前端河床高程进行日常定时定点测量,每隔一段时间对整个防护区域进行整体测量。当发现防护区域冲刷加深时,继续实施抛填,直至冲刷达到稳定为止。

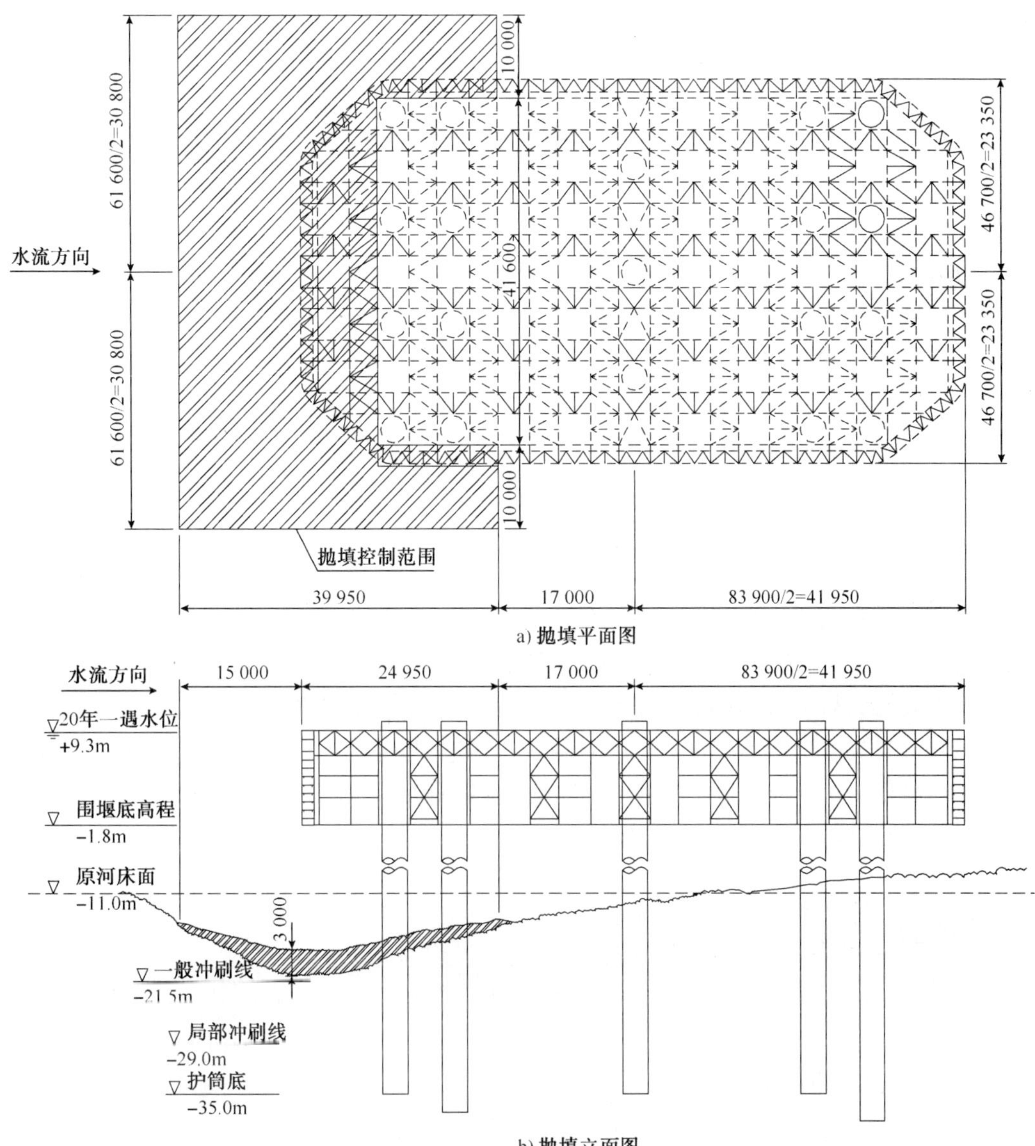

图 3-18　抛填平面图与立面图(尺寸单位:mm)

第 4 章　锚碇沉井施工

左汉悬索桥中主缆索的锚固构造由沉井基础(地下连续墙)、散索鞍、锚固系统、锚体等部分组成。锚碇作用是将主缆索中的拉力通过锚碇传入基础。

本章针对锚碇沉井基础施工下沉过程,对沉井结构应力应变、沉井隔墙反力、沉井侧壁土压力、根式基础变形、长江大堤变形、周边建筑物变形、沉井几何姿态、地下水位及井内水位监控等安全监控技术进行了研究。

4.1　锚碇沉井施工工序

锚碇锚体为重力式结构,包括锚体底板(井盖一～井盖三)、锚块、鞍部、锚室顶板、锚室前墙和端墙、压重块及后浇段等。沉井基础包括首节钢壳沉井和接高混凝土沉井。

马鞍山长江大桥的大体积锚碇工程主要是左汉悬索主桥两端的南北锚碇,为重力式锚碇结构,锚碇平面尺寸,长边 58.2m,短边 53.4m,存在沉井结构尺寸大、规模大,沉井距离大堤近,土层透水性强,沉井封底施工难度大,混凝土控制标准高,钢锚板定位精度要求高等工程特点。南锚碇工程立面及平面示意图如图 4-1 所示。

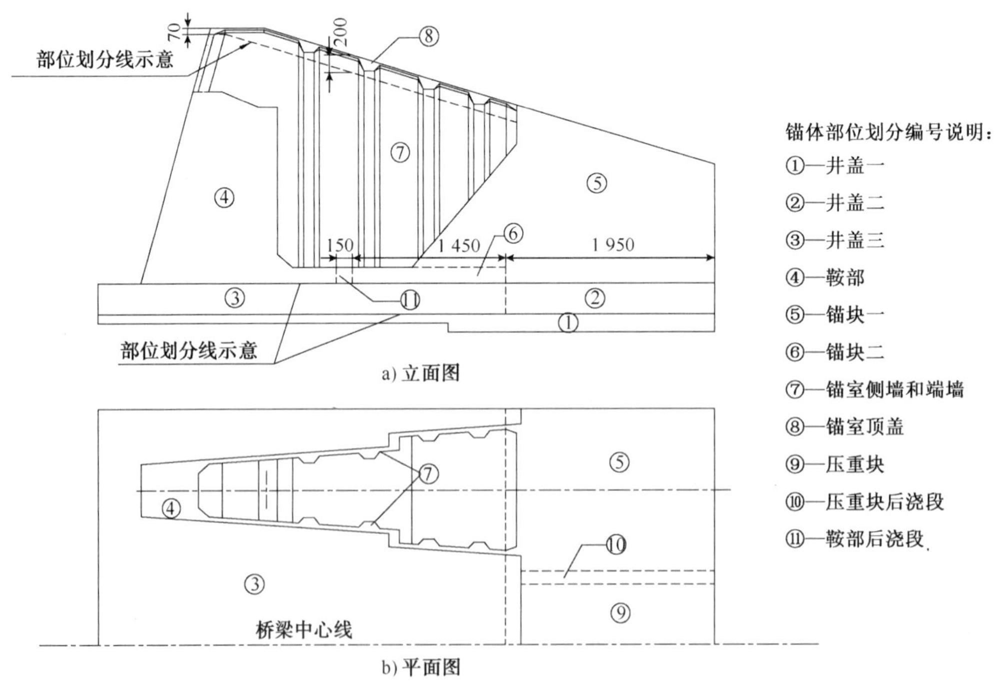

图 4-1　南锚碇工程立面及平面示意图(尺寸单位:cm)

锚室顶板及端墙等结构均采用现浇钢管支架进行施工。锚块、鞍部、侧墙和前锚面模板结构相同,均采用 DOKA 系列模板。对于后浇段等部位,采用自制模板的方法以便灵活施工。

南锚碇采用大沉井施工方案,平面尺寸为 60.2m×55.4m(第一、二节沉井长和宽分别为 60.6m 和 55.8m)的矩形截面,沉井高 48m,共分九节,共布置 25 个井孔,具体布置见图 4-2。第一节为 8m 高钢壳混凝土沉井,其余节段为钢筋混凝土沉井,其中二～七节高 5m,第八节 5.5m,第九节 4.5m。沉井封底混凝土厚 8m。沉井中心里程为 K9+453.10,沉井顶面高程 +4.5m,基底高程 -43.5m,基底置于圆砾土层顶面。

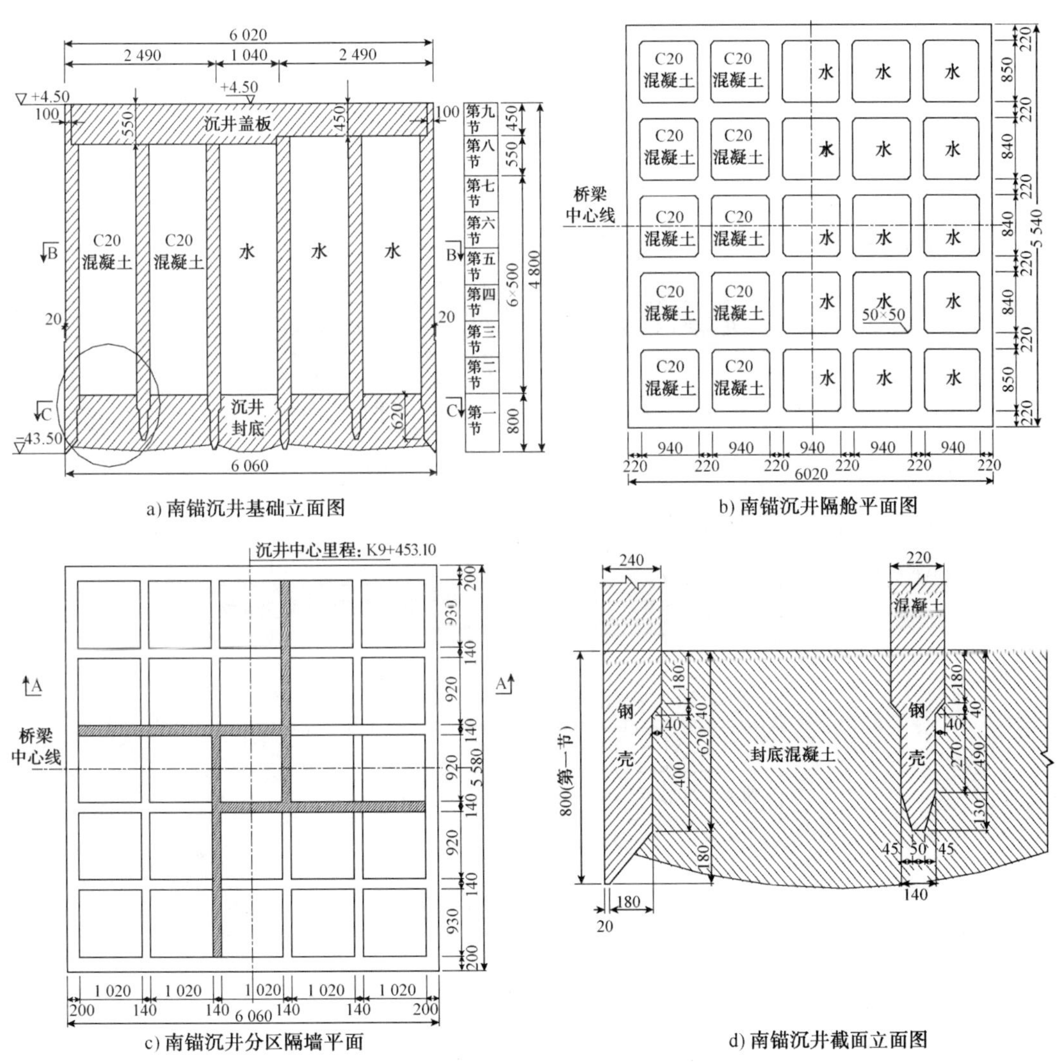

图 4-2　南锚碇沉井基础结构图(尺寸单位:cm)

锚碇基础均采用沉井结构,其中南锚共分 4 次接高、4 次下沉,第 1 次接高三节采取降排水下沉,第 2 次、第 3 次接高采取不排水下沉。为满足第 1 次前三节接高要求,对地基沉井基础采取砂桩复合地基加固。沉井下沉到位,清基完成后,采取分区进行沉井封底施工,沉井封底混凝土共分5次浇注完成。沉井填仓采用分批一次浇注完成。

锚碇基础施工工序如图4-3所示。

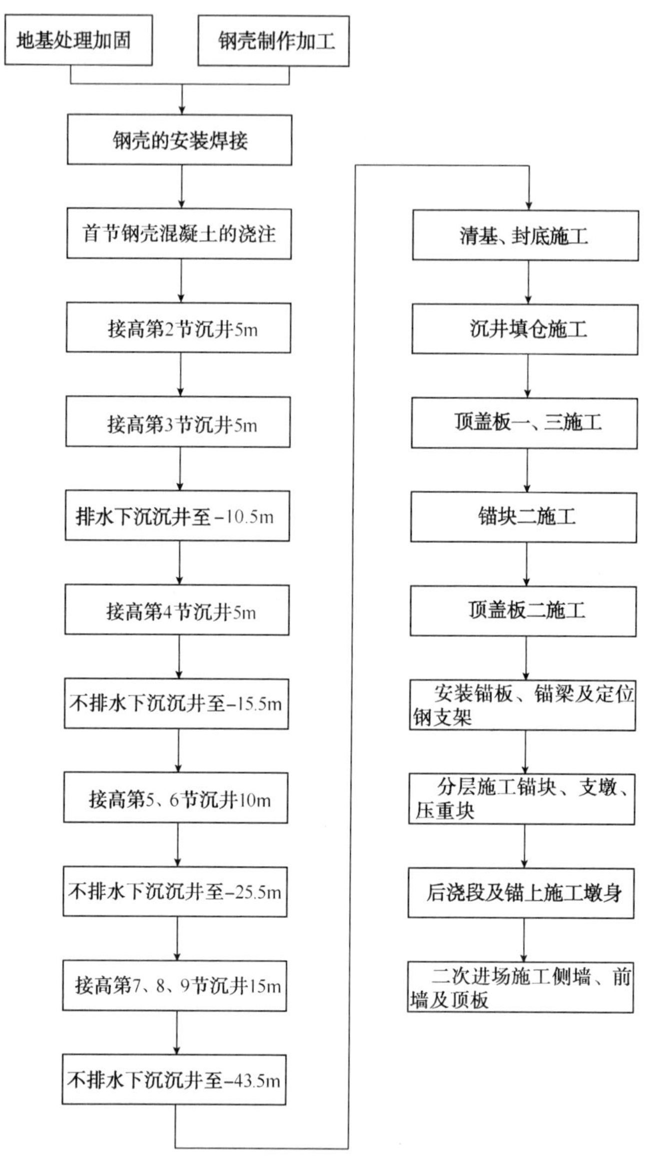

图4-3 锚碇基础施工总体流程图

4.2 锚碇沉井施工风险事态分析

1)锚碇沉井施工风险事态

(1)锚碇沉井施工期间高处坠落(MC01)

引起高处坠落风险事态的原因:作业平台脚手板未满铺;未按要求设置防护栏杆或防护栏杆不够稳固;登高人员未按要求佩戴和使用劳动防护用品;爬架未张拉防护安全网。

(2)锚碇沉井施工期间起重伤害(MC02)

引起起重伤害风险事态的原因:对吊装钢筋或模板进行安装时选用的钢丝绳、吊具不符合要求;吊装钢筋或模板时未设置溜绳;吊装模板时未对钢丝绳做衬垫防护;吊装钢筋或模板时无人指挥或指挥信号不明显;人或机械设备在吊运钢筋或模板起重作业区内停留或活动;吊装钢筋或模板时起重司机违章违规操作;大风、大雨、大雾或雷暴天气继续吊装作业。

(3)锚碇沉井施工期间沉井基础及临时结构坍塌(MC03)

引起基础坍塌风险事态的原因:周围环境遭到破坏,地质发生变化,导致地基变形;沉井基础姿态发生变化,引起沉井基础坍塌;模板安装拆除时未按照顺序,导致模板坍塌,混凝土强度未到达要求时拆除模板,模板各杆件变形导致的坍塌;未按操作步骤提升模板、提升结构不能正常运转、模板提升到位后未及时进行加固等原因导致坍塌;模板各连接螺栓未拧紧。

(4)锚碇沉井施工期间涌水、涌沙(MC04)

锚碇下沉过程中由于周围环境破坏使地质发生变化,引起的涌水、涌沙事件,导致施工作业人员淹溺等。

2)锚碇沉井施工风险事态损失评定

针对以上风险事态,根据本书2.2.2节公式(2-9)所提出的损失模型,对锚碇工程风险事态进行损失评定。评定过程:采用发放调查问卷的方式,确定各风险事态人员伤亡、时间延误和货币损失等级,并将三者损失水平分别乘以不同权重系数得到损失的综合效应,计算结果如表4-1所示,各权重所占比例如图4-4所示。

锚碇沉井施工风险事态损失评定结果 表4-1

风险事态	发生概率等级	人员伤亡	时间延误	货币损失	综合效应	损失评定
锚碇沉井施工期间高处坠落(MC01)	2	3	2	3	2.65	4.65
锚碇沉井施工期间起重伤害(MC02)	3	2	1	2	1.65	4.65
锚碇沉井施工期间沉井基础及临时结构坍塌(MC03)	2	4	3	5	3.85	5.85
锚碇沉井施工期间涌水、涌沙(MC04)	2	4	3	4	3.65	5.65

3)锚碇沉井施工显著风险事态识别

参考本书2.2.4节决策人效用函数代表值以及风险等级的划分水平,由表2-3及ALARP风险决策准则,将以上所确定的锚碇沉井施工期间风险事态的损失评定结果绘于风险等级区间划分表格内,如图4-5所示。由图可知,风险事态MC01、MC02、MC03及MC04位于ALARP区域内,均应采取合理的安全防范措施降低其风险。其中,MC01和MC02位于风险可接受区域内,只需进行常规管理措施降低其风险,无需重点研究,而位于风险可控制区域的MC03及MC04属于显著风险事态,必须予以高度重视,除常规管理外,在考虑降低风险的成本与所获效应的相对比值后，还应采取合理必要的专门防控措施降低其风险。

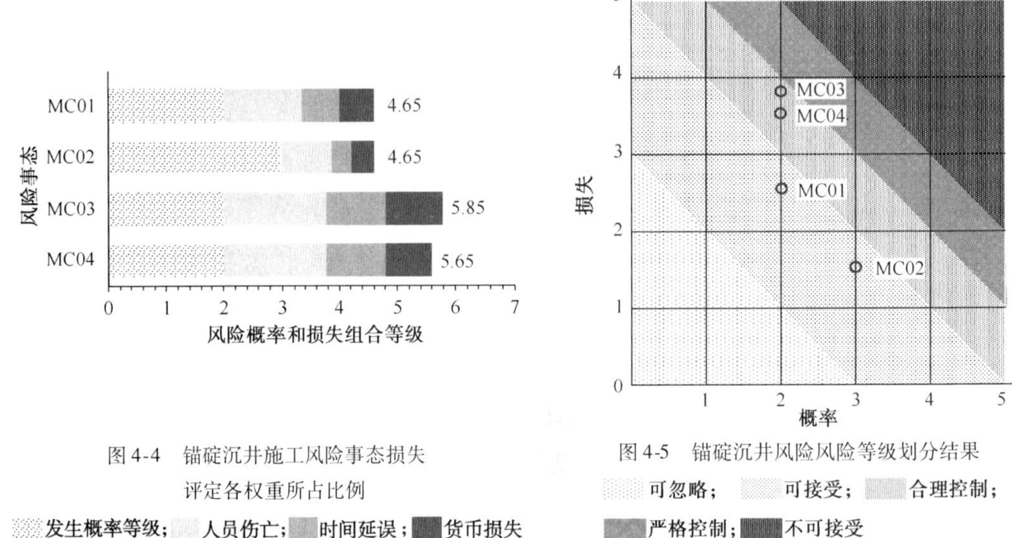

图 4-4　锚碇沉井施工风险事态损失评定各权重所占比例

发生概率等级；人员伤亡；时间延误；货币损失

图 4-5　锚碇沉井风险风险等级划分结果

可忽略；可接受；合理控制；严格控制；不可接受

4.3　锚碇沉井施工安全监测

4.3.1　沉井基础及临时结构坍塌安全监测

左汉悬索桥锚碇沉井体积庞大，且地质条件复杂，特别是覆盖层较厚，为保证下沉的顺利进行，防止生产安全事故的发生，必须对其施工过程实施全程安全监测。

为保证复杂环境下大型沉井基础施工的顺利进行，防止基础坍塌，锚碇沉井过程中对施工主体结构、周围建筑等涉及到施工质量和生产安全的重点项目进行安全监测。其监测内容见表 4-2，测点布置如图 4-6 所示。

监测内容　　表 4-2

序号	监测项目	监测内容	传感器类型
1	沉井结构应力应变	首节钢壳沉井关键部位应力	钢板计；混凝土应变计；钢筋计
2	沉井隔墙反力	隔墙支撑反力	土压力计
3	沉井侧壁土压力	侧壁土压力	土压力计
4	根式基础变形	根式基础水平位移、沉降和倾斜	测斜管
5	长江大堤变形	长江大堤沉降和倾斜	全站仪
6	周边建筑物变形	周边民房和建筑物	全站仪
7	沉井几何姿态	下沉量及其差异、水平位移	全站仪、水准仪
		倾斜度	全站仪、水准仪

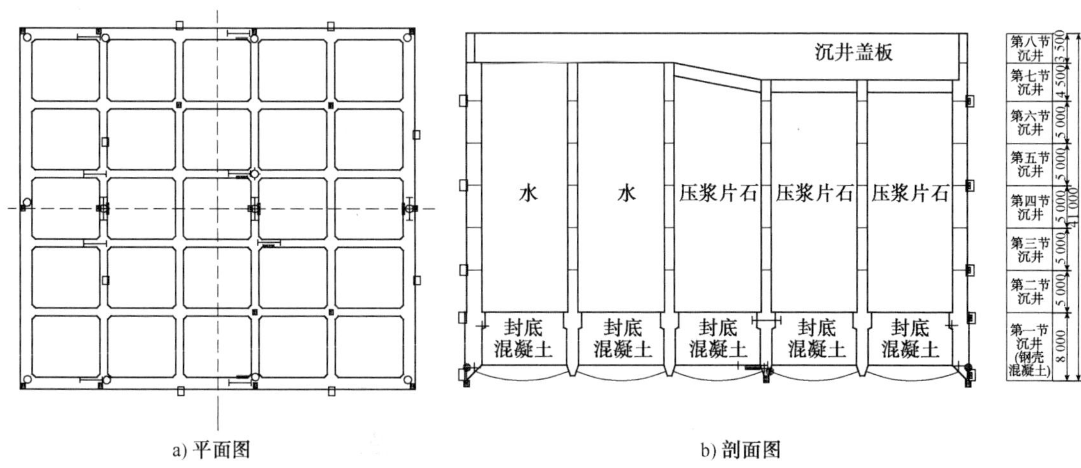

a) 平面图　　b) 剖面图

图4-6　左汉悬索桥南锚锭施工期监测点布置图(尺寸单位:mm)

■ 刃脚土压力监测点; □ 侧壁土压力监测点; ▪ 侧壁摩阻力监测点; ○ 几何姿态监测点;
━ ▮ ● 钢板应力监测点; ⊢⊣ ⌶ + 钢筋应力监测点; ⌖ 侧斜孔布置点

针对各项监控内容,制订控制标准;若监控项目接近控制标准,则应加大监控力度,超过时则发布预警信息,并通报相关部门实施应急预案,以确保监控项目满足要求。

有关各分项的控制标准见表4-3。

控 制 标 准　　表4-3

监 控 项 目	控 制 标 准	说　明
沉井结构应力应变	钢壳最大应力不超过168MPa;钢筋最大应力不超过240MPa	强度设计值的80%
根式基础变形	水平位移不超过;沉降不超过	规范要求
长江大堤变形	长江大堤沉降不超过	堤身高度的1%
周边建筑物变形	沉降量不超过;差异沉降不超过	规范要求
沉井几何姿态	差异沉降不超过;水平位移不超过;倾斜度不超过;平面扭转不超过	规范要求

1)沉井结构应力应变监测

在施工过程中,通过监测沉井结构的应力和应变,可以得到客观反映施工过程中沉井结构是否处于安全状态的最直观的参数。因此,沉井结构应力应变监测是锚碇工程监测内容之一。应力应变监测的主要目的在于评价沉井施工过程中沉井结构的受力情况,为安全施工提供预警信息。

首节钢壳沉井施工时应将底部应力应变作为安全监测重点,采用的仪器有钢板计、混凝土应变计和钢筋计,钢板计和混凝土应变计的平面布置情况见图4-7、图4-8。

另外,由于在沉井首次下沉过程中,隔墙本身受力较复杂,故也需在顶部控制截面上布设钢筋计来监测应力应变情况(图4-9)。

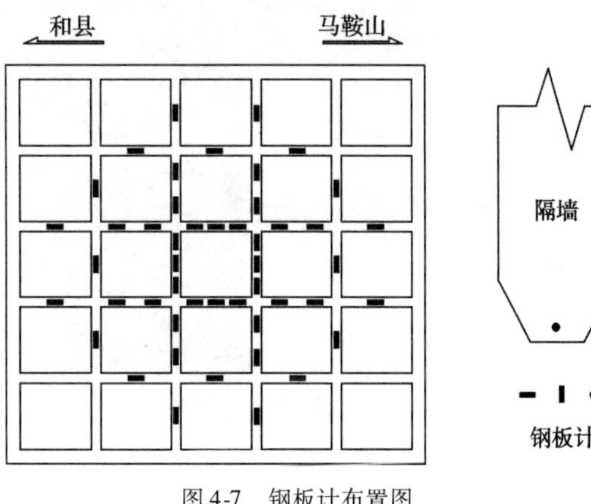

图4-7　钢板计布置图

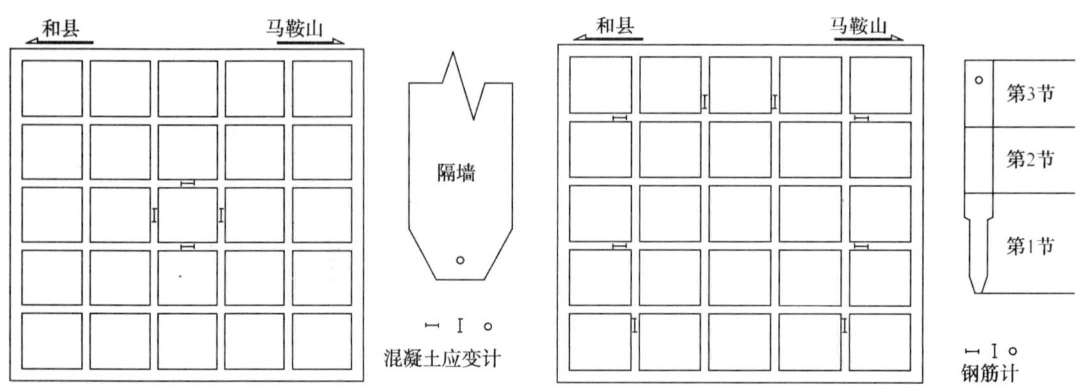

图 4-8　混凝土应变计布置图　　　图 4-9　第三节沉井顶部钢筋计布置图

监测仪器中,钢板计、混凝土应变计和钢筋计均采用振弦式仪器;仪器数量为钢板计 48 个,混凝土应变计 4 个,钢筋计 8 个。

仪器的安装方案按照出厂说明,并可结合现场情况进行适当调整。具体安装情况如图 4-10、图 4-11 所示。

2)沉井隔墙反力监测

在竖向荷载作用下,沉井基础主要通过基底承担自重和上部荷载。沉井隔墙反力客观反映了沉井的受力情况,是沉井下沉过程中的重要监测指标。

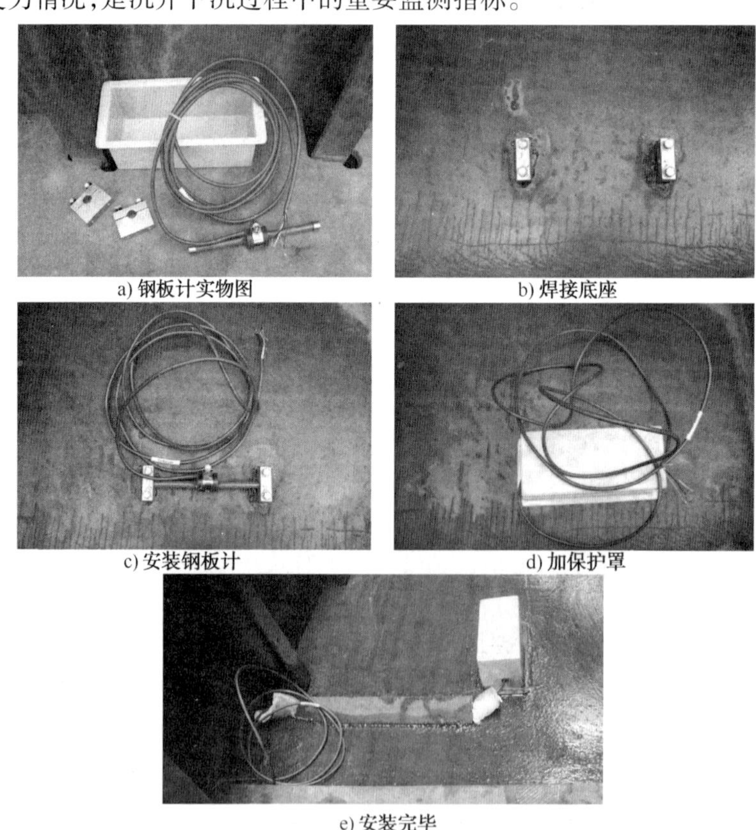

a) 钢板计实物图　b) 焊接底座　c) 安装钢板计　d) 加保护罩　e) 安装完毕

图 4-10　钢板计安装图

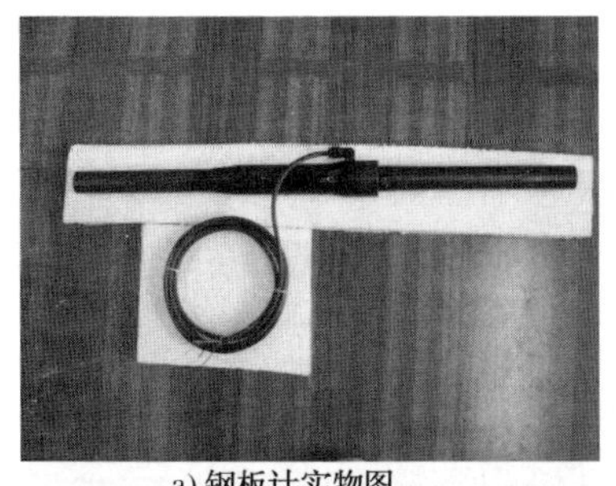
a) 钢板计实物图

b) 钢筋截断及帮焊

c) 钢盘计焊接及温度控制

d) 降温冷却

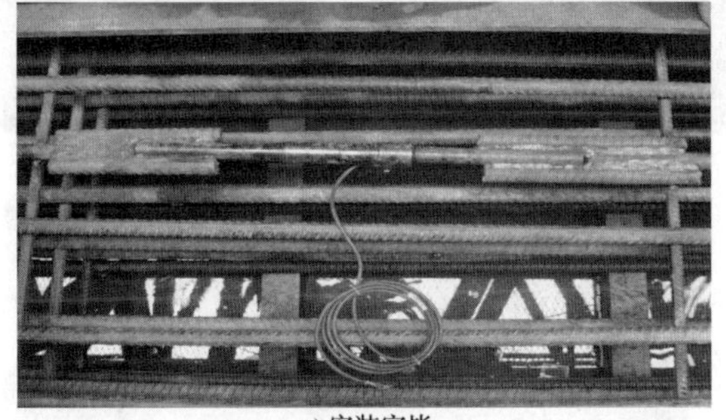
e) 安装完毕

图4-11　钢筋计安装图

由于沉井下沉过程中，土体开挖面从中间向四周不断扩展，当对应墙底被掏空时，就不再有土反力支撑作用，故考虑把隔墙反力监测点布置在最外一圈的隔墙处，得到的结果一方面可用于下沉预测计算，另一方面也可借由土体支撑情况判断是否已开挖成大锅底等。

用于监测隔墙底部反力的土压力计布置如图4-12所示。

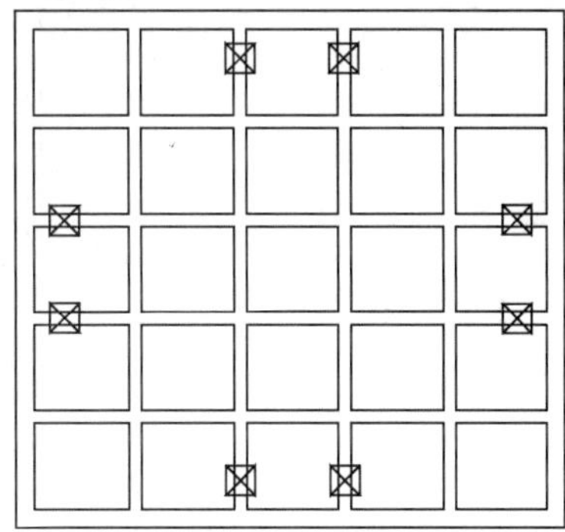

图4-12　隔墙底部反力土压力计布置图

监控仪器中，采用量程3.0MPa的土压力计，数量为8个。仪器的安装方案按照出厂说明，并结合现场情况进行适当调整，具体安装情况如图4-13所示。

3）沉井侧壁土压力监测

沉井侧壁土压力反映了沉井的受力情况，是沉井下沉设计和施工过程中的重要监测指标。然而，由于沉井在施工与运行过程中侧壁土压力及侧摩阻力的分布尚不十分明确，现行的计算模式和计算方法与实际情况存在较大的差异，故通过埋设监测仪器来获取土压力数据，不仅为沉井下沉预测中的侧摩阻力计算、施工预警信息等提供较为准确可靠的资料，而且对系统深入分析侧摩阻力的分布规律也具有较高的实用价值。另外，侧壁土压力仪器也能为桥梁使用阶段提供实用的数据，继续监测侧壁压力变化为结构的安全使用提供数据上的保障。

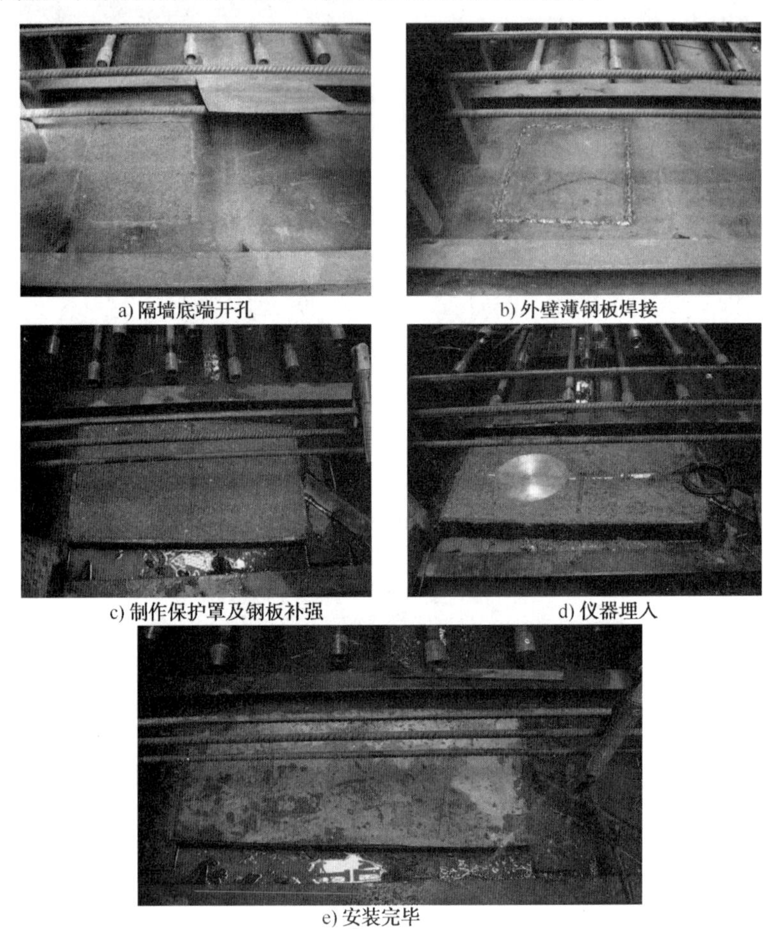

a) 隔墙底端开孔　b) 外壁薄钢板焊接

c) 制作保护罩及钢板补强　d) 仪器埋入

e) 安装完毕

图 4-13　隔墙底部土压力安装图

用于监测沉井侧壁土压力的土压力计布置如图 4-14 所示。

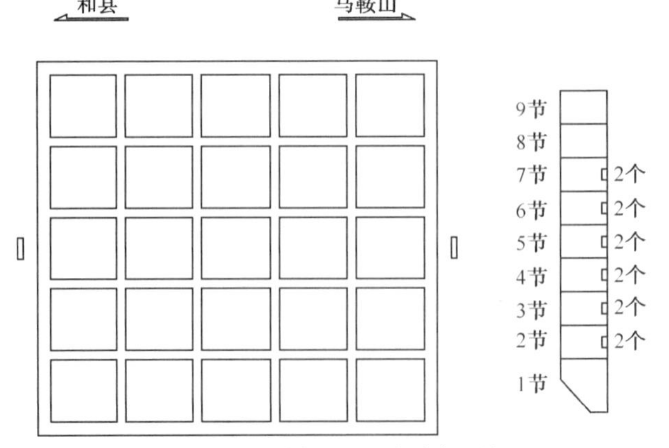

图 4-14　沉井侧壁土压力计布置图

监控仪器中，采用量程 3.0MPa 的土压力计，数量为 12 个。仪器的安装方案按照出厂说明，并结合现场情况进行适当调整，具体安装情况如图 4-15 所示。

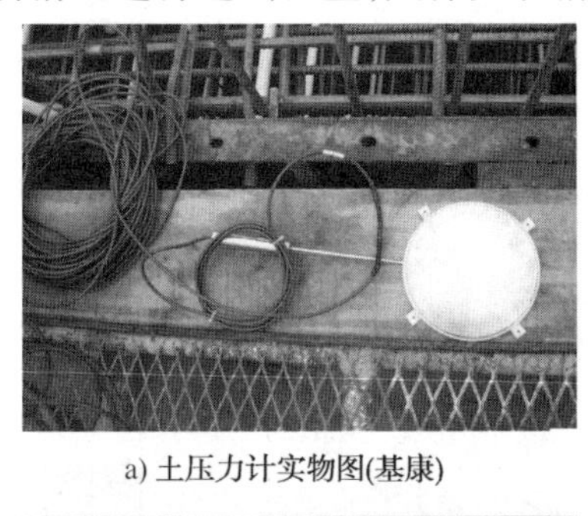

a) 土压力计实物图(基康)

b) 仪器定位

c) 焊接固定

d) 安装完毕

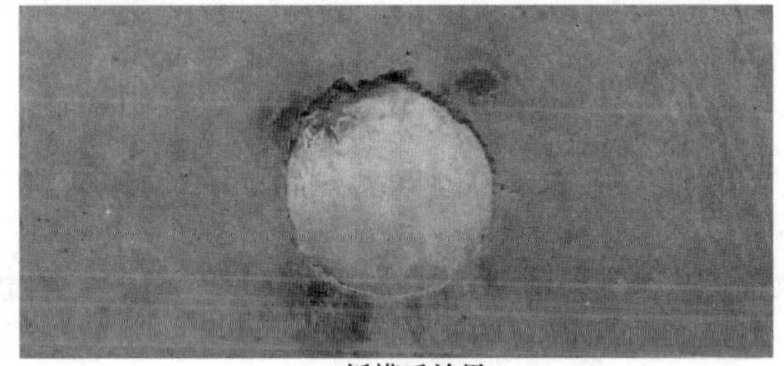

e) 拆模后效果

图 4-15　沉井侧壁土压力计安装图

4）根式基础变形监测

锚碇沉井前、后趾方向均有施工完毕的根式基础，其中前趾方向距离锚碇沉井约 43m（A、B 基础），后趾方向约 96m（E、F 基础）。由于锚碇沉井的开挖下沉必然会对周边环境产生影响，而根式基础又在其影响半径之内，为了保证其作为引桥基础的正常使用，需对变位情况进行监测，必要时可采取一定的措施来保证安全。

利用前期试验的测点和测试仪器。在 A-B、E-F 根式基础外的地面用 1 个原有观测点监测地表平面位移、沉降；两个根式基础之间的地面用 1 个原有观测点监测地表平面位移、沉降；在每个根式基础上用 1 个原有观测点监测其平面位移、沉降，用 1 个原有测斜管测井身倾斜（若原有分层沉降管可用，则进行根式基础底面的沉降观测）。

两对根式基础共利用原有平面位置观测点 8 个，测斜管 8 个。测点布置如图 4-16 所示。

5）长江大堤变形监测

沉井降排水下沉时，可能会造成长江大堤的变形，通过变形监测可以掌握大堤土体信息，防止发生险情。

建议在桥轴线200m范围内，沿堤身的恰当位置选择15～20个沉降观测点，见图4-17。

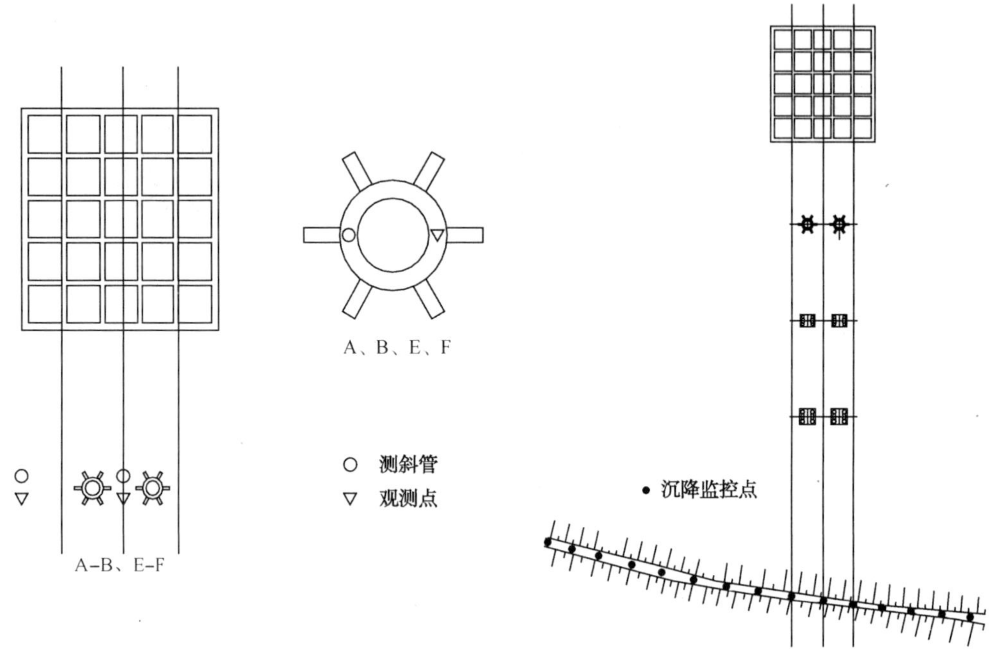

图4-16　A－B、E－F根式基础测点布置图　　图4-17　长江大堤沿线沉降观测点布置图

6)周边建筑物变形监测

根据现场情况，确定沉井下沉显著影响范围内的重要建筑物，观测其沉降和不均匀沉降量。

在每个重要建筑物上布设2～4个观测点。对沉降敏感的特别重要的建筑物，若不容许有过大沉降和差异沉降，可在沉井与建筑物之间布设回灌井。回灌井的布设应根据现场情况确定，可距离重要建筑物20m左右，间距15～30m，井深应打穿上部潜水含水层，进入下部承压水含水层中渗透系数大的砂层。重要建筑物观测点和回灌井布设示意如图4-18所示。

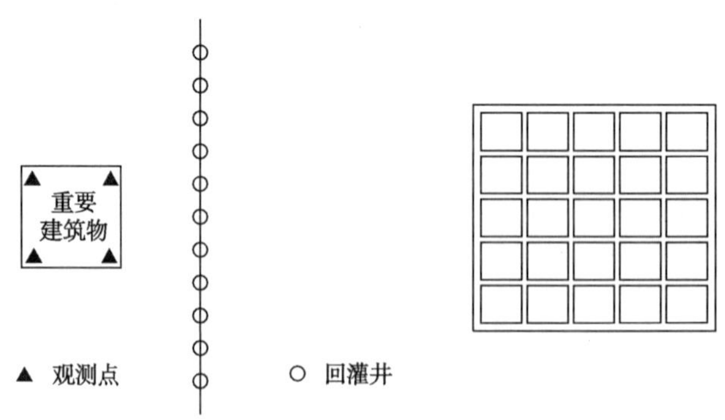

图4-18　重要建筑物观测点和回灌井布设示意图

7)沉井几何姿态监测

几何姿态监测包括沉井制作和下沉过程中的下沉量、水平位移，以及相关的不均匀下沉

量、倾斜度、水平扭转等，这些都是直观评价施工过程中沉井状态的重要参数，也是进行沉井施工控制的关键指标。通过实时观测，可为沉井下沉施工和纠偏提供依据。

根据本沉井的结构特点，在每次接高后的沉井顶面布置由8个监控点组成的观测网，8个监控点分别构成3条纵向观测剖面和3条横向观测剖面，如图4-19所示。

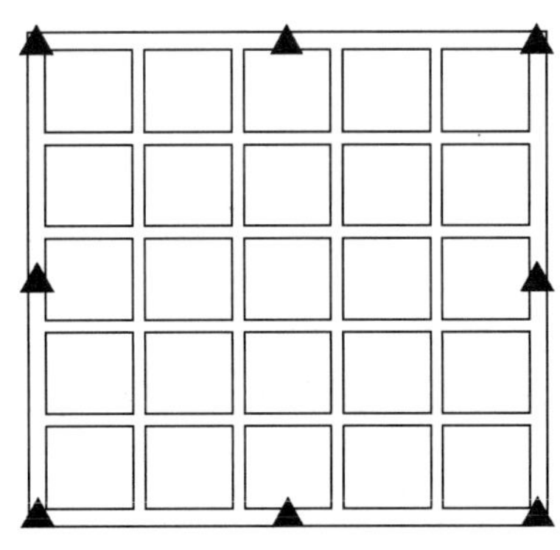

图4-19　沉井几何姿态测点布置图

4.3.2　锚碇沉井施工涌水、涌沙安全监测

锚碇沉井施工期间涌水、涌沙的原因主要是由于周围地质发生大的变形、长江流域水位升高等引起的压力变化，安全监测内容如表4-4所示。

监测内容　　表4-4

序号	监测项目	监测内容	传感器类型
1	根式基础变形	根式基础水平位移、沉降和倾斜	测斜管
2	长江大堤变形	长江大堤沉降和倾斜	全站仪
3	周边建筑物变形	周边民房和建筑物	全站仪
4	地下水位与井内水位	周边地下水位	测绳
		沉井内水位	测绳
5	沉井底部开挖地形	沉井底部地形	测锤、测绳

1）地下水位与井内水位监测

在排水下沉期间，沉井周边管井降水或井内吸泥会引起周边地下水位的变化，通过对地下水位进行定期监测，可以掌握地下水漏斗变化情况，确保沉井下沉过程中周边土体不至由于水力梯度过大引起渗透变形和破坏。在监测井外地下水位的同时，也必须对井内水位进行监测，防止内外水头高差引起管涌等事故，其监测位置如图4-20所示。

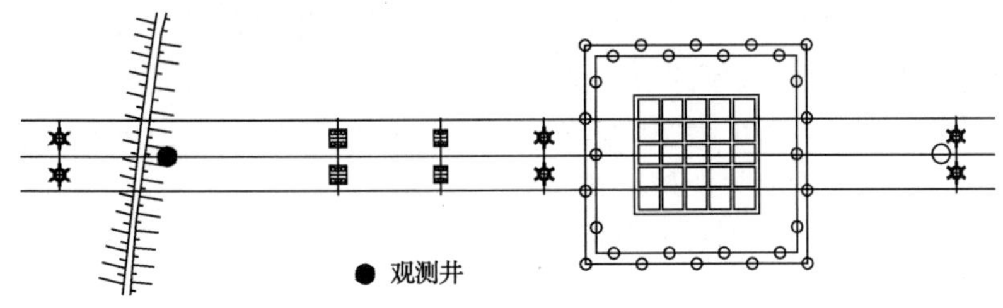

图4-20　地下水位观测井布置图

对于地下水漏斗情况，可以利用前期抽水试验的观测井。在重要建筑物和构筑物旁（如E、F基础），如有相应需要时可适当增加观测井。

井内水位监测可在每个隔舱布置1～2个监测点。

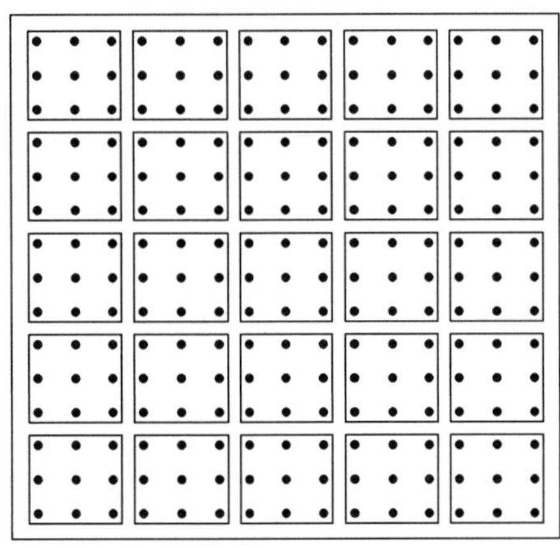

图 4-21　土体开挖监测点布置图

2)沉井底部开挖地形监测

监测沉井底部(隔舱中)的土体开挖情况,可控制沉井内均匀除土,为沉井的均匀下沉施工提供指导。

排水下沉期间,沉井底部土体开挖及地形可用测绳测量。不排水下沉期,考虑到吸泥施工必然导致井内水体长时间浑浊,限制了水下电视或水下摄像技术的应用,故水下地形监测以测绳、潜水员等常规手段为主;在水深较大时可考虑采用多波速测深测试技术,同时采用测深锤或测深杆进行检验复核。

在每个井孔内沿纵、横方向均匀布设 9 个测点,如图 4-21 所示。

4.4　锚碇沉井施工显著风险事态安全防控

4.4.1　沉井基础及临时结构坍塌的安全防控

1)钢壳混凝土浇注安全防控措施

钢壳沉井高 8m,浇注混凝土高度为 7.0m,留 1.0m 与第二节沉井混凝土共同浇注,首次钢壳混凝土浇注总量为 5 768m^3,采用一次浇注完成。因为生产安全风险大,需做好安全防控措施。

(1)运输车辆进行运输作业前,须对刹车等安全装置进行检查,确认其安全有效后,方可作业;

(2)车辆运输过程中,须注意避让来往行人、车辆,车速保持在 20km/h 以内;

(3)拌和机械运转过程中,严禁将手、脚伸入料斗或搅拌筒内探摸,不得用手或工具等物体伸入搅拌筒内扒料;

(4)操作人员进入搅拌筒内进行检修或清洗作业时,必须切断电源,设专人在外监护。

2)混凝土沉井接高安全防控措施

沉井混凝土节段均采用翻模法进行施工,翻模法一次浇注的高度为 5m。钢筋均在沉井附近的加工厂进行加工,再利用现场的吊装设备进行安装。在沉井四周设置模板拼装场地,用于模板的堆放与拼装。现场配置 2 台 50t 的履带吊和 2 台 1 500kN · m 的移动式塔吊进行现场材料及模板的吊装。主要的安全防控措施如下。

(1)两台塔机安装高度应保持一定的高差,处于高位的塔机(吊钩升至最高点)与低位的塔机之间,在任何情况下,其垂直方向的间隙不得小于 2m;塔机与信号指挥人员必须配备对讲机,对讲机经统一确定频率后必须锁频,使用人员无权调改频率,要专机专用,不得转借;指挥过程中严格执行信号指挥人员与司机的应答制度,即信号指挥人员发出动作指令时,塔机司机应答后,信号指挥人员方可发出塔机动作指令;将塔吊相交的区域设为吊装警戒区,须设立安全警示标志。

(2)进行钢筋加工作业前,作业班组长须组织人员对钢筋加工机械设备、龙门吊、电焊机、气瓶及附属件等进行检查,确认其安全有效后,方可作业。作业过程中需按规程操作。

(3)为使施工人员能够安全的进行钢筋绑扎、混凝土浇注等操作,模板桁架外必须设置工作平台(工作平台设计见专项方案)。平台须满铺 5cm 厚的脚手板,四周安装防护栏杆,防护栏杆上杆离地高度为 1.2m,下杆离地高度为 0.6m,栏杆下方设置不低于 18cm 的踢脚板。栏杆两侧应加挂密目安全网。防护栏杆每间隔 2m 须设置一道立柱,其整体结构应该在上杆的任何处,能经受任何方向 1 000N 的外力,以便阻挡人员在可能状态下的下跌。

(4)运输车辆运输钢筋、混凝土前,须对刹车等安全装置进行检查,确认安全有效后,方可作业;车辆运输过程中,须注意避让来往行人、车辆,车速保持在 20km/h 以内。

(5)为方便作业人员上下作业平台,沉井一侧应设置人梯(人梯设计见专项方案)。人梯两侧须焊接防护栏杆,防护栏杆上杆高度离梯面 1.5m,下杆高度离梯面 0.75m,梯间踏板间距宜为 30cm,栏杆两侧及踏板下方应加挂密目安全网。其整体结构与平台的防护栏杆基本相同。若遇雨雪天气应及时派人清理人梯踏板上的积雪和结冰,并采取防滑措施。

(6)模板存放时,场地必须平整夯实,应采用面对面码放方法进行码放,码放高度不宜超过 3m,下面不得压有电线和气焊管线等;模板及其支撑系统在安装过程中必须设置临时固定设施,拧紧模板间连接螺栓,严防倾覆;模板拆除时应遵循先支后拆、后支先拆的顺序,先将倒角处模板连接螺栓及连接板或芯带拆除,将模板临时固定,再拆除其余模板。拆除时不得使用钢撬棍,宜用木楔振松脱模,严禁操作人员站在正拆除的模板下。拆模必须一次性拆清,不得留下无撑模板。安装、拆除模板时,严禁随手乱抛乱扔器具、材料。

(7)钢筋、模板起吊前,应检查吊装用的绳索、卡具等是否牢固可靠,然后将吊钩挂好,慢起稳吊,吊起过程中应派专人把持溜绳,防止钢筋、模板摆动和钢丝绳打绞。指挥、拆除和挂钩人员必须站在安全可靠的地方进行操作,严禁任何人员随钢筋、模板起吊。

3)沉井下沉安全防控措施

沉井下沉过程中所穿过的土层有黏土、亚黏土、粉砂、细砂、中砂层等。将 9 节沉井分 4 次下沉,第 1 次采取降排水下沉,降排水下沉深度为 14m,其他节段均采用不排水下沉施工。主要安全防控措施如下:

(1)使用抓斗取土时,作业前须仔细检查倒链、吊钩安全装置是否完好无损;使用过程中须派专人进行指挥。

(2)人工取土时,作业前应先使用 2kW 的轴流式风机向井内送风,以确保有足够的氧气供井内人员呼吸;人工取土作业过程中须派专人在井口进行监护,井内与井外人员须配备对讲机等通信工具确保联络畅通无阻;井内作业应保证足够的照明;沉井内须设置安全梯和安全绳;涌水、涌沙量大时严禁人工取土。

(3)使用高压射水时,严禁将高压水直接对准人或机械设备、设施喷射。

(4)沉井泥浆池应安装栅网进行封闭,并设置安全标志。

4)填仓及顶盖板施工安全防控措施

封底完成并检测合格之后,按设计要求对隔仓进行填仓施工,左汉悬索桥方向 15 个隔仓灌水,引桥方向 10 个隔仓用 C20 水下混凝土填充。

(1)进行钢筋加工作业前,作业班组长须组织人员对钢筋加工机械设备、龙门吊、电焊机、气瓶及附属件等进行检查,确认其安全有效后,方可作业。作业过程中需按规程操作。

(2)模板存放时,场地必须平整夯实,应采用面对面码放方法进行码放,码放高度不宜超过3m,下面不得压有电线和气焊管线等;模板及其支撑系统在安装过程中必须设置临时固定设施,拧紧模板间连接螺栓,严防倾覆;模板拆除时应遵循先支后拆、后支先拆的顺序,先将倒角处模板连接螺栓及连接板或芯带拆除,将模板临时固定,再拆除其余模板。拆除时不得使用钢撬棍,宜用木楔振松脱模,严禁操作人员站在正拆除的模板下。拆模必须一次性拆清,不得留下无撑模板。安装、拆除模板时,严禁随手乱抛乱扔器具、材料。

(3)钢筋、模板起吊前,应检查吊装用的绳索、卡具等是否牢固可靠,然后将吊钩挂好,慢起稳吊,吊起过程中应派专人把持溜绳,防止钢筋、模板摆动和钢丝绳打绞。指挥、拆除和挂钩人员,必须站在安全可靠的地方进行操作,严禁任何人员随钢筋、模板起吊。

(4)混凝土运输车辆进行运输作业前,须对刹车等安全装置进行检查,确认其安全有效后,方可作业;车辆运输过程中,须注意避让来往行人、车辆,车速保持在20km/h以内。

(5)拌和机械运转过程中,严禁将手、脚伸入料斗或搅拌筒探摸,不得用手或工具等物体伸入搅拌筒内扒料;操作人员进入搅拌筒内进行检修或清洗作业时,必须切断电源,设专人在外监护。

4.4.2 锚碇沉井施工涌水、涌沙的安全防控

1)首节地基处理时的安全防控措施

由于沉井规模庞大,又处于软土地基,因此沉井在下沉过程中存在由于地表一定范围内地基承载力不够而引起的涌水、涌沙坍塌等问题,所以一定要注意做好相应的安全防控措施。

(1)基坑外围沿周边应布置轻型井点降水,以免影响坑壁的稳定。

(2)在挖掘作业前,挖掘机司机应详细了解施工现场任务情况,检查挖掘机停机处土壤坚实性、平稳性及基坑边坡稳定性。

(3)开挖基坑时一般要求坑壁的边坡等于该湿度下的天然休止角,顶层黏土的湿度较大,坍塌的可能性很大,应采用边开挖边填筑砂垫层方法护坡。

(4)挖掘机铲斗挖掘时每次吃土不宜过深,以免损坏机械或造成倾覆事故。

(5)配合挖掘机进行辅助作业的人员,须在挖掘机回转半径以外工作。若必须在回转半径以内工作时,挖掘机必须停止回转,并将回转机构刹住后,方可进行工作。同时,机上机下人员要彼此照应,密切配合,确保安全。

(6)挖掘机装载活动范围内,不得停留车辆和行人。若往汽车上卸料时,应等汽车停稳,驾驶员离开驾驶室后,方可回转铲斗,向车上卸料。挖掘机回转时,应尽量避免铲斗从驾驶室顶部越过。卸料时,铲斗应尽量放低,但应注意不得碰撞汽车的任何部位。

(7)开挖过程中和开挖以后,应注意观察坑缘地面有无裂缝、坑壁有无松散塌落现象发生,否则应及时采取措施。

(8)使用履带式推土机碾压砂垫层时,除驾驶室外,机上其他地方严禁载人;行驶中铲刀离地面应保持在40~50cm,任何人不得上下推土机;若场内有多台机械共同作业时,推土机与其他机械的前后距离应大于8m,左右距离应大于1.5m。

(9)在基坑一侧设置人梯,以方便施工人员上下。人梯两侧须焊接防护栏杆,防护栏杆上杆高度离梯面1.5m,下杆高度离梯面0.75m,栏杆两侧应加挂密目安全网。防护栏杆每间隔

2m 须设置一道立柱，其整体结构应该在上杆的任何处，能经受任何方向 1 000N 的外力，以便阻挡人员在可能状态下的下跌。若遇雨雪天气，应及时派人清理人梯踏板上的积雪和结冰，并采取防滑措施。

(10)基坑开挖完成后，应在基坑顶缘四周距离基坑边 0.5m 处安装防护栏杆。为避免土质松动，可将防护栏杆立柱打入地面 50 ~ 70cm 深。防护栏杆上杆离地高度为 1.2m，下杆高度离地高度为 0.6m，栏杆下方设置不低于 18cm 的踢脚板。防护栏杆其整体结构与人梯防护栏杆的结构基本相同。

2)清基及封底施工安全防控措施

沉井封底时，采用分区对称进行施工，每个分区基底线形均形成单独的锅底，锅底线形根据设计线形最终确定。当沉井刃脚下沉至设计高程上 2m 时，即应开始以清基为目的进行吸泥除土，对井孔内、刃脚及隔墙下的土层进行清理，使各隔仓形成封闭的锅底形状，其锅底尺寸应满足设计要求。马鞍山大桥锚碇沉井封底混凝土总量达 21 157m^3，采用导管法进行水下混凝土封底，分区对称进行封底。为保证对称施工和施工效率，应从中间开始对称向四周进行，分 5 次进行封底施工，封底时对逐个区域进行对称封底，直至所有隔仓封底完成，每个区域内同时施工。主要的安全防控措施如下：

(1)清基及封底施工时，若需安排潜水员下水作业，作业前，现场施工负责人应将下潜任务、下潜环境、工作部位、水深等向潜水员明确交代；潜水员应仔细检查潜水装备安全有效后，方可下水作业；现场须另备一套潜水装具，指派一名预备潜水员，以便在必要时下水协助和救援；潜水员下水作业时，须在头盔的排气阀上包裹纱布，防止沙粒、污泥等进入排气阀；信息员应随时与潜水员保持联络，并与供气软管人员及时沟通协调，做好潜水员下潜和上升工作。

(2)封底混凝土浇注施工平台须满铺 5cm 厚的脚手板，四周安装防护栏杆，防护栏杆上杆离地高度为 1.2m，下杆离地高度为 0.6m，栏杆下方设置不低于 18cm 的踢脚板。栏杆两侧应加挂密目安全网。防护栏杆每间隔 2m 须设置一道立柱，其整体结构应该在上杆的任何处，能经受任何方向 1 000N 的外力，以便阻挡人员在可能状态下的下跌。

(3)混凝土运输车辆进行运输作业前，须对刹车等安全装置进行检查，确认其安全有效后，方可作业；车辆运输过程中，须注意避让来往行人、车辆，车速保持在 20km/h 以内。

(4)拌和机械运转过程中，严禁将手、脚伸入料斗或搅拌筒探摸，不得用手或工具等物体伸入搅拌筒内扒料；操作人员进入搅拌筒内进行检修或清洗作业时，必须切断电源，设专人在外监护。

第5章　钢塔柱安装施工

左汉悬索桥为主跨 2×1 080m 的三塔悬索桥，与两塔悬索桥相比，三塔悬索桥由于多了一个主跨和一个中塔，结构行为特征主要表现在加载工况和主缆对桥塔的约束不同。由于主缆对中塔塔顶的约束较边塔弱，当一边主跨加载而另一边主跨少载或空载时，中塔两侧主缆将出现缆力差值。为解决该桥在不平衡活载作用下引起中塔两侧主缆缆力差值较大的问题，采用塔梁固结结构体系使抗滑安全系数最高、结构刚度最大、中塔钢结构段应力在容许范围内。本章主要介绍中塔钢塔柱施工特点及其安全监测技术。

5.1　钢塔柱安装施工工序

左汉悬索桥中塔为钢塔结构，上塔柱顶高程为 175.3m，上横梁顶高程为 172.3m，下横梁顶与桥面齐平高程为 58.237m。上塔柱高 127.8m，横桥向宽度 6.0m，顺桥向宽度 7～11m。上横梁设计为具有徽派建筑特色的结构，上横梁由上、中、下梁 3 部分组成。上梁与中梁之间用 5 个圆柱造型的结构连接，中梁与下梁之间用 3 个有灯笼造型的结构连接。塔柱共划分为 21 个节段（T1～T21），20 个拼接接缝（J1～J20）。节段长度为 5.0～9.55m，标准节段长度为 6m，其中 T1 节段最重，约 590t。塔柱节段连接传力形式，设计采用高强度螺栓传力与端面金属间接触传力相结合的办法。考虑到索塔安装中的误差调整，在 J1、J5、J11、J16 处设置了调整接头。钢塔节段及索塔上下横梁的拼接均采用 M30 摩擦型高强度螺栓。塔柱的设计金属接触率：对壁板、腹板≥50%；对加劲肋≥40%。

钢塔结构及钢塔节段划分见表 5-1 及图 5-1。

钢塔节段划分表　　表 5-1

编　号	T1	T2	T3	T4	T5	T6	T7	T8
长度(m)	5.8	9.55	6.0	6.0	6.0	6.0	6.0	6.0
重量(t)	580.5	424.5	176.6	175.2	173.6	163.8	162.3	161.1
编号	T9	T10	T11	T12	T13	T14	T15	T16
长度(m)	6.0	6.0	6.0	6.0	6.0	6.0	6.0	6.0
重量(t)	159.4	156.1	138.6	136.0	134.9	133.8	127.4	126.3
编号	T17	T18	T19	T20	T21	上横梁		
长度(m)	6.0	5.75	6.0	5.7	5.0	上梁	中梁	下梁
重量(t)	123.5	139.4	141.0	143.2	213.3	296.8	161.8	153.6

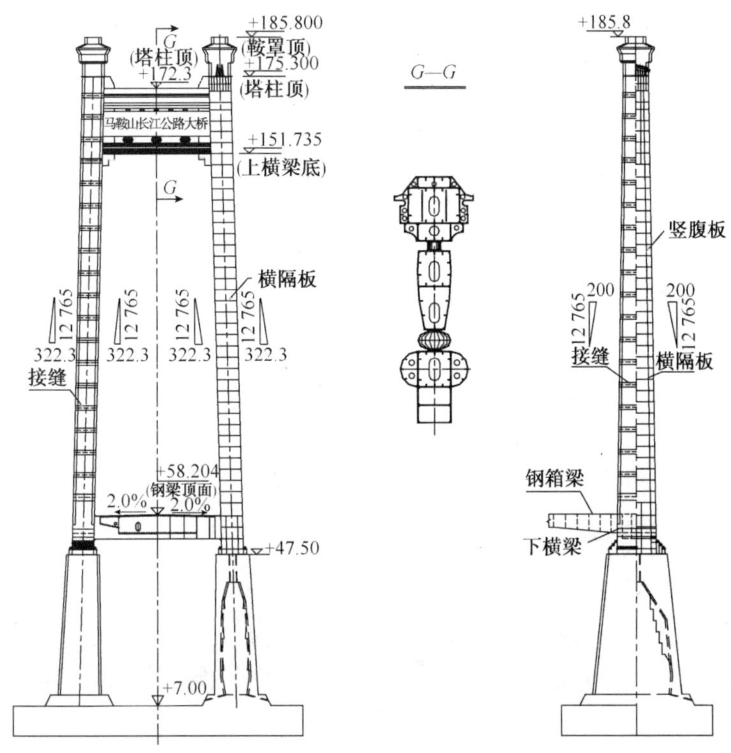

图 5-1　钢塔结构图(尺寸单位:m)

下横梁自重约 706t,通过 1 000t 起重船起吊。浮吊站位于纵桥向中线处,纵向起吊下横梁,收锚使浮吊前移直至下横梁位于设计位置上方,逐步下放使其支撑在下横梁支架上。钢塔 T1 节段通过驳船运输至墩位后也通过 1 000t 起重船吊装,T1 节段自重 580.5t,通过浮吊主钩吊装。浮吊站位于纵桥向,侧向起吊 T1 节段,旋转浮吊扒杆使钢塔节段位于设计位置上方后,逐步下放 T1 节段,使其落于精调装置上以后再次调整钢塔节段精度。然后进行 T2 节段吊装,T2 节段自重 424.5t。待钢塔 T1、T2 节段安装完成以后再调整下横梁三维精度,实现与钢塔的连接。浇注下塔柱后,张拉体外预应力索(图 5-2)。

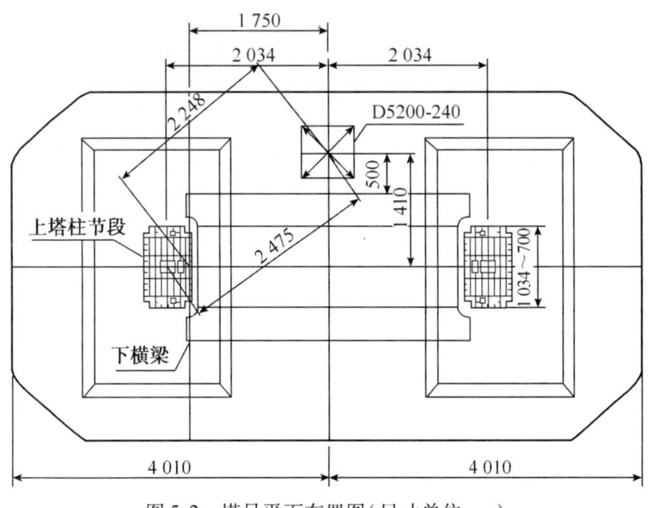

图 5-2　塔吊平面布置图(尺寸单位:cm)

T3～T21 节段及上横梁均采用 D5200 塔吊进行吊装，为保证钢塔线形，在 T6、T11、T17 节段设置横撑结构，一端设置千斤顶调节结构，另一端通过法兰与钢塔连接。上横梁的安装分 4 次吊装，采用无支架结构，利用塔吊提升、倒链配合安装。上横梁施工顺序：将下梁吊装到位并且两端与塔柱通过高强螺栓连接，现场焊接对位处结构，安装中梁，其中上梁分两段进行安装（图 5-3）。

图 5-3　D5200 塔吊布置图

D5200 塔吊根据左汉悬索桥中塔钢塔节段重量研制，塔吊最大起重力矩为 52 000 kN·m，最大起吊质量为 240t，最大吊重时吊幅 22m，最大起升高度为 200m。标准节段中最重的为 21 节段，质量为 213.3t，考虑吊具和 100m 以上钢丝绳的重量，最大起吊质量为 235t，可以满足安装需要（图 5-4）。

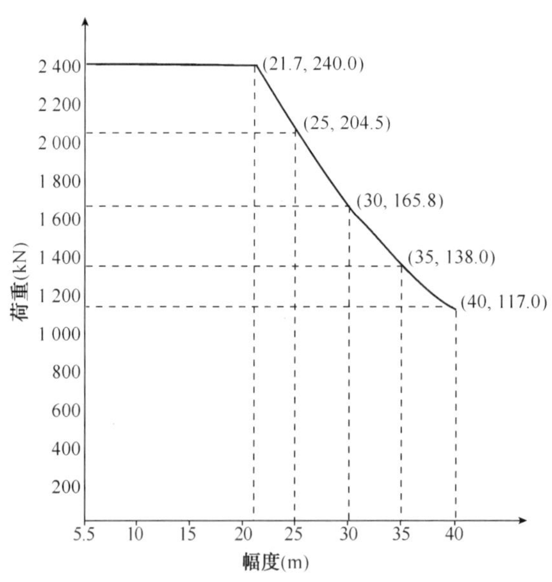

图 5-4　D5200 塔吊起重曲线

钢塔柱安装的具体施工工序流程见图 5-5。

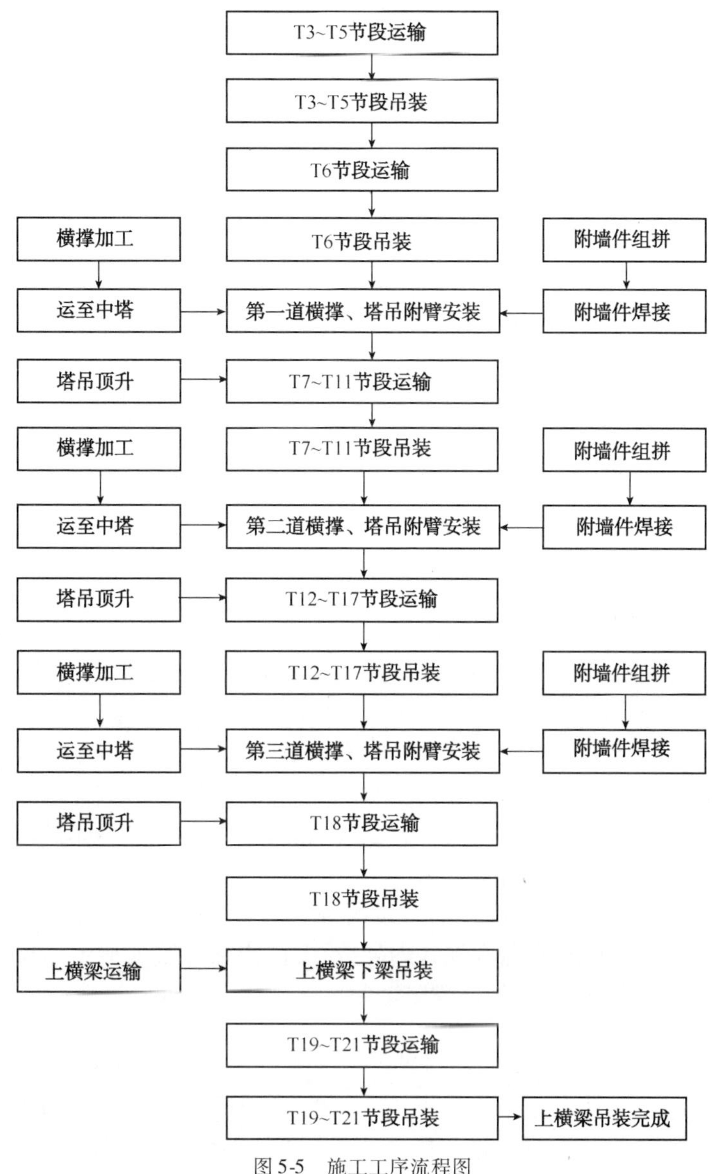

图5-5　施工工序流程图

5.2　钢塔柱施工风险事态分析

1)钢塔柱施工风险事态

(1)钢塔柱施工期间船舶及水上作业人员伤害淹溺(GTZ01)

在中塔柱施工过程的水上作业中,由于作业人员未按照规程作业、交通船超载、未按规定穿救生衣、大风下水上作业等引起的伤害淹溺。

(2)钢塔柱施工期间钢塔柱定位吊运时坍塌(GTZ02)

钢塔柱共有21个节段需要吊装,吊运时吊钩脱落、吊运钢丝绳断裂或超载等产生坍塌,另外,上横梁吊装时的失稳等也会引起坍塌。

(3)钢塔柱施工期间高空作业时的高处坠落(GTZ03)

高空作业人员未带安全带、高空安全网防护不到位、雨雪天防滑设施不到位以及大风天气下进行高空吊装等,都会引起高空坠落人员伤亡。

2)钢塔柱施工风险事态损失评定

针对以上风险事态,根据本书2.2.2节公式(2-9)所提出的损失模型,对钢塔柱施工风险事态进行损失评定。评定过程:采用发放调查问卷的方式,确定各风险事态人员伤亡、时间延误和货币损失等级,并将三者损失水平分别乘以不同权重系数得到损失的综合效应,计算结果如表5-2所示,各权重所占比例如图5-6所示。

钢塔柱施工风险事态损失评定结果 表5-2

风险事态	发生概率等级	人员伤亡	时间延误	货币损失	综合效应	损失评定
钢塔柱施工期间船舶及水上作业人员伤害(GTZ01)	3	2	1	1	1.45	4.45
钢塔柱施工期间钢塔柱定位吊运时坍塌(GTZ02)	2	4	3	4	3.65	5.65
钢塔柱施工期间高空作业时的高处坠落(GTZ03)	3	2	1	2	1.65	4.65

3)钢塔柱施工显著风险事态识别

参考本书2.2.4节决策人效用函数代表值以及风险等级的划分水平,由表2-3及ALARP风险决策准则将以上所确定的钢塔柱施工期间风险事态的损失评定结果绘于风险等级区间划分表格内,如图5-7所示。由图可知,风险事态GTZ01、GTZ02及GTZ03位于ALARP区域内,均应采取合理的安全防范措施降低其风险。其中,GTZ01及GTZ03位于风险可接受区域内,只需进行常规管理措施降低其风险,无需重点研究,而位于风险可控制区域的GTZ02属于显著风险事态,必须予以高度重视,除常规管理外,在考虑降低风险的成本与所获效应的相对比值后,还应采取合理必要的专门防控措施降低其风险。

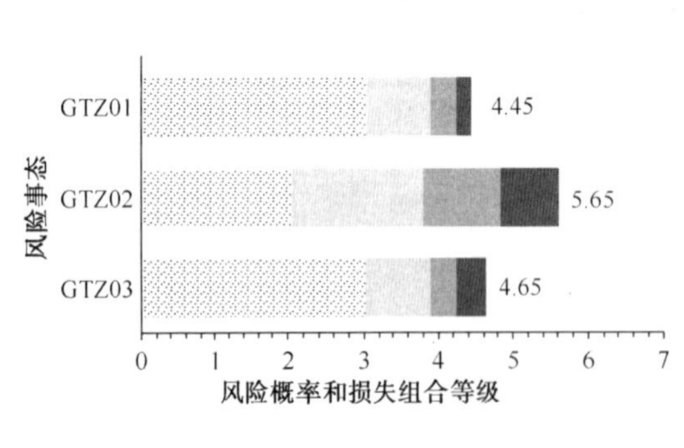

图5-6 钢塔柱安装风险事态损失评定各权重所占比例

发生概率等级; 人员伤亡; 时间延误; 货币损失

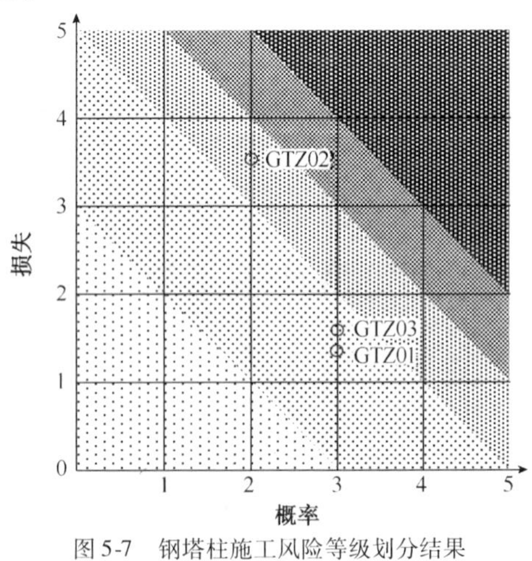

图5-7 钢塔柱施工风险等级划分结果

可忽略; 可接受; 合理控制; 严格控制; 不可接受

5.3 钢塔柱安装施工安全监测

由钢塔柱施工显著风险事态分析可知，钢塔柱吊装过程的定位可能存在失稳坍塌重大风险，因此，钢塔柱每个节点在吊装过程中都要进行定位、线形、沉降监测，以避免对后续的钢塔柱安装以及上部主体结构的施工带来质量及生产安全问题。钢塔柱吊装过程中需要监测的内容如表 5-3 所示。

钢塔柱吊装监测内容　　表 5-3

监控项目	传感器	说明
风力风速	风力风速传感器	风力≥6 级时，应停止作业
钢塔柱定位及线形监测	GPS 或全站仪	
钢塔柱沉降监测	GPS 或全站仪	
钢塔柱金属接触率监测	塞尺	

5.3.1 风力风速监测

钢塔柱吊装属于高空作业，在高空作业平台上安装实时风力风速监测传感器，风力风速监测传感器随作业平台升降，当风力超过 6 级应停止作业。

5.3.2 钢塔柱定位、线形监测

马鞍山长江大桥中塔钢塔柱的定位、线形监测是结合不同施工阶段的特点，采用不同的测量方法，保证测量成果的精度满足规范要求。

(1)遵循“先整体后局部，由高级到低级”的控制测量原则，在围堰或承台上布设加密点，利用 GPS 静态测量模式，确定其平面坐标，然后进行承台、塔柱施工测量。

(2)高程传递采用三角高程跨江水准测量(二等)法，将高程点传递到墩台加密点上，进行承台或混凝土塔柱高程测量，当塔柱施工高度超过 20m 后，高程传递采用全站仪天顶测距法。

(3)混凝土塔柱施工高度低于 20m 时，在承台布设加密点用全站仪坐标法进行模板检查和竣工测量，当施工高度超过 20m 时，采用 GPS 动态测量模式。

(4)钢混结合部施工测量，其平面位置采用在混凝土顶面布设强制对中观测段，用 GPS 静态测量确定其平面坐标，然后放样 T1 钢塔在混凝土顶面的轮廓线，采用吊垂线进行位置调整。高程测量首先采用全站仪天顶测距法将高程传递到 T1，然后在 T1 顶面架设水准仪进行高差调整。

(5)钢塔平面位置确定采用铅垂仪法。通过铅垂仪将已知坐标点投影到钢塔施工面，同钢塔实际位置进行比较，确定平面偏差。高程传递采用全站仪天顶测距法。

钢塔在工厂预制，现场拼装，钢塔进场后，经过断面尺寸检查合格后方可施工。监测的主要任务是检测各节钢塔安装后的平面位置和高程是否满足设计及施工规范要求，以免发生质

量及生产安全事故，并在调节段进行调整，监测时必须停止吊装作业，选择气象条件稳定的时间，于凌晨1:00～3:30进行观测。

(1)钢塔柱平面位置测量方法

①铅垂仪投点法

预制的塔身其结构尺寸相对固定，测量方法可选择内控法，通过投影确定四个角点的偏差。

横桥向为3.223/127.65，塔身为变截面，左右两幅向桥梁中心线倾斜，倾斜最大值超过3m，将投影基点沿横桥向布置，前期布设在混凝土塔身顶面，当桥面板施工完成后，将投影基点放样在桥面板上(图5-8)。

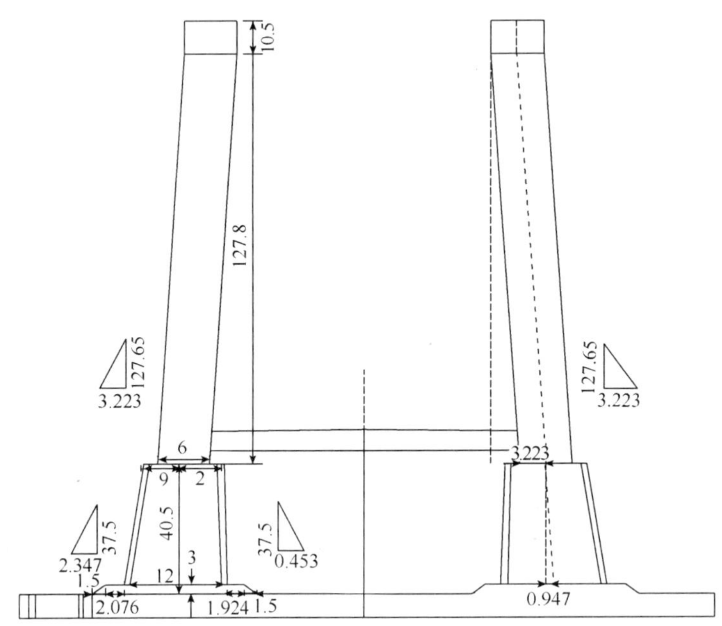

图5-8 桥梁中心线内侧点投影示意图(尺寸单位:m)

做出每节钢塔桥梁中线侧两点理论位置在桥面板上的投影，为方便操作并向桥梁中线方向100mm，通过铅垂仪投影到钢塔施工高程，直接测量两点偏差值。

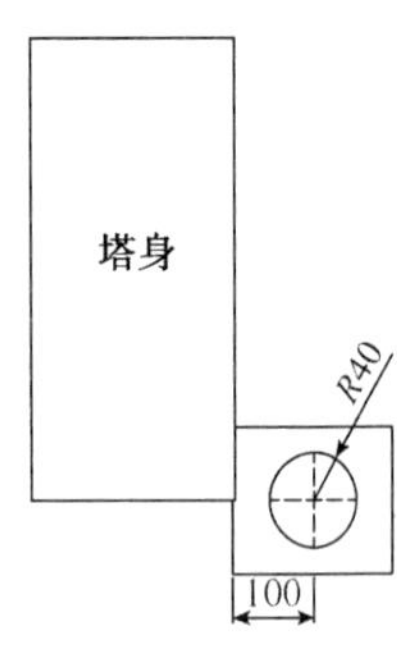

图5-9 投影接受装置1(尺寸单位:mm)

采用200mm×200mm的铁板，以铁板中心开挖半径为40mm的圆，安装铅垂仪投影玻璃板，并安置水平气泡(或使用时用水平尺调平)，此时圆心即为塔身顺横桥向内移100mm的实际位置，通过与投影光板位置比较，直接读出偏差值(图5-9)。

纵桥向为2/127.65，塔身为变截面，左右两侧向承台中心倾斜。可将投影基点设在混凝土塔身顶面，投影基准里程方向不变，Y坐标顺着塔柱倾斜方向进行逐节改正(在混凝土塔柱顶面做好安全通道)。桥梁中心线外侧点投影示意如图5-10所示。

由于塔身在纵桥向向上逐渐收敛，最大投影点超过2m，要特制支撑铅垂仪投影玻璃板的装置。采用两根长度为250cm×5cm铝合金条，制成间距为 8cm 的矩形板(图 5-11),并安置水平气泡(或使用时用水平尺调平)。

使用时首先以塔身边缘为基准拉延长线确定塔身顺桥向的位置,并将其固定。以塔身边缘拉尺确定里程方向的外移量 L,安装玻璃板,通过与投影光板位置比较,直接读出偏差值。

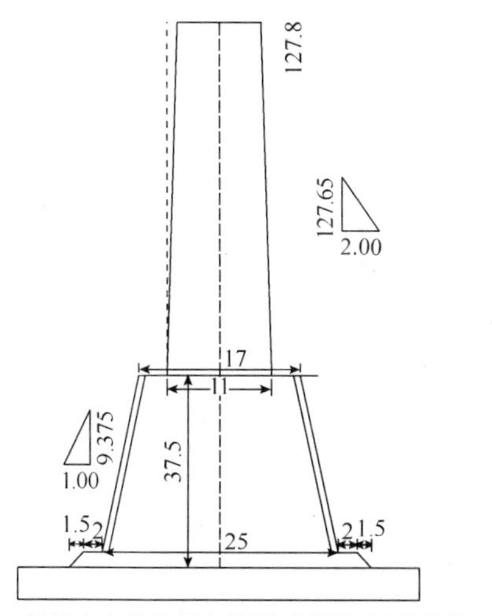

图 5-10　桥梁中心线外侧点投影示意图(尺寸单位:m)

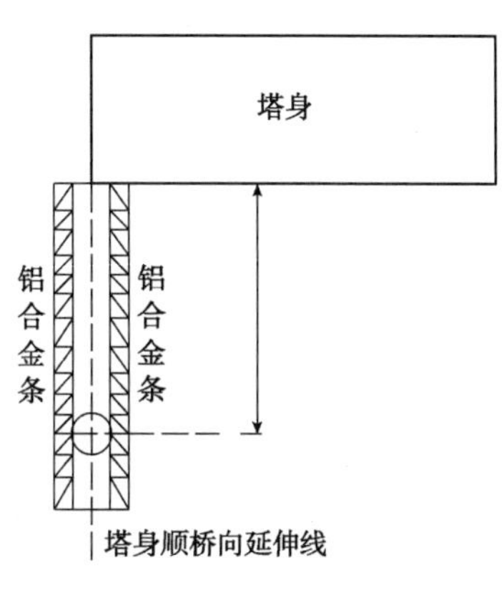

图 5-11　投影接受装置 2

②准直仪结合全站仪法

由于塔柱向桥梁中心线倾斜,内侧两个点直接通过准直仪投影确定偏差,然后后方交会,确定其他两个点的偏差值。

a. 首先放样塔柱内侧两个点在下横梁上的投影点,考虑安装误差,投影点顺横桥向平移 5cm。

b. 在钢塔顶面采用矮支架架设全站仪,全站仪任意设站,测量四个点的坐标,检查钢塔的拼装是否准确,并解算对角线值。

c. 同时直接测量上、下游塔柱内侧边中心点的坐标值,检查上下游塔柱间的距离是否准确。

d. 采用铅垂仪直接测量塔柱桥梁中心线侧两个点的偏差,确定其偏差值。外侧两个点的实际坐标根据对角线长度,通过距离交会计算得出。

③ 全站仪天顶测距传递高程法

a. 全站仪天顶测距法原理

通过全站仪天顶测距法进行高差测量,其原理如图 5-12所示。B 和 a 是处在同一铅垂线上的不同高度的两点,记其高程分别为 h_B 和 h_a,a、B 两点之间的高差为:

$$h_a - h_B = i + b \tag{5-1}$$

式中:i——仪器高度;

b——全站仪所测距离。

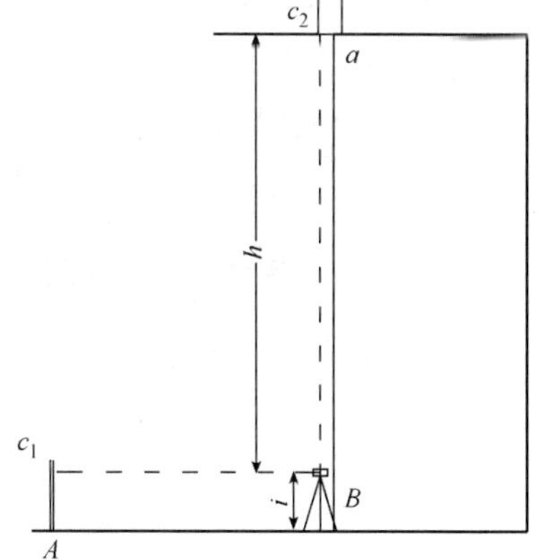

图 5-12　全站仪天顶测距法原理示意图

用全站仪的测距功能进行垂直向上测距,则其所测距离 b 与仪器高 i 之和即为所测高差,从而达到高程传递的目的。

b. 全站仪天顶测距法作业过程

作业时,在作业面 a 处的水准尺下面贴一反射膜(或特制棱镜装置),全站仪可以通过照

准反射膜测得距离 b,从而获得高差。由于此法望远镜垂直向上,照准无法按照常规的瞄准方法,在作业时,测量反射膜粘贴处的坐标,然后放样全站仪设站点的坐标,保证反射膜中心和全站仪中心在一条垂线上(也可采用全站仪弯管目镜调整棱镜的位置)。仪器高 i 采用水平视线法,即把仪器安置好后放平望远镜直至垂直角读数为90°00′00″,从已知点 A(点 A 与点 B 相距较近)处所立的水准尺上读取读数 c_1,从而实现从已知点 A 到待求点 a 之间的高程传递,避免了直接量取仪器高而带来的低精度缺陷。具体施测时,应多测回、多时段测量,以保证 a 处高程测量的精度。

c. 全站仪天顶测距法精度分析

用这种方法观测时,a、B 两点在同一铅垂线上,b 在测量时已经进行了气象改正,b 的精度取决于仪器的测距精度、垂直向上拨角精度和照准反射膜精度。若采用 TCA 2003,按照其标称精度,对于200m 高差,算得测距误差为 $\delta_s = \pm 2\text{mm}$;每次垂直拨角可控制偏差在5″以内,算得垂直拨角误差引起的高差误差为 $\delta_v = \pm 2\text{mm}$;考虑照准误差基本反映在测角上,对测距基本无影响,故照准芯片误差可忽略不计。但测量仪器高 i 时采用了水平视线法,仪器高的量测误差便转化为放平视线的拨角误差,由于 A、B 相距很近,按照垂直拨角的算法,易得放平视线误差 $\delta_p < \pm 2\text{mm}$。根据误差传播定律,可算得高差测量误差为:

$$\delta_h = \pm \sqrt{\delta_s^2 + \delta_v^2 + \delta_p^2} \tag{5-2}$$

将上述误差值代入算得 $\delta_h \leq \pm 3.5\text{mm}$,小于索塔上横梁施工所要求的 ±5mm 的误差范围,能满足索塔施工的精度要求。

此外,在线形监测中,钢塔柱线形对环境的敏感性测量及调整方法如下:

(1) 钢塔线形对环境的敏感性测量

在 T5、T11、T16 钢塔线形调整前,进行钢塔线性对外界环境的敏感性测量。当昼夜温差较大时,对塔柱桥梁中心线侧两个点分时段监测,连续观测 24h,频次为 2h 一次,绘制线性—时间—温度曲线,确定"零"状态时间段,即线性受外界环境影响最小的时间段。

(2) 钢塔线形的调整

由于钢塔测量数据为凌晨,进行线形调整时为白天,环境发生变化,不能采用绝对偏差值进行调整,要根据"零"状态时与相邻块段的相对关系值进行调整。调整完后,等观测条件允许时,进行复测检查,满足规范要求后方可进行下一节钢塔的安装。

5.3.3 塔身沉降监测

当承台完成后、混凝土塔身施工 1/3、2/3 完成后,对承台周围 4 个沉降观测点进行观测,其目的为:①监测承台是否发生不均匀沉降观测;②根据沉降数值,确定混凝土塔身顶面高程(必须报设计院计算),钢塔安装过程中,每安装 25m 进行沉降观测一次。测量方法采用精密水准测量。

5.3.4 金属接触率监测

左汉悬索桥中塔钢塔柱的设计金属接触率:对壁板、腹板≥50%;对加劲肋≥40%。目前主要监测方法是通过塞尺监测,选择温差变化两个时段,如中午 12:00 和凌晨 0:00 进行金属接触率的监测。

5.4　钢塔柱安装施工显著风险事态安全防控

钢塔柱吊装过程定位中可能存在的失稳坍塌重大风险,主要和自主研发的 D5200 塔吊的作业有很大关系,因此,钢塔柱安装施工显著风险事态的安全防控主要是对 D5200 塔吊的安全防控,其措施如下:

(1)施工前根据结构特点制定安装方案并请施工专家评审,选择满足起重要求的吊机配合安装,钢塔吊装采用 D5200 塔吊安装,起重能力满足要求。

(2)塔吊使用前必须到质监部门取证,经质监部门检验合格后方可投入使用,使用前检查机械设备的运行情况,保证使用状态良好。

(3)出厂运输前对钢塔各部件起吊重量、重心位置进行标识,起吊前,再次确认起吊件的重量和重心位置,并保证起吊物与周围物品完全脱离。吊点安装后对其进行检查,合格后方可起吊。吊具的夹角不得大于设计角度,并拴上溜绳。

(4)钢塔节段起重绳采用中联重科生产的配套专用吊具,吊具采取四点起吊,一侧吊点上连接有伸缩油缸,油缸顶端连接钢丝绳,钢丝绳与大钩连接,塔柱另一侧吊具上直接连接钢丝绳,采用 67mm 钢丝绳,两端采用压制方法制成绳套,走双使用。其余各起重钢丝绳根据起重量、长度分类存放并做好标识,起吊时选用合适的钢丝绳,并对钢丝绳外观进行检查,起重钢丝绳应不起油,无死弯,在任何一个断面内断丝量不超过 5%。

(5)塔吊实行"一机一表一志",每次进行大型装吊前,均应按表格进行严格检查并签证,主要检查内容为吊具、塔吊状态和连接质量等。

(6)起吊时,必须有固定的信号指挥,因钢塔节段吊装的特殊性,现场除塔吊作业人员配合指挥外,项目部装吊工人现场协助指挥塔吊动作。信号员事先检查场地周围有无障碍,如有则要先进行清除。信号员用对讲机与塔吊联系,信号员、塔吊司机、施工人员要密切配合、指挥得当、操作准确,各构件对位时应控制动作幅度,以保证安装顺利。吊装时设置警戒区域并拉警戒线。

(7)物件起吊时,作业人员不得在受力索具附近停留,特别不能在受力索具内侧停留。

(8)塔吊起吊物件时,专职安全员均需在现场检查,划定作业区域,起重臂和杆件下方严禁站人。

(9)吊具、钢丝绳要经常检查,破损的要及时更换。

(10)因拼装时多为高空作业,严禁夜间进行钢塔装吊作业,如需夜间进行小型构件如拼接板、螺栓吊装,需配备足够的照明设备,指挥员、塔吊司机必须对照明情况进行检查确认,满足施工条件后方可作业。

(11)船舶夜间禁止作业。

(12)横撑安装或连接系施工时,在焊接或栓接可靠之前,不得松钩。

(13)安全部在施工前组织安全交底,明确起重作业要求及注意事项。

(14)塔吊附墙、主动横撑的安装是标准节段安装时的重要环节,必须按设计要求进行安装,栓接、焊接质量可靠,使用前应组织相关单位验收,并填写签证表格。

第6章　高索塔爬模工程施工

索塔作为大跨径桥梁最主要的承重和受力构件之一，直接承受来自桥梁缆索的作用力，是大跨径桥梁最主要的受力构件之一。塔柱模板施工通常采取翻模或者爬模，左汉悬索桥边塔及右汉斜拉桥的索塔均采用爬模施工工艺。

本章针对大桥爬模施工特点，介绍了左汉悬索桥及右汉斜拉桥索塔液压爬模施工工序，研究它们的风险评估及安全监测防控措施。

6.1　高索塔爬模施工工序

6.1.1　右汉斜拉桥索塔爬模施工工序

右汉斜拉桥顺桥向为三个不等高的拱形主塔，中塔总高106m，桥面以上高76m，每个边塔的总高88m，桥面以上高61m。塔柱采用矩形断面，其中上塔柱采用空心断面，下塔柱为增加防撞能力而采用加强空心断面。塔柱顺桥向采用直线线形，中、边塔上塔柱顺桥向宽度均为6.5m，中、边塔顺桥向即拉索面的壁厚为1.2m，下塔柱自横梁开始向塔底按1∶25逐渐加宽，中塔塔底宽度8.1m，边塔塔底宽度7.9m。塔柱横桥向线形采用曲线变化，其中桥面以下外侧采用椭圆线形，内侧采用圆弧线形，桥面以上塔柱内外侧均采用椭圆线形（图6-1）。

右汉斜拉桥索塔中塔高106m，边塔高88m，根据索塔的结构形式及特点，塔柱及横梁采用的施工工艺为：

（1）塔柱1～2节段采用脚手架施工，中塔3～19节段、边塔3～15节段采用变曲率液压爬模施工，单柱的内外侧（纵桥向）采用变曲率模板，前后侧（横桥向）采用直模板，以横包纵形式布置。中塔20～22节段、边塔16～18节段采用预埋件搭设脚手架施工，标准节段高4.5m，变曲率较大的节段按照弧线长度不超过4.6m予以划分（图6-2）。

（2）横梁及中塔23～24塔顶节段、边塔19～20塔顶节段采用钢管支架施工，在横梁与塔柱相交处采用先塔柱后横梁的施工顺序。

右汉斜拉桥中塔和边塔索塔爬模施工工序见图6-3、图6-4。

6.1.2　左汉悬索桥边塔爬模施工工序

左汉悬索桥边塔结构设计为门式结构，由（下、中、上）塔柱、塔顶鞍罩及上、下横梁组成，其中塔柱为钢筋混凝土结构，上、下横梁为预应力混凝土结构。

塔柱高（从塔座顶面算至鞍座底）为165.3m，桥面以上塔柱高约132.2m，主塔塔柱横桥向宽度为 6.0m，顺桥向宽度为 8.0 ~ 10.0m。塔柱间中心距：在塔顶处 35m，承台顶处 43.5m，斜率 1∶39.6。主塔侧面沿中心线布置直径 10cm、基本间距 3m 的通风孔，通风孔向下倾斜 5°以避免雨水进入塔柱内。

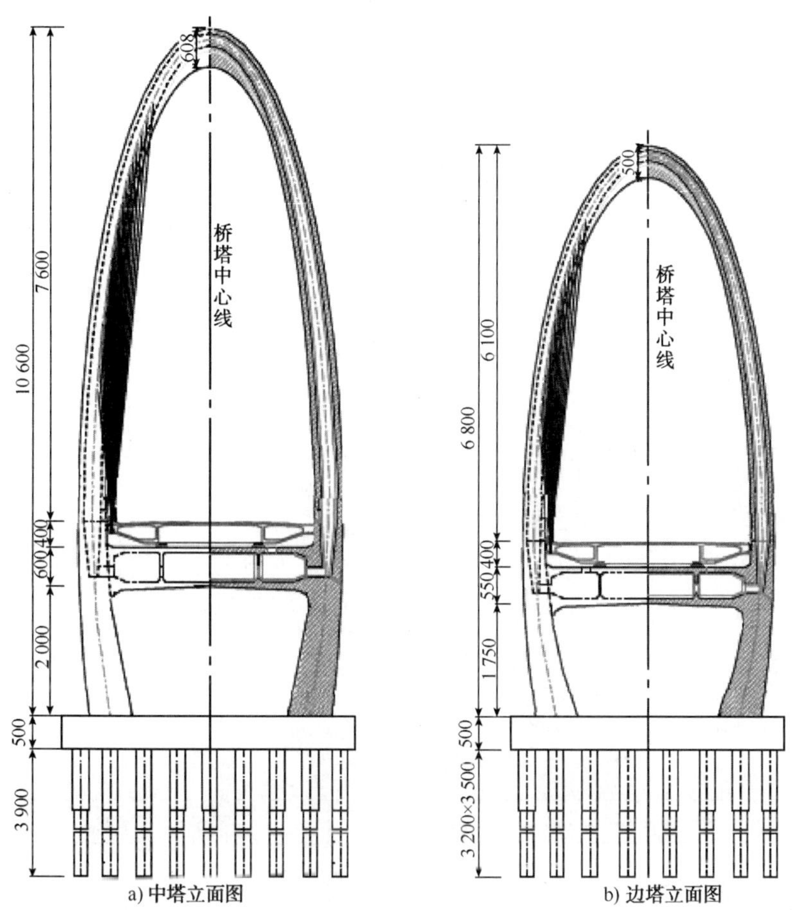

图 6-1　主塔结构布置图（尺寸单位：cm）

下塔柱高 33.0m（塔座顶至桥面），高程为 +10.000 ~ +43.000m，横桥向宽度 6.0m，顺桥向宽度 9.6 ~ 10.0m，采用单箱单室截面。壁厚：横桥向 1.2m、顺桥向 1.4m，在塔座顶及与下横梁交界处范围内壁厚逐渐加大。

中塔柱高 103.135m，高程为 +43.000 ~ +146.135m，横桥向宽度 6.0m，顺桥向宽度 8.752 ~9.6m，采用单箱单室截面。壁厚：横桥向 1.0m、顺桥向 1.2m，在中、上塔柱交界处设 0.6m 厚隔板，开 2.0m ×2.0m 电梯孔，在桥面处塔柱内侧设 1.8m ×1.0m 进人孔，电力管线从该处通过。

上塔柱高 29.165m，高程为 +146.135 ~ +175.300m，横桥向宽度 6.0m，顺桥向宽度 8 ~ 8.752m，截面为实体截面，在中心开有 2.0m ×2.0m 电梯孔，塔柱与上横梁下（中）梁对应处开 1.6（1.8）m ×1.0m 进人孔，在鞍座底设置有 5.0m 的实体段，在与实体段及中、上塔柱隔板交界处一定范围内壁厚变化过渡。北边塔索塔结构如图 6-5 所示。

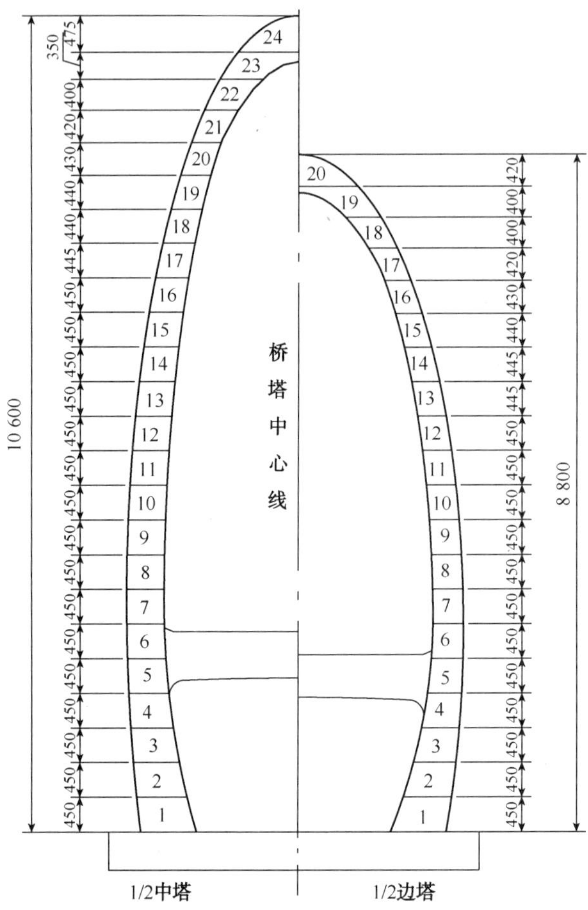

图 6-2 右汉斜拉桥主塔柱分节图(尺寸单位:cm)

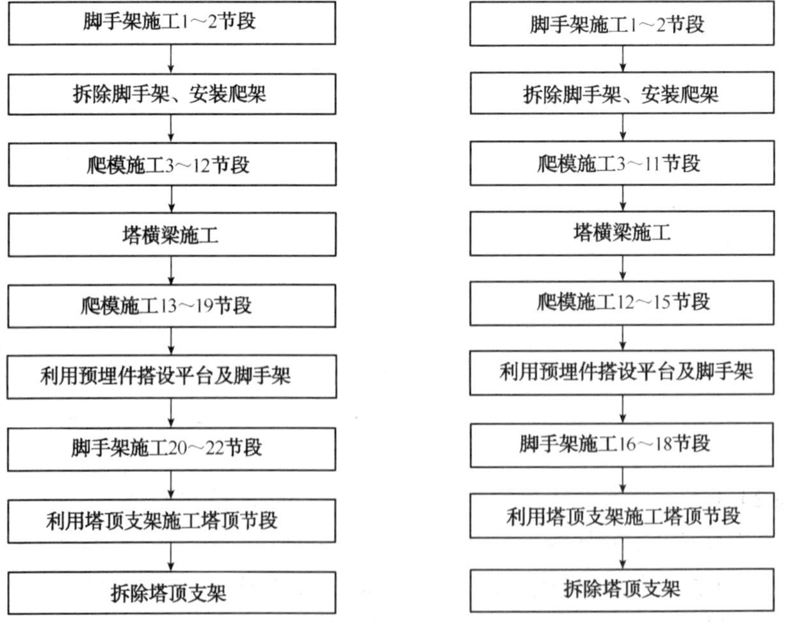

图 6-3 右汉斜拉桥中塔索塔施工工序

图 6-4 右汉斜拉桥边塔索塔施工工序

根据索塔的结构形式及特点，塔柱的主要施工工艺如下：

本工程索塔塔柱为规则的变化段，除起步段（第 1、2、3 节）采用翻模施工工艺外，其余均采用液压爬模系统进行施工。两个塔柱采用各自独立、同步不间断的方法施工，塔柱施工中，钢筋安装、模板爬升、混凝土浇注、混凝土养护及接缝处理等采取流水作业。根据索塔构造及上、下横梁的施工要求，塔柱共划分为 37 个施工节段，与上、下横梁异步施工；第 37 节为 3.3m；下塔柱 0.5m 高与塔座一起浇注完成，第 4 节高度调整为 4m；除此之外，其余标准施工节段高度均为 4.5m。为方便施工和保证工程质量，塔柱内考虑设置劲性骨架。

塔柱在横梁位置处对应设有横隔板，塔柱横隔板施工采用在塔柱内壁埋设预埋件搭设牛腿支架的方法现浇施工，与塔柱同步浇注左汉悬索桥边塔爬模施工工序如图 6-6 所示。

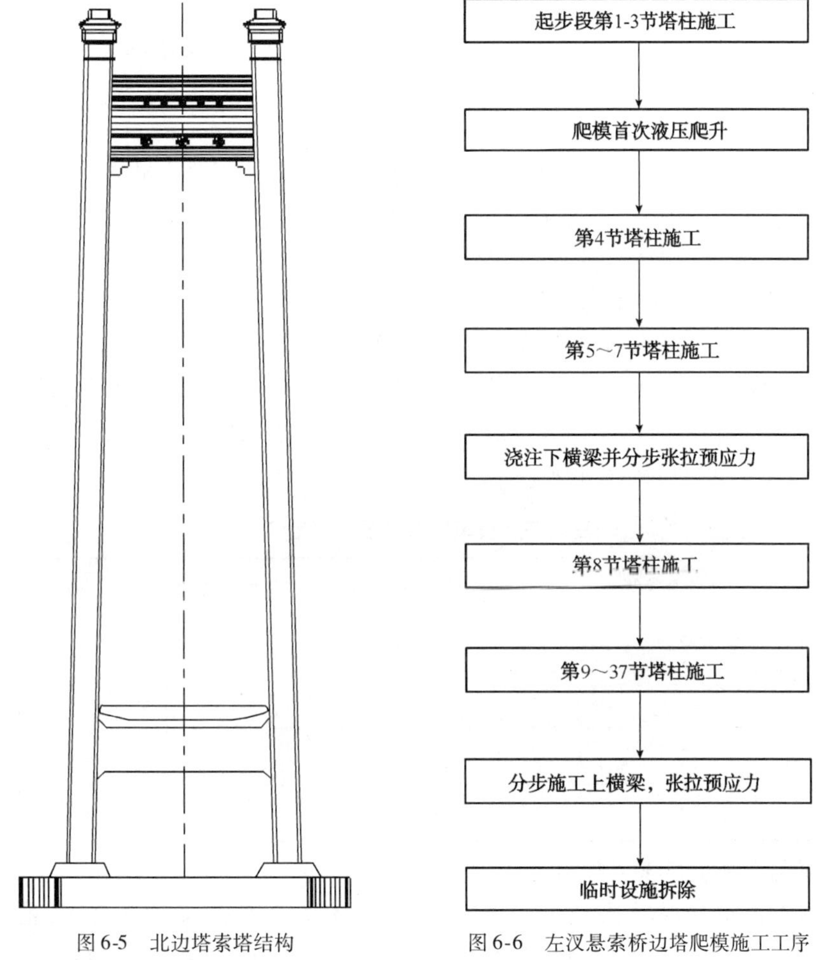

图 6-5　北边塔索塔结构　　图 6-6　左汉悬索桥边塔爬模施工工序

6.2　高索塔爬模施工风险事态分析

1）高索塔爬模风险事态

（1）高索塔爬模施工期间高空作业人员坠落（PM01）

在高索塔爬模施工期间造成人员高空坠落的主要原因可能为：爬模部分构件失稳，爬模在顶升过程中未采取防坠措施;遇风力达到6级以上或雷暴、大雾等天气;吊斗升降没人指挥,吊斗碰撞模板及脚手架;高空作业人员未按要求佩戴安全防护用品;爬模操作平台上的东西乱放;料斗升起人员在下方通过或工作。

(2)爬模失稳(PM02)

造成爬模失稳的主要原因可能为:钢筋、木材堆放不稳,成材垛高超过4m;爬架悬挂件未安装到位,爬模部分紧固件松动,锚固螺栓未拧紧到位;爬架上堆放重物过多;遇风力达到6级以上;脚手架地基不稳,剪刀撑、斜撑支护不到位,扣件连接不牢靠,接头未错开,立杆底座不稳固;模板吊装时,无人指挥;吊装过快,碰撞脚手架;脚手架搭设完成后,未组织验收就投入使用。

(3)高索塔爬模施工期间触电伤害(PM03)

造成高索塔爬模施工触电伤害的主要原因可能为:用电设备使用的无漏电保护或漏电保护失灵;电线老化或破皮未包扎;用电设备未进行接地保护。

(4)高索塔爬模施工期间起重伤害(PM04)

造成高索塔爬模施工起重伤害的主要原因可能为:吊索具不符合吊装要求;起重司机违反《吊装安全操作规程》作业;起重吊钩无防滑脱装置;起重作业无人指挥,起重司机无证上岗等;遇6级以上大风时仍进行索股横移吊装作业。

2)高索塔爬模施工风险事态损失评定

针对以上风险事态,根据本书2.2.2节公式(2-9)所提出的损失模型,对高索塔爬模风险事态的进行损失评定。评定过程:采用发放调查问卷的方式确定各风险事态人员伤亡、时间延误和货币损失等级,并将三者损失水平分别乘以不同权重系数得到损失的综合效应,计算结果如表6-1所示,各权重所占比例如图6-7所示。

高索塔爬模风险事态损失评定结果 表6-1

风险事态	发生概率等级	人员伤亡	时间延误	货币损失	综合效应	损失评定
高处坠落(PM01)	2	3	1	1	1.9	3.9
爬模失稳(PM02)	2	3	3	3	3	5
触电伤害(PM03)	2	2	1	1	1.45	3.45
起重伤害(PM04)	2	3	2	2	2.45	4.45

3)高索塔爬模施工显著风险事态识别

参考本书2.2.4节决策人效用函数代表值以及风险等级的划分水平,根据表2-3及ALARP风险决策准则,将以上所确定的高索塔爬模工程施工期间风险事态的损失评定结果绘于风险等级区间划分表格内,如图6-8所示。由图可知,风险事态PM01、PM02、PM03及PM04位于ALARP区域内,均应采取合理的安全防范措施降低其风险。其中,PM01、PM03及PM04位于风险可接受区域内,只需进行常规管理措施降低其风险,无需重点研究;而位于风险可控制区域的PM02属于显著风险事态,必须予以高度重视,除常规管理外,在考虑降低风险的成本与所获效应的相对比值后,还应采取合理必要的专门防控措施降低其风险。

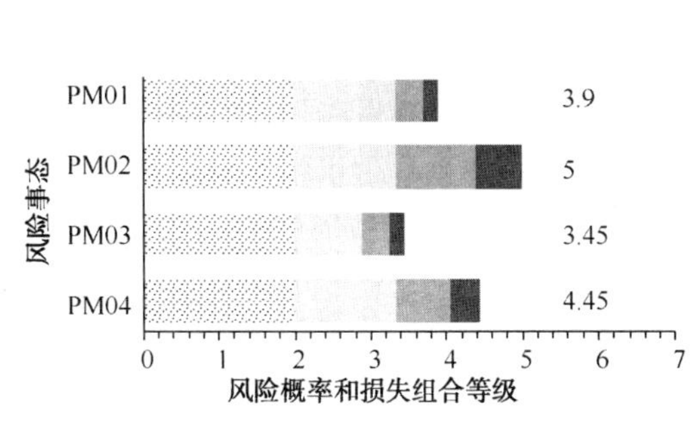

图 6-7 高索塔爬模风险事态损失评定各权重所占比例

发生概率等级；人员伤亡；时间延误；货币损失

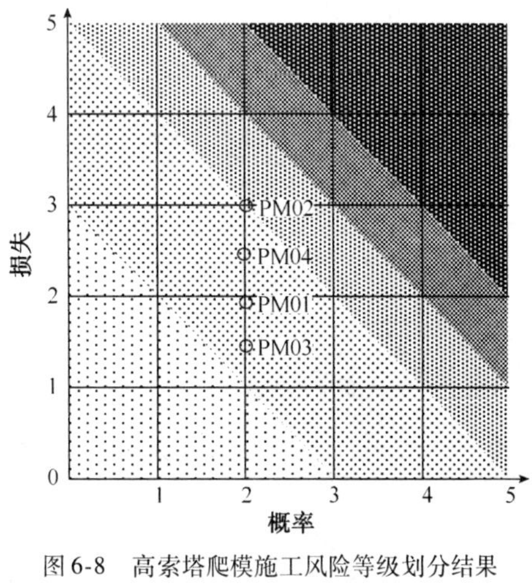

图 6-8 高索塔爬模施工风险等级划分结果

可忽略；可接受；合理控制；严格控制；不可接受

6.3 高索塔爬模施工安全监(检)测

针对爬架悬挂件未安装到位、爬模部分紧固件松动、锚固螺栓未拧紧到位、脚手架剪刀撑、斜撑支护不到位、扣件连接不牢靠等可能导致爬模失稳(PM02)的原因，主要通过爬模架体质量检测及施工现场架体安装检查两方面对爬模进行有效的安全监(检)测。

1)爬模架体质量检测

在爬模架体使用之前，对爬架主要受力杆件进行无损探伤试验或抗拔试验，并提供相应报告，爬架架体质量检测内容如表 6-2 所示。

爬架质量检测项目清单　　表 6-2

序号	名　称	序号	名　称
1	自爬模质检	8	木梁吊钩质检
2	承重插销探伤及材质检测	9	铸造垫片质检
3	自爬模重要焊缝探伤检测	10	木梁质检
4	高强螺杆质检	11	芯带插销质检
5	爬锥质检	12	蝶形螺母质检
6	锥形接头质检	13	铸造调节座质检
7	埋件板质检	14	受力螺栓质检

2)施工现场架体安装检查

为有效防范爬架安装不到位，应对爬架预埋件完成以下检测任务：短边每组爬升锥中心至纵向中心线距离是否符合理论值，塔柱内侧每组爬升锥中心至横向中心线距离是否符合理论值，塔柱外侧每组爬升锥中心至横向中心线距离是否符合理论值，检查爬升锥内的丝口是否有破损及滑丝现象，浇注混凝土前检查 B7 螺栓是否拧紧，检查爬升锥是否贴紧模板，检查预埋锥体上已有的标记是否拧紧到爬升锥位置。

为有效防范爬架悬挂件未安装到位、爬模部分紧固件松动、锚固螺栓未拧紧到位等问题，施工时可采用扭矩扳手。扭矩扳手也叫扭力扳手、力矩扳手或扭矩扳子，在紧固螺丝、螺栓、螺母等螺纹紧固件时需要控制施加的力矩大小，以保证螺纹紧固且不至于因力矩过大破坏螺纹，也不至于因力矩过小而导致锚固螺栓未拧紧。首先设定好一个需要的扭矩值，当施加的扭矩达到设定值时，扳手会发出“卡塔”声响或者扳手连接处折弯一点角度，这就代表已经紧固不需再加力了。

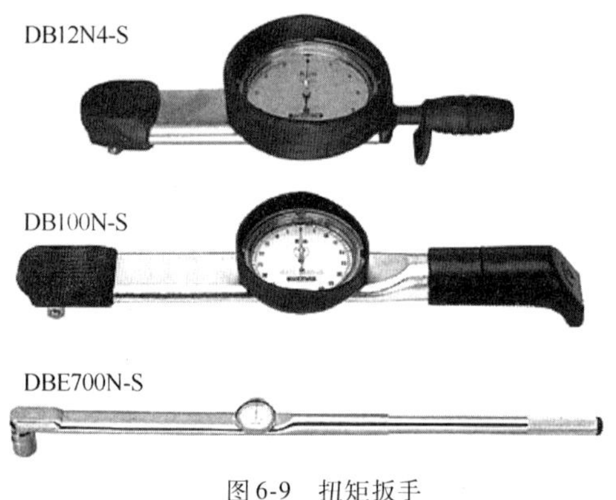

图 6-9　扭矩扳手

扭矩扳手有一根长的弹性杆，其一端装着手柄，另一端装有方头或六角头，在方头或六角头上套装一个可换的套筒，用钢珠卡住，在顶端上还装有一个长指针。刻度板固定在柄座上，每格刻度值为 1N（或 kg/m）。使用前，先将安装在扳手上的指示器调整到所需的力矩，然后扳动扳手，当达到该预定力矩时，指示器上的指针就会向销轴一方转动，最后指针与销轴碰撞，通过音箱信号或传感信号告知操作者（图 6-9）。

6.4　高索塔爬模施工显著风险事态安全防控

为有效降低爬模失稳风险，应采取以下措施：

（1）爬模架在安装前应根据专项施工方案要求，配备合格人员，明确岗位职责，并对有关施工人员进行安全技术交底。

（2）安装前必须根据施工方案和设计要求，检查所有运往现场的零部件质量和数量，符合要求后方可安装使用。

（3）准确预埋好爬模架预埋套管的预埋位置，是确保顺利安装、爬升使用的重要环节。应严格控制预埋件和预埋套管垂直于墙体外表面，孔位上下、前后偏差 ±5mm，孔径偏差 ±2mm，左右偏差 ±5mm；为保证预埋位置的准确，应用辅助筋将预埋套管与墙体横向钢筋焊接固定，防止跑偏。

（4）正常情况下，在结构墙体混凝土强度达到 10MPa（特殊要求的另行规定）后，既可在预埋孔处安装 M48 直径的穿墙螺栓及爬模架的附墙装置。用力拧紧螺母达到 60 ~ 80N · m 的扭矩。

（5）附墙装置的安装必须符合使用要求，螺栓孔位偏差未达到要求的不得进行安装；预埋孔处墙面必须平整，并在安装附墙座时用锤子敲打外立面以防止附墙座与墙体件有混凝土残渣或沙砾存在，以保证附墙座与墙体充分接触；前后螺杆丝扣必须露出 3 扣以上，且垫板一侧螺栓使用双螺母固定；螺母必须拧紧以确保附墙座与墙面充分接触，并在螺杆露出部分用胶带缠上，以免混凝土落在螺栓上影响螺栓的拆装。

（6）在出厂前事先按要求将 H 形导轨、上下爬升箱和三角架或主框架组装在一起，现场在塔吊的配合下，将其吊装插挂在附墙装置上，然后再根据现场实际情况，吊装就位架体的水平梁架、竖向支撑架、安全防护系统、液压爬升装置、防坠落装置等零部件。

(7)爬模架上所有零部件的连接螺栓、销轴、锁紧钩及楔板必须拧紧和锁定到位，并用弹簧垫圈、弹簧销或开口销定位保险。经常插、拔的零件要用细钢丝拴牢。

(8)架体支承跨度的布置，不能超过液压油缸的顶升能力。两附墙点直线布置不应大于6m，折线或曲线布置不能大于5.4m。

(9)架体的悬挑长度，整体式爬模爬架不得大于1/2水平支承跨度或3m，单片式架体不应大于1/4水平支承跨度。

(10)水平梁架及三角架或主框架在两相邻附着支承装置处的高差应不大于20mm。

(11)三角架或主框架的防倾、导向装置垂直偏差应不大于5‰或30mm。

(12)搭设物料平台时必须将其荷载独立传递给工程结构。在使用工况下，应有可靠措施保证物料平台荷载不传递给架体。

(13)当水平梁架不能连续设置时，局部可采用脚手架杆件进行连接，但其长度不能大于2m，并且必须采取加强措施确保其连接刚度和强度不低于水平梁架的结构。三角架或主框架、水平梁架的各节点中，各杆件的轴线应汇交于一点。

(14)悬臂端应以竖向主框架为中心成对设置对称斜拉杆，其水平夹角应不小于45°。

(15)主承力点以上的架体高度为悬臂端，应在爬模架正常使用阶段将悬臂端的中间位置与结构进行刚性连接固定，以减少风荷载对架体的影响，连接水平间距不大于3m。

(16)附加钢管脚手架的搭设按双排脚手架的搭设要求进行，在每一作业层架体外侧必须设置上、下两道防护栏杆(上杆高度1.2m，下杆高度0.6m)和挡脚板(高度180mm)，竖向钢管的水平间距为1.5m(要将整个架体上下连通)，铺设平台的小横杆间距为0.9m，铺设脚手板厚度为5cm；架体外立面必须沿全高设置剪刀撑，剪刀撑的跨度不得大于6.0m；其水平夹角为45°~60°，并应将三角架或主框架、架体水平、悬挑梁架和构架连成一体。架体升降时，主平台和底层脚手板最内侧与墙体之间设置可折起的翻板构造，保持架体底层脚手板与建筑物表面在升降过程中和正常使用时的间隙，防止物料坠落。

(17)在爬模架的水平梁架上绑小横杆，在小横杆上铺设脚手板，通过小横杆控制脚手板离墙的防护距离，要求脚手板离混凝土墙面的距离均应小于100mm，并用翻板对结构面与架体空隙间进行防护。

(18)搭设架体各平台时，在每组架体的第一道和第二道水平梁架中间位置留700mm×700mm的开口，用钢管向下层平台搭设梯子，将各平台连接，以使架体上下形成一个通道，在各平台开口处用翻板将洞口封好，并在洞口处设警示标志。

(19)爬模架安装到位后，为保证施工安全，应及时按有关脚手架安全技术规范要求，铺设脚手板及安全网。铺设脚手板时应考虑在架体单元体之间爬升时留有100mm左右的间隙，并设置翻板结构，以防止爬升时相互碰撞。架体的底层和外围侧面，以及爬升时的架体开口端的各平台相应位置都应加一道护身栏杆，并采用密目安全网进行全封闭防护，爬升时严禁进行其他与爬升无关的作业。

(20)所有的竖向钢管、小横杆的搭设都必须通过扣件与架体的水平、悬挑梁架进行刚性固定。

(21)严禁在夜间进行架体的安装和搭设工作。

(22)爬模架安装完毕后,应由所有设备单位与安装使用单位的有关人员(包括负责生产、技术、安全的相关人员),共同对安装完的爬模架进行安装检查验收,双方验收合格签字后即可投入使用。

(23)爬模采用双保险措施保障爬模安全,即在模板脱模后,将"爬架爬升保护装置"安装到位。"爬架爬升保护装置"采用的机具为20T葫芦、直径19.5mm的钢丝绳分别连接在爬架爬升机构及塔柱主筋上,再通过20T葫芦将钢丝绳进行连接,每个面布置2个点,共8个点。

第 7 章　悬索桥上部结构施工

悬索桥上部结构施工包括先导索过江、牵引系统架设、猫道架设、主缆架设、索夹与吊索安装、主梁吊装、猫道拆除等。

本章以左悬索主桥北塔与中塔间悬索桥上部结构为例，介绍了悬索桥猫道架设施工、主缆索股架设、栈桥存梁、主梁吊装和猫道拆除施工的风险事态分析与损失评定以及相应安全监（检）测技术，并重点对猫道承重索检测与破断试验、跨缆吊机加载试验以及高处坠落、物体打击、吊装荡移失稳、成品损伤等悬索桥上部结构施工过程中可能发生的高风险事态安全防控措施进行了阐述。

7.1　猫道架设施工

猫道作为悬索桥上部构造施工中最重要的高空工作通道和临时作业场地，线形平行于主缆线形布置。在整个上部施工期间，猫道是索股牵引、索股调整、主缆紧固、索夹及吊索安装、钢箱梁吊装、主缆缠丝防护等施工的作业平台。

7.1.1　猫道架设施工工序

左汉悬索桥桥型为三塔两跨悬索桥，主桥桥面宽度为 33.0m（不含吊索区及风嘴），桥跨布置 360 + 1 080 + 1 080 + 360m，主缆矢跨比为 1/9，两根主缆横向间距为 35m。猫道总体设计以确保抗风稳定性为设计原则，采用“四跨连续”的猫道系统。在左右幅对应于主缆中心线下方各设一幅猫道，边跨猫道距主缆中心线铅垂方向控制距离 1.7m，主跨猫道距主缆中心线控制距离 1.5m，设计宽度 4.0m。猫道主要由承重索、扶手索、猫道面层、塔顶转索鞍及变位系统、横向通道、制振结构、锚固体系等组成。

根据大桥施工图设计以及相关工程的类比研究，大桥猫道承重索采用四跨连续结构，单幅猫道设 8 根 $\phi54$(6 × 36SW + IWR) 钢芯镀锌钢丝绳。猫道每侧每 6m 设置一栏杆立柱，用以固定上下 3 根扶手索。扶手索上层采用 $\phi20$ 镀锌钢丝绳，下层采用 2 × $\phi16$ 镀锌钢丝绳。根据大桥 100 年重现期设计风速为 31.8m/s，确定施工猫道抗风设计结果为在中跨设置 7 个横向通道，平均间距为 135m，边跨设置 2 个横向通道，间距为 129m。为减少施工中猫道的振动，设置减震索。猫道总体布置如图 7-1 所示。

猫道锚固系统采用猫道承重绳锚固在锚碇鞍部预埋型钢构件上的方式。锚固系统采用拉杆及锚梁组合结构，垂度调整通过长短拉杆结合的方式进行。小拉杆有效长度 2.5m，主要用于消除猫道承重索长度制造误差，使 10 根猫道承重索垂度保持一致，富余长度后期用于猫道放出；有效长度 8.0m 的长拉杆用于调整猫道整体垂度，大小拉杆组合调整长度 11.0 ~ 12.5m（图 7-2）。

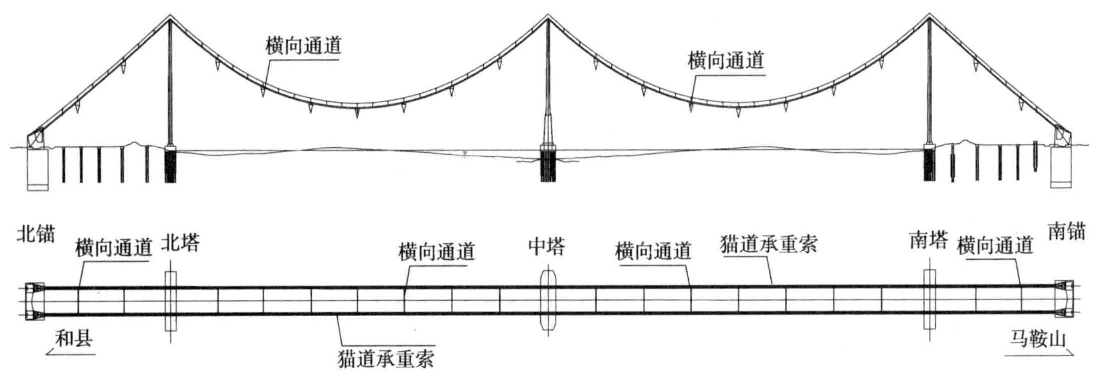

图 7-1 猫道总体布置图

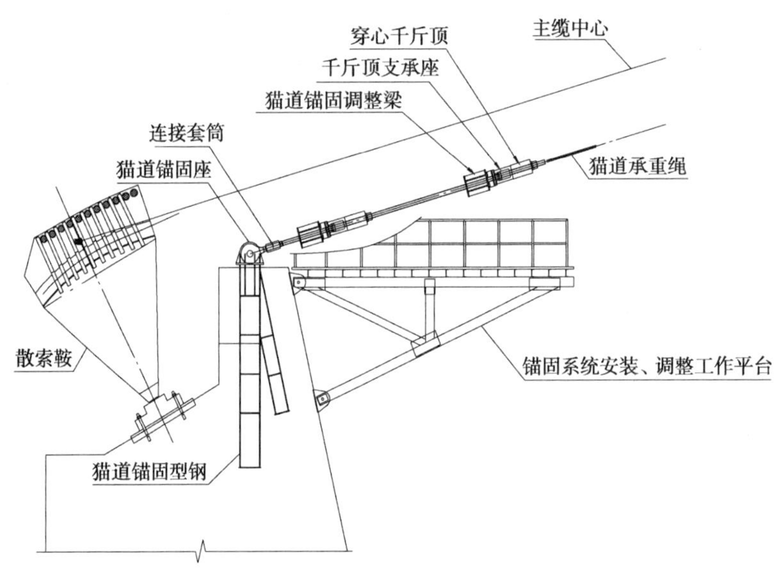

图 7-2 猫道承重索锚固系统立面图

牵引系统架设完成后,进行猫道架设施工。主要包括:托架安装、猫道承重索架设,门架承重索架设,塔顶转索鞍、下压装置及变位刚架安装,猫道面层铺设,横向通道安装,猫道门架安装及猫道线形调整等工作。猫道架设施工流程如图 7-3 所示。

1)先导索过江施工方案

为了降低施工对自然环境的影响,采用遥控飞艇牵引的方法牵放 ϕ2mm 迪尼玛先导索过江的施工方案。先导索牵引到位后,再通过 4 次转换对接和机械牵引,实现 2 ~ 5 级先导索的架设,并最终完成牵引索的架设。

2)猫道架设牵引系统施工方案

单线往复牵引系统是用于猫道承重索、猫道门架承重索、托架承重索、托架定位索、猫道扶手索架设及猫道面网铺设下滑时的拽拉等。一套单线往复牵引系统由锚碇和中塔处的两台牵引卷扬机、转向导轮、鞍部的转向导轮、边塔顶导轮组、中塔顶导向轮、牵引索、拽拉器等组成。

3)猫道承重索架设施工方案

左汉悬索桥为三塔悬索桥,跨数多,架设距离长,为了提高猫道承重索架设速度,猫道承重索从中塔变位架处分为两段,以中塔为界,南北猫道承重索由 2 套独立单线往复牵引系统架设。两段猫道承重索在南北锚碇前面牵引,前锚头经边塔导向轮至中塔连接,后锚头通过锚碇门架上的卷扬机滑车组牵引反拉至锚固处锚固,形成四跨连续的猫道承重索。由于大桥地处长江黄金水道,航运繁忙,为了减小牵引索的直径和牵引力、防止垂度过大干扰通航,主跨猫道承重索采用托架法间接架设。边跨采用地面直接上提法施工。对于托架设计,增加了侧向限位滚轮设计,减小了猫道承重索与托架型钢的摩擦,降低了空中牵引难度。

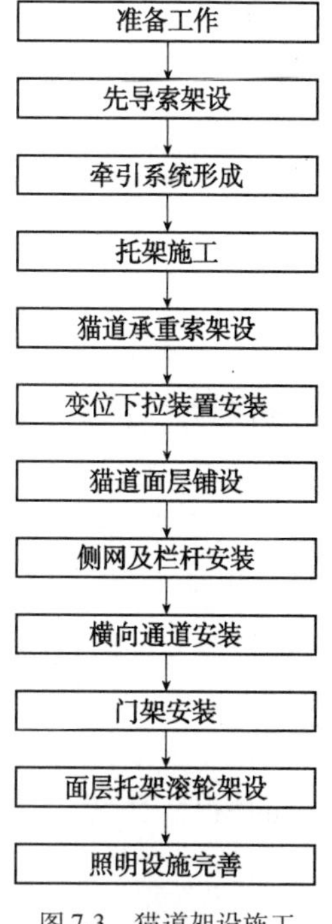

图 7-3　猫道架设施工流程图

4)猫道承重索垂度的调整

5)托架及托架承重索的上提

6)猫道下拉装置及变位刚架的安装

7)猫道面网及横向通道铺设施工方案

8)猫道门架、扶手的安装

猫道扶手安装完成后,进行猫道门架的安装。先将猫道门架由塔吊提升至塔顶,置于猫道门架承重索上,安装夹紧装置,夹紧螺栓不能拧的太紧,以利于门架下滑,之后塔顶卷扬机反拉门架逐步下滑到位,与门架底梁销接的同时紧固与门架承重索夹紧装置螺栓。

7.1.2　猫道架设施工风险事态分析

1)猫道架设施工风险事态

(1)猫道架设期间高处坠落(MD01)

人员上下通道设置有缺陷,脚手板两端未固定,夜间无足够照明。

(2)猫道架设期间起重伤害(MD02)

起重超负荷、钢丝绳及吊具选择不合理、钢丝绳断裂、吊物下面站人;吊装物件无人指挥或指挥信号不明确;卷扬机钢丝绳断丝超量、磨损严重,卷扬机指挥人员信号不清晰或不统一。

(3)猫道架设期间坍塌(MD03)

猫道架设时未按照施工方案执行,猫道承重索锚固系统设计不合理,锚固的材料有缺陷或不合格,锚固的预埋件不牢固;承重索及门架承重索的材料有缺陷或不合格,未按设计选用材料,钢丝绳对接不规范;猫道门架焊接地方不牢固,门架安装位置不符合要求,猫道门架设计不合理。

(4)猫道架设期间物体打击(MD04)

猫道变位平台的焊渣、钢丝头及小型机具等物件未集中堆放,高空作业时向下抛掷物品、随手丢放工具或猫道铺设时未设安全警示标志警戒区,临边未设置挡脚板。

2)猫道架设施工风险事态损失评定

针对以上风险事态,根据本书 2.2.2 节公式(2-9)所提出的损失模型,对猫道架设风险事态进行损失评定。评定过程:采用发放调查问卷的方式确定各风险事态人员伤亡、时间延误和货币损失等级,并将三者损失水平分别乘以不同权重系数得到损失的综合效应,计算结果如表 7-1所示,各权重所占比例如图 7-4 所示。

猫道架设施工风险事态损失评定结果　　表 7-1

风险事态	发生概率等级	人员伤亡	时间延误	货币损失	综合效应	损失评定
高处坠落(MD01)	3	3	2	2	2.45	5.45
起重伤害(MD02)	3	2	1	2	1.65	4.65
坍塌(MD03)	2	3	3	3	3	5
物体打击(MD04)	3	2	1	2	1.65	4.65

3)猫道架设施工显著风险事态识别

参考本书 2.2.4 节决策人效用函数代表值以及风险等级的划分水平,由表 2-3 及 ALARP 风险决策准则,将以上所确定的猫道架设施工期间风险事态的损失评定结果绘于风险等级区间划分表格内,如图 7-5 所示。由图可知,风险事态 MD01、MD02、MD03 及 MD04 位于 ALARP 区域内,均应采取合理的安全防范措施降低其风险。其中,MD02 和 MD04 位于风险可接受区域内,只需进行常规管理措施降低其风险,无需重点研究;而位于风险可控制区域的 MD01 和 MD03 属于显著风险事态,必须予以高度重视,除常规管理外,在考虑降低风险的成本与所获效应的相对比值后,还应采取合理必要的专门防控措施降低其风险。

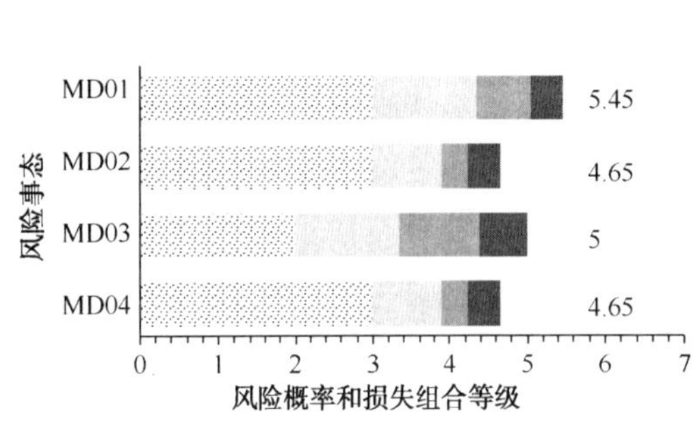

图 7-4　猫道架设施工风险事态损失评定各权重所占比例

发生概率等级;人员伤亡;时间延误;货币损失

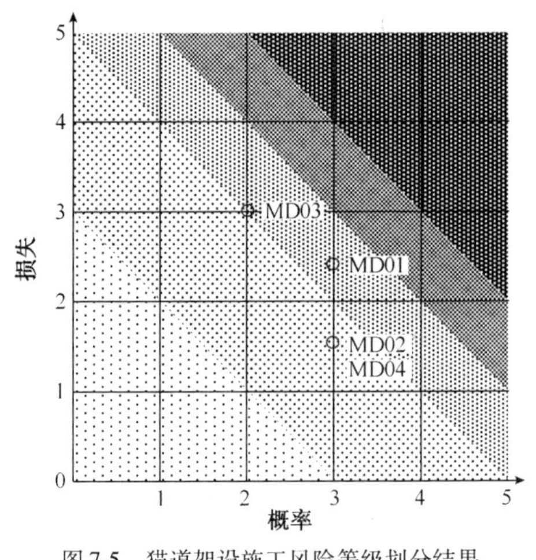

图 7-5　猫道架设施工风险等级划分结果

可忽略;可接受;合理控制;严格控制;不可接受

7.1.3　猫道架设施工安全监(检)测

为有效防范由于猫道承重索及门架承重索的材料有缺陷或不合格等原因引起的猫道坍塌风险(MD03),本节阐述了包含猫道承重索质量、力学性能的检测与试验方法在内的猫道相关检测技术。左汉悬索桥猫道承重索为 ϕ54 钢丝绳,A 级镀锌,为确保施工安全,委托钢丝绳制造单位对钢丝绳进行全面检测和力学试验。

1)承重索的检测与维护

(1)猫道承重索钢丝绳的检测

由贵州钢丝绳股份有限公司对猫道承重索钢丝绳逐根展开检查,并记录检查结果。具有下列情况之一的钢丝绳应报废：

①整股钢丝绳断裂；

②钢丝绳扭结严重；

③绳芯外露、损坏；

④局部外层钢丝伸长呈笼形状态；

⑤腐蚀、磨损和断丝数符合报废条件；

⑥变形、外观呈波浪形、笼形畸变、绳股挤出、钢丝挤出、绳径局部增大或减小、部分被压扁、整根钢丝绳绳芯被挤出，钢丝绳表面腐蚀凭视觉观察显著时；

⑦断丝局部聚集或断丝数符合报废条件；

⑧由于电弧作用或受热过度而引起的损坏；

⑨其他符合报废条件的。

（2）钢丝绳的维护保养

检测过程中，满足使用要求的钢丝绳，对局部轻微锈蚀部位除锈后，涂富锌漆。做好完好状态、长度参数标记牌。

2）承重索破断试验

钢丝绳为A级镀锌，整体状况良好，参照《一般用途钢丝绳》（GB/T 20118—2006），每批次取样数量不少于2根，由工厂专用试验台进行。根据《钢丝绳破断拉伸试验方法》（GB/T 8358—2006）规定进行破断试验，试样长度见表7-2。

钢丝绳破断试验试样最小有效长度（单位：mm）　　表7-2

钢丝绳公称直径 d	试样最小有效长度 L
$d \leqslant 6$	300
$6 < d \leqslant 20$	600
$d > 20$	$30d$（一般不超过2000）

注：试样长度 = 试样最小有效长度 L + 夹持长度，特殊情况应在报告中说明。

（1）浇铸法试样制备

①在距试样两端一个夹持长度处用软铁丝等材料牢固捆扎，去掉端头捆扎丝，制成帚头状，在任何情况下不得对裸露的钢丝进行校直，但允许弯曲成钩形。

②制成帚头状的钢丝绳试样将绳芯切至捆扎处。为了浇注牢固，清除帚头钢丝表面油污，沾浸少量助镀剂，但不得损伤钢丝表面。

③浸渍后的钢丝用铅锡合金或其他合金浇铸成圆锥体，但不得改变钢丝性能。加工后的钢丝绳试样如图7-6所示。

（2）试验程序

①一般情况下，试验在10～35℃的室温下进行。

②试验时平稳拉伸，当施加的拉力不大于钢丝绳最小破断拉力的80%时，试验力可快速施加，之后要缓慢增加，其施加的应力速率约为10MPa/s。

③将浇铸好的试样置于钳口座中，即可进行拉伸试验。

④在测定钢丝绳的破断拉力时，需测定伸长率。

⑤若试样在距夹头或切点 1d(54mm)内破断,则该试验无效,当其实测破断拉力符合有关标准规定时,则该试验有效,否则该试验无效。

⑥判定结果:试样断股(单股绳断丝)时的拉力,作为实测破断拉力。

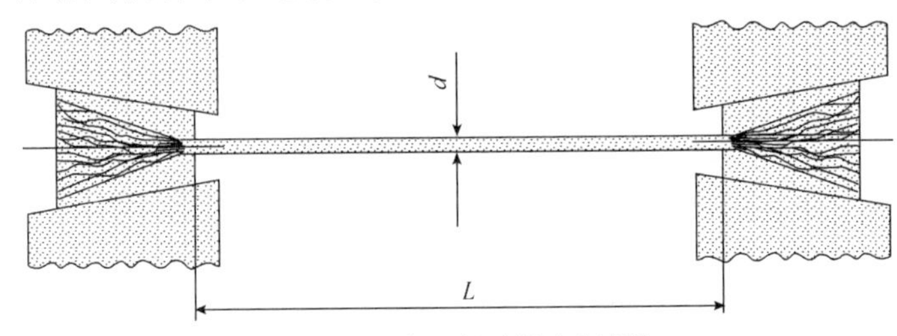

图 7-6　钢丝绳破断试验试样

3)拆股钢丝试验

将钢丝绳股的部分、全部拆散或单丝进行试验,来计算钢丝绳内钢丝破断拉力总和并考核钢丝绳内钢丝的性能。当试验钢丝绳内全部钢丝时,将每根钢丝的实测破断拉力相加;当试验钢丝绳内部分钢丝时,钢丝破断拉力总和按下式计算:

$$F = F_0 + F_1N_1 + F_2N_2 + F_3N_3 + \cdots + F_nN_n \tag{7-1}$$

式中:　　F——钢丝破断拉力总和;

F_1、F_2、F_3、F_n——同结构、同直径一股中钢丝的实测破断拉力和不参加试验钢丝的计算破断拉力之和;

F_0——钢丝绳中钢芯的计算破断拉力之和;

N_1、N_2、N_3、N_n——钢丝绳中同结构、同直径的股数。

多层股钢丝绳,同结构、同直径取大于一股试验时,则应以算术平均值来计算。钢丝拉力试验由工厂按照《金属材料室温拉伸试验方法》(GB/T 228—2002)进行。

4)钢丝绳力学性能的考核

根据实测钢丝绳破断拉力或钢丝破断拉力总和与钢丝绳公称抗拉强度进行比较,得出钢丝绳力学性能参数,为钢丝绳的使用提供依据。

5)钢丝绳弹性模量测定

当工厂进行力学试验的同时,对钢丝绳弹性模量进行测定,便于确定猫道承重索无应力下料长度,从而进行锚头浇注。

7.1.4　猫道架设施工显著风险事态安全防控

本节应用事故树的分析方法,探寻猫道架设期间另一高风险事态高处坠落(MD01)发生的主要原因及相应安全防控措施。

在猫道架设施工的过程中,大部分的工作属于高空作业及水上作业。施工难度大,危险程度高。其中,猫道门架的架设安装因其施工过程的特殊性,且临边防护不够完善,施工作业人员发生高处坠落的可能性极大,应予以特别重视。

在猫道门架架设安装的过程中发生高处坠落事故,主要是因为施工作业人员的高空作业安全防护措施(多使用安全带)未做到位,从而导致失控坠落时未得到有效地保护,加之猫道面距离江面很远,两者之间没有安全网等防护设施,坠入江面的瞬时冲击力远超过人体的承受极限，必将造成人员的伤亡。

一般来说，造成高处坠落事故的原因主要是由于人员失控坠落及安全防护措施未起作用。导致人员失控坠落的原因有：①猫道门架爬梯焊接不牢，作业人员踏空（X_1）；②施工人员酒后或带病作业，引起身体失去平衡，导致身体的重心超出了猫道门架的外侧（X_9）；③猫道门架与紧固面层网上的型钢销接不牢（X_7），且门架承重索垂度过大（X_8）时，作业人员登上爬梯会引起门架倾斜角度过大，导致身体失去平衡而发生高处坠落事故；猫道门架施工过程中高处坠落的事故树表达如图 7-7 所示。可以利用布尔运算简化事故树，从而得到整个集合的最小割集，以表明系统的危险性，并找出顶上事件发生的每一种可能渠道。最小割集求解过程为：

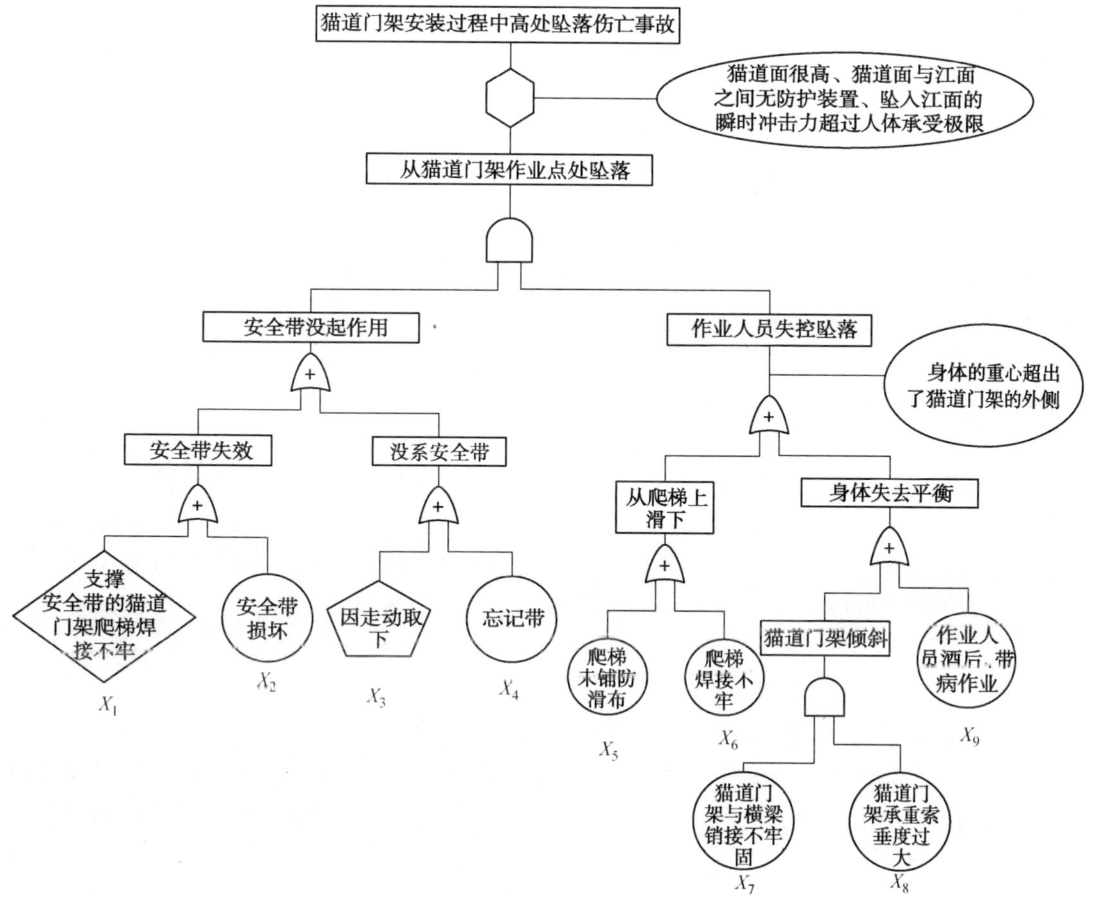

图 7-7　猫道门架安装高处坠落事故树

$$T=[(X_1+X_2)+(X_3+X_4)](X_5+X_6+X_7X_8+X_9)=(X_1+X_2+X_3+X_4)(X_5+X_6+X_7X_8+X_9)=X_1X_5+X_1X_6+X_1X_7X_8+X_1X_9+X_2X_5+X_2X_6+X_2X_7X_8+X_2X_9+X_3X_5+X_3X_6+X_3X_7X_8+X_3X_9+X_4X_5+X_4X_6+X_4X_7X_8+X_4X_9 \tag{7-2}$$

事故发生必然是某个最小割集中几个事件同时存在的结果。求出故障树全部最小割集，就可掌握事故发生的各种可能性。通过掌握事故的规律，发现系统中最薄弱的环节，直观判断出哪种模式最危险，对查明事故的原因大有帮助。在本物体打击施工中，最小割集分别为：

$P_1=\{X_1,X_5\}$,$P_2=\{X_1,X_6\}$,$P_3=\{X_1,X_7,X_8\}$,$P_4=\{X_1,X_9\}$,$P_5=\{X_2,X_5\}$,$P_6=\{X_2,X_6\}$,$P_7=\{X_2,X_7,X_8\}$,$P_9=\{X_3,X_5\}$,$P_{10}=\{X_3,X_6\}$,$P_{11}=\{X_3,X_7,X_8\}$,$P_{12}=\{X_3,X_9\}$,$P_{13}=\{X_4,X_5\}$,$P_{14}=\{X_4,X_6\}$,$P_{15}=\{X_4,X_7,X_8\}$,$P_{16}=\{X_4,X_9\}$。

可以利用最小割集排列结构重要度方法判别各基本事件的发生对顶上事件发生的影响程度,以便在制定安全防范措施时根据轻重缓急,使系统达到经济、有效、安全的目的。根据排列结构重要度方法的基本原则可得基本事件重要程度如下:

$$I(1)=I(2)=I(3)=I(4)=I(5)=I(6)=I(7)=I(8)=I(9) \tag{7-3}$$

式中:$I(i)$——基本事件 X_i 结构重要系数,$i=1,2,3,4,5,6,7,8,9$。

由此可见,导致猫道门架安装过程中高处坠落事故发生的诸多原因的重要程度相当,因此,防控措施应该综合考虑以下方面:①门架承重索的材料选用必须合格,进入现场出具有关的合格证,材料的使用必须符合设计要求,钢丝绳严格按照规范要求对接牢固,猫道门架与面层型钢必须焊接牢固,安装位置严格按照施工方案的要求安装合格;②高处作业人员必须严格按照规范要求佩戴安全防护用品,各类大型设施的临边、通道防护要求及时到位;③现场安全员及班组长监督,带病或酒后人员严禁进入高空作业;④各类通道的爬梯踏步上装置防滑布,门架爬梯必须焊接牢固;⑤施工前要对作业人员进行安全教育与培训,提高安全意识,防止因马虎大意、盲目追求施工便利而不按照安全规定施工的行为。

7.2 主缆索股架设施工

在牵引系统架设及猫道架设完成后随即开展主缆索股架设施工,主缆索股的架设方式分为空中纺丝法(AS 法)和预制平行索股法(PPWS)两种方法,马鞍山长江公路大桥的左汊悬索桥部分主缆索股架设施工采用的是预制平行索股法,该方法是近年来我国特大型悬索桥施工常用的主缆索股架设方法。

7.2.1 主缆索股架设施工工序

左汊悬索桥主缆由 6 跨组成,由北向南依次为:北锚跨、北边跨、北主跨、南主跨、南边跨、南锚跨。两根主缆中心距 35m。空缆状态下,主缆矢高 111.424m,成桥状态主跨主缆矢高 120m,矢跨比为 1/9。每根主缆共 154 根索股,按长度分为 84 种规格。索股用定型捆扎带绑扎而成,两端设热铸锚头。热铸锚头由锚杯、盖板及分丝板组成,锚杯内浇铸锌铜合金。

在主缆索股架设前,施工单位需对场地进行清理,对索股架设所需机械进行安全检查,并将架设所需工厂预制索股束准备齐全。设计编号为 1 号、29 号的索股作为基准索股,其余均为一般索股。索股架设顺序按编号从 1 号 ~154 号依次进行。索股架设分索股牵引、横移、整形、入鞍、入锚等工序。

主缆索股架设基本工序为:首先将缠绕在卷筒上的索股束拉伸至所需长度,将索股束一端锚头安装于悬挂在牵引系统上的拽拉器上,安装完成后进行索股牵引工作,使索股沿途架设于猫道滚筒之上,从锚碇一端牵引至河岸另一端锚碇处,先架设 1 号基准索股,索股牵引从南锚(马鞍山)向北锚(和县)方向进行,其他索股牵引流程与 1 号索股相同,从 2 号 ~154 号依次施工;牵引完成并检查通长索股扭曲、弯折的情况之后,为前、后端锚头安装引放装置,并为主索鞍和散索鞍两侧的索股部分安装拽拉装置，将索股提起后进行索股横移，使索股从猫道滚筒沿线进入索鞍定位，索股在索鞍内通过整形钳等工具整形就位后，即可将索股两端锚头进行临时锚固，在调整中跨、边跨向上抬高量后可将锚头处拽拉装置解除。

主缆索股架设施工现场及施工流程图见图7-8、图7-9。

a)主缆索股牵引

b)主缆索股横移

c)主缆索股入鞍前整形

d)主缆索股临时锚固

图7-8　主缆索股架设施工现场

7.2.2　主缆索股架设施工风险事态分析

1)主缆索股架设风险事态

(1)主缆索股架设期间高空作业人员坠落(ZL01)

在主缆索股架设期间产生人员高空坠落的主要原因可能为：高空作业人员未按要求佩戴安全防护用品；各类施工平台的大型设施的临边、通道安全防护不到位，关键部位未设置护栏及安全网，猫道通道的临边未设置挡脚板；作业人员酒后或带病进入高空作业；下雨时，各类通道的爬梯未安装防滑布；主缆索股线形调整时，夜间照明设施不能满足施工要求，施工人员疲劳、困倦作业等。

(2)索股牵引过程导致的物体打击(ZL02)

在主缆索股牵引过程中，最易发生的危险为物体打击危险，即可能由于索股锚头破坏、锚头夹具破坏和配重脱落等引起的物体打击危险。产生物体打击危险的主要原因有：卷扬机固定不牢固，无过载保护；操作人员操作不当，指挥信号不明或不统一；为赶工期，牵引速度过快；主缆索股牵引前索股锚头与曳拉器连接部位未严格检查，连接部位使用的夹具、螺栓等机具未设置必要的防止松动、滑脱的措施；牵引过程中未特派人员随时观察连接部位工作状况，不能

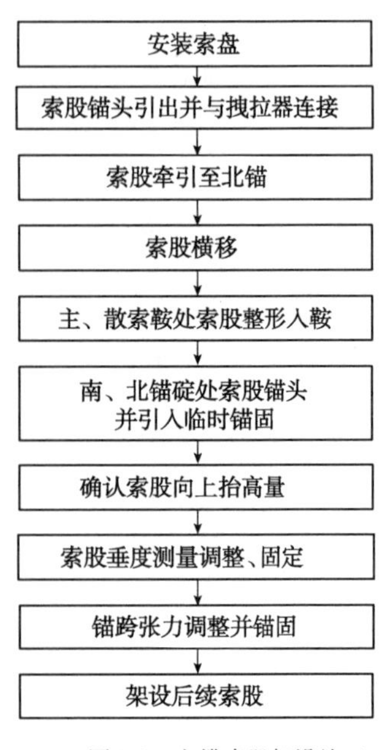

图 7-9 主缆索股架设施工流程图

及时发现隐患等。

(3)索股横移过程中起重伤害(ZL03)

主缆索股横移时需为索股前、后端锚头安装引放装置,为主索鞍和散索鞍两侧的索股部分安装曳拉装置,将索股提起后进行索股横移,使索股从猫道滚筒沿线进入索鞍定位。索股横移过程中导致起重伤害的主要原因可能有:通过手拉葫芦、其他临时曳拉装置等器具将索股从猫道滚筒上提起后,未确认全跨径的索股已离开猫道滚筒,提升后施工人员进入索股下方;在主缆索股横移吊拼托架承重索时所用的吊具、吊索索夹、手拉葫芦不符合要求,无专人指挥、指挥信号不明;遇 6 级以上大风时仍进行索股横移吊装作业。

(4)索股架设过程中机械伤害(ZL04)

导致索股架设过程中机械伤害的主要原因为:卷扬机、牵引系统的机械设备带病运转;人员违章操作和无证上岗;安全装置失灵;卷扬机、牵引系统机械设备的各部位零件松动;绳索磨损等。

2)主缆索股架设风险事态损失评定

针对以上风险事态,根据本书 2.2.2 节公式(2-9)所提出的损失模型,对主缆索股架设风险事态进行损失评定。评定过程:采用发放调查问卷的方式确定各风险事态人员伤亡、时间延误和货币损失等级,并将三者损失水平分别乘以不同权重系数得到损失的综合效应,计算结果如表 7-3 所示,各权重所占比例如图 7-10 所示。

主缆索股架设施工风险事态损失评定结果　　表 7-3

风险事态	发生概率等级	人员伤亡	时间延误	货币损失	综合效应	损失评定
主缆索股架设期间高空作业人员坠落(ZL01)	2	3	1	1	1.9	3.9
索股牵引过程导致的物体打击(ZL02)	3	3	1	2	2.1	5.1
索股横移过程中起重伤害(ZL03)	2	2	1	1	1.45	3.45
索股架设过程中机械伤害(ZL04)	2	2	2	2	2	4

3)主缆索股架设施工显著风险事态识别

参考本书 2.2.4 节决策人效用函数代表值以及风险等级的划分水平,由表 2-3 及 ALARP 风险决策准则,将以上所确定的主缆索股架设期间风险事态的损失评定结果绘于风险等级区间划分表格内,如图 7-11 所示。由图可知,风险事态 ZL01、ZL02、ZL03 及 ZL04 位于 ALARP 区域内,均应采取合理的安全防范措施降低其风险。其中,ZL01、ZL03 及 ZL04 位于风险可接受区域内,只需进行常规管理措施降低其风险,无需重点研究;而位于风险可控制区域的 ZL02 属于显著风险事态,必须予以高度重视,除常规管理外,在考虑降低风险的成本与所获效应的相对比值后,还应采取合理必要的专门防控措施降低其风险。

7.2.3 主缆索股架设施工安全监测

在主缆索股架设施工的过程中,索股的牵引工作量庞大,并且耗时最久,其施工质量的好

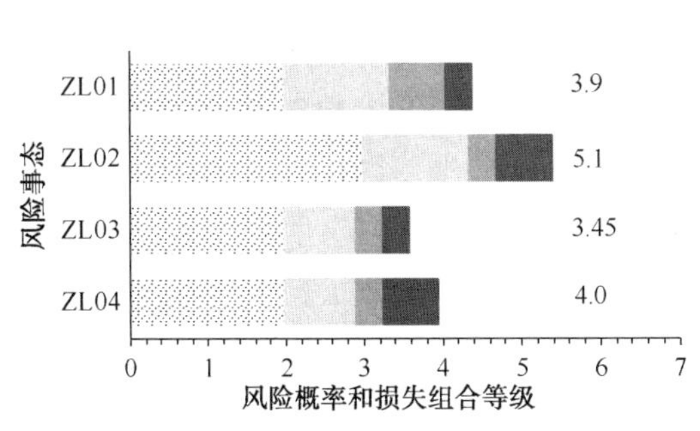

图 7-10　主缆索股架设风险事态损失评定各权重所占比例

发生概率等级；人员伤亡；时间延误；货币损失

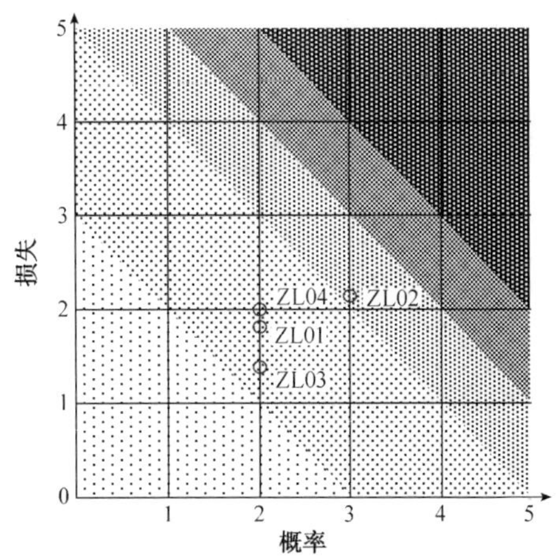

图 7-11　主缆索股架设施工风险等级划分结果

可忽略；可接受；合理控制；严格控制；不可接受

坏直接影响主缆整体受力，是一步关键工作，必须加以重视。

由 7.2.2 节主缆索股架设施工风险事态分析可知，在主缆索股牵引过程中，最易发生的危险为物体打击危险（ZL02），即可能由于索股锚头破坏、锚头夹具破坏和配重脱落等引起的物体打击危险。牵引力过大会直接导致索股锚头破坏以及锚头夹具破坏。造成牵引力过大的常见原因为：当索股由于无指挥信号或信号错误（X_1）导致运动过快或振动过大而没有进入至预定的猫道滚筒轨道内时，牵引力未及时停止；无指挥信号或信号错误能够使得无过载保护的卷扬机（X_2）牵引力无法及时停止；当爬坡较陡时，无指挥信号或信号错误还会导致索股振动过大（X_3）；当牵引系统无速度控制功能（X_4）且操作人员速度控制疏忽时（X_5），会造成索股运动过快，从而产生危险。除此之外，曳拉器螺栓松脱（X_6、X_7）也会造成锚头夹具破坏或者配重脱落，造成索股牵引过程中的物体打击危险。主缆索股牵引过程中物体打击的事故树表达如图 7-12 所示。可以利用布尔运算化简事故树，从而得到整个集合的最小割集，以此表明系统的危险性，并找出顶上事件（主缆索股牵引过程中物体打击）发生的每一种可能渠道。最小割集求解过程为：

$$T = X_1X_2(X_1 + X_3X_4) + X_5 = X_1X_2 + X_1X_2X_3X_4 + X_5 \tag{7-4}$$

事故发生必然是某个最小割集中几个事件同时存在的结果。求出事故树全部最小割集，就可掌握事故发生的各种可能性。通过掌握事故的规律，发现系统中最薄弱的环节，直观判断出哪种模式最危险，对查明事故的原因大有帮助。在本物体打击施工中，最小割集分别为：

$$P_1 = \{X_1, X_2\}, P_2 = \{X_1, X_2, X_3, X_4\}, P_3 = \{X_5\} \tag{7-5}$$

可以利用最小割集排列结构重要度方法判别各基本事件的发生对顶上事件发生的影响程度，以便在制定安全防范措施时根据轻重缓急，使系统达到经济、有效、安全的目的。根据排列结构重要度方法的基本原则可得基本事件重要程度如下：

$$I(5) > I(1) = I(2) > I(3) = I(4) \tag{7-6}$$

式中：$I(i)$——基本事件 X_i 结构重要系数，$i = 1,2,3,4,5$。

由此可见，对防控主缆索股牵引过程中产生物体打击而采取的诸多措施中，索股锚头与曳拉器连接部位须严格检查，连接部位使用的夹具、螺栓等机具应设置必要的防止松动、滑脱的措施，牵引前选用符合要求的曳拉机械尤为重要，必须保证在主缆索股牵引施工前严格执行牵引机械的安全检查及合理选用工序，从而保证主缆索股牵引作业的安全施工。其次，还应查看卷扬机是否存在过载保护功能、牵引系统有无速度控制功能，选用更为合适的卷扬机和牵引系统进行操作。而在主缆索股牵引过程中，施工人员对系统的控制能力尤为重要，系统整体安全严格依赖于施工人员指挥能力、辨识隐患能力以及通信系统的畅通与否，故牵引过程中应派人员随时观察连接部位工作状况，派专人指挥、佩戴异声哨或对讲机，以便及时发现隐患。

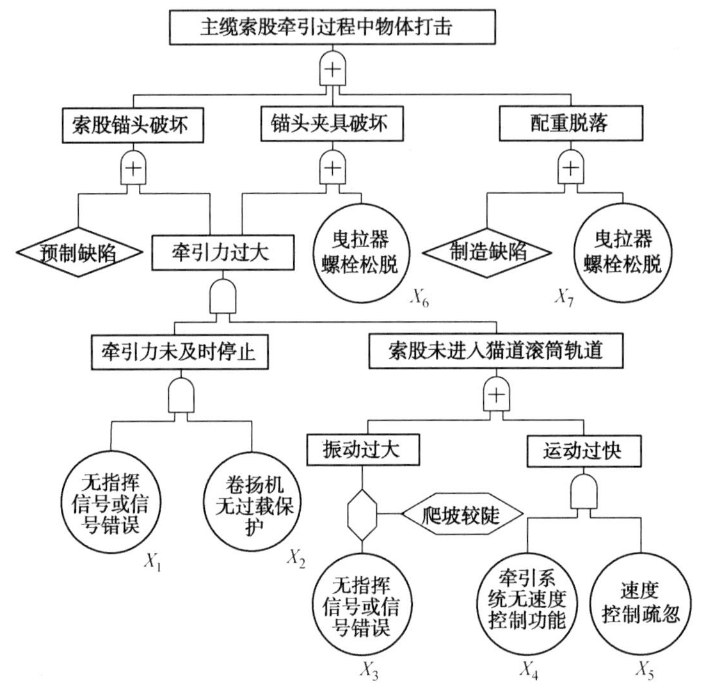

图 7-12　主缆索股牵引物体打击事故树

在众多控制主缆索股牵引过程中产生物体打击的防控措施中，索股牵引速度的控制尤为重要，若能够将索股牵引速度严格控制在 15 ~ 25m/min（边跨 15 ~ 20m/min，主跨 20 ~ 25m/min）内，杜绝为赶工期调高牵引速度的不安全施工行为，则能够在保证索股搭设质量的同时，还为施工人员提供了足够的时间发现隐患和发布指挥信号，这将有利于整个主缆索股牵引系统的施工安全。在施工中，牵引系统的卷扬机一般为交流电机，可以通过对该类型电机加装变频调速器从而起到对索股牵引速度进行控制的目的。变频调速器通常采用带转速测量的闭环控制方案，通过其本身自带的过载过流保护、转矩自动控制等功能，根据卷扬机系统实际使用情况，灵活设定过载保护的限值，从而对牵引系统的运行状态进行实时监测。

7.3　栈桥存梁施工

根据现场实际情况可知，左汉悬索桥北跨跨中加劲梁下方有江心沙洲，因此，在左汉悬索桥箱梁吊装期间，加劲梁运输船无法到达对应吊索的正下方，故需要在江心沙洲上搭设存梁栈桥，对加劲梁进行存梁（图 7-13）。存梁栈桥采用多跨连续梁结构体系（图 7-14）。

7.3.1　栈桥存梁施工工序

图7-13　北跨江心沙洲照片

左汉悬索桥21～39号梁段下方有沙洲存在，采用搭设平台方案，该临时平台作为21～39号梁段的存梁平台，即在正式开始吊装前，将21～39号梁段用两台200T浮吊吊装至临时平台，待正式吊装时，缆载吊机将平台上梁段垂直起吊，栈桥存梁施工流程如图7-15所示。

(1)浮吊吊梁阶段：采用两台浮吊起吊加劲梁，当钢箱梁被吊起1m后，运梁船后退，浮吊通过绞锚操作将钢箱梁位置摆正，并提升至比运梁小车高30cm的高度，浮吊通过绞锚向运梁小车方向水平移动。当钢箱梁的纵、横轴线与运梁小车的纵、横轴线基本重合时，在钢箱梁底部放样出运梁小车的位置，然后两台浮吊同时落钩，当距离运梁小车顶部10cm时，通过手拉葫芦、浮吊缓慢调整等措施，使钢箱梁底部放样位置与运梁小车顶部基本一致，然后下放至运梁小车顶部，避免出现偏载。

(2)运梁阶段：当钢箱梁落至运梁小车上后，拆除吊具与钢箱梁临时吊点的连接。人工检查轨道顶面、钢箱梁移动空间、运梁小车移动空间是否有障碍物，当无障碍后，开启运梁小车，将钢箱梁运输至存梁位置。存梁小车共4台，同一条轨道上的2台运梁小车通过型钢连接成整体，使运梁小车可以同步运行(图7-16)。

(3)存放阶段：存梁形式为单片钢箱梁下设8个钢支墩作为支撑，较普通存梁的4个支墩形式更为稳定。支墩选择设置在钢箱梁的加劲板位置，当运梁小车运输至钢箱梁吊装位置后，适当调整钢支墩位置，确保支墩位于钢箱梁加劲板的正下方。在支墩顶面使用柔性垫块，如橡胶块、枕木等。通过水平管确定垫块的顶面高程一致，且整体高度高于运梁小车千斤顶收回时的高度，之后通过4台运梁小车的千斤顶轮流下降，最终使钢箱梁由栈桥上的钢支墩承担(图7-17)。

7.3.2　栈桥存梁施工风险事态分析

1)栈桥存梁施工风险事态

(1)吊梁、移梁和存放期间钢箱梁失稳(ZQ01)

造成钢箱梁失稳的原因可能有：浮吊起吊箱梁重心不稳，起吊未分级，浮吊移动过快、幅度过大，运梁小车移动空间存在障碍物，运梁小车运行不同步，钢梁下设存梁钢支墩数量不足、支撑力不够等。

(2)栈桥沉降不均匀坍塌(ZQ02)

造成栈桥沉降不均匀坍塌的原因可能有：栈桥局部负重过大，栈桥桩端横梁与贝雷梁连接不到位，没有对栈桥钢管桩基之间相对沉降进行实时施工监测，测量钢管桩高程不到位等。

(3)栈桥钢管桩冲刷严重(ZQ03)

造成栈桥钢管桩冲刷严重的原因可能有：没有定期观测栈桥钢管桩的冲刷情况，没有对钢管桩冲刷过大的位置采用抛砂袋、片石的办法进行维护。

(4)栈桥存梁期间船舶搁浅、碰撞(ZQ04)

造成船舶搁浅、碰撞的原因可能有：船舶驾驶员不按照海事部门规定的航道行驶，未按规

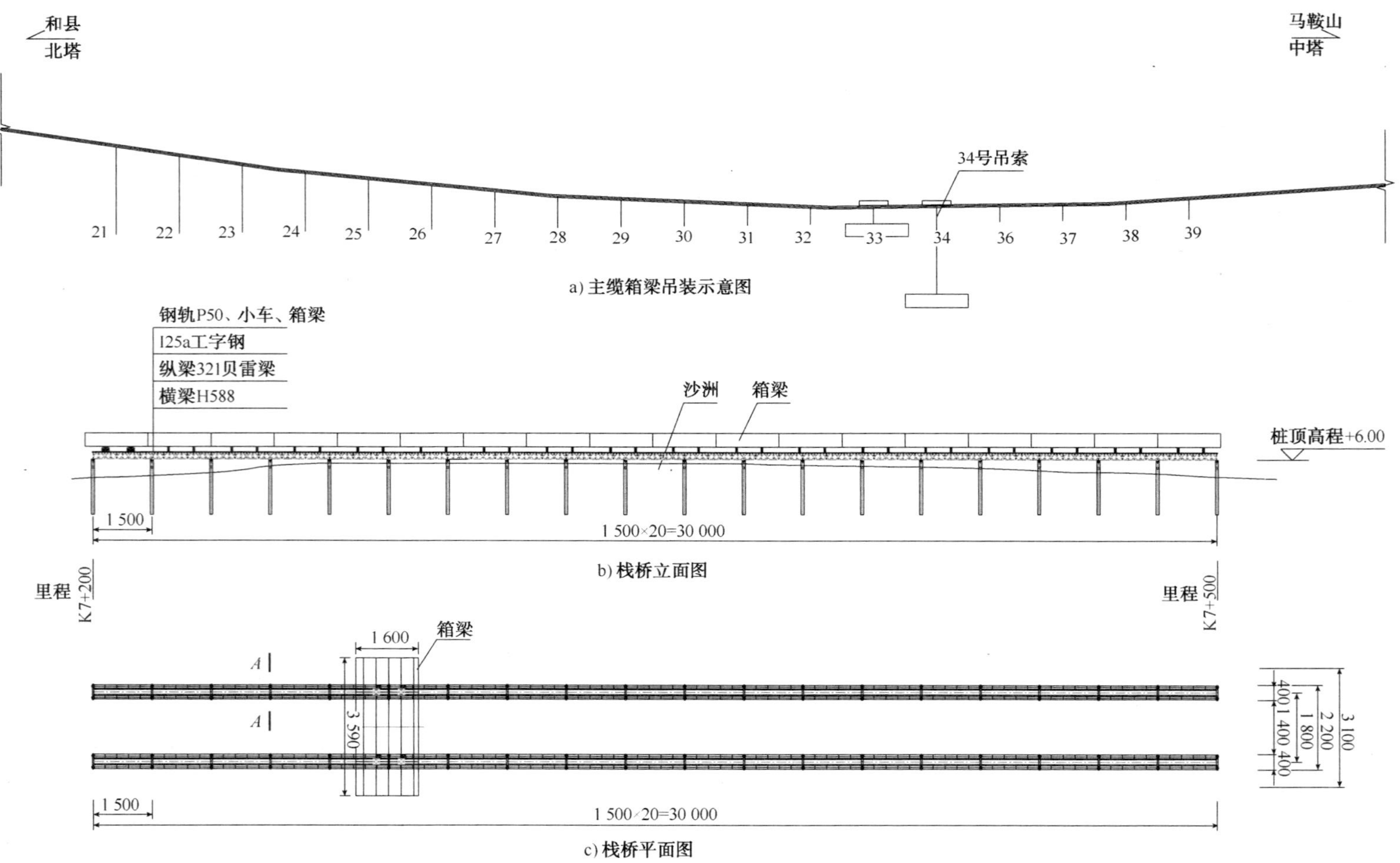

图7-14 沙洲存梁栈桥示意图(尺寸单位：cm)

定设置通航警戒标示或警戒标示不明显,船员操作失误,对水文地质状况不熟悉,船舶突发故障,操作人员无证驾驶船只等。

2)栈桥存梁施工风险事态损失评定

针对以上风险事态,根据本书 2.2.2 节公式(2-9)所提出的损失模型,对栈桥存梁施工风险事态进行损失评定。评定过程:采用发放调查问卷的方式确定各风险事态人员伤亡、时间延误和货币损失等级,并将三者损失水平分别乘以不同权重系数得到损失的综合效应,计算结果如表 7-4 所示,各权重所占比例如图 7-18 所示。

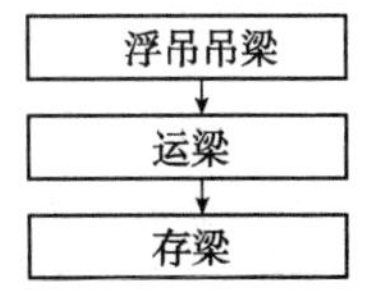

图 7-15　栈桥存梁施工流程图

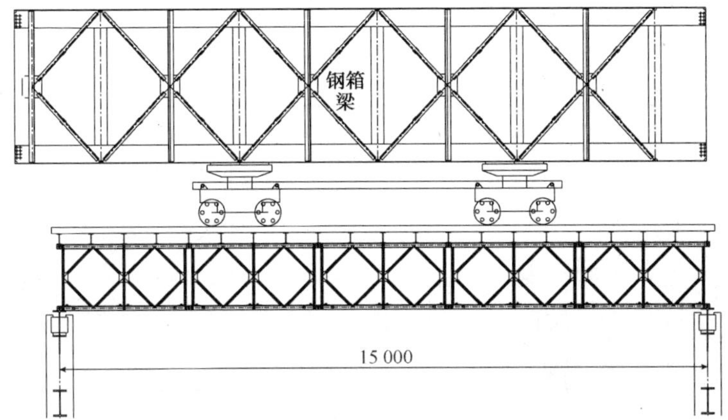

图 7-16　运梁小车运梁示意图(尺寸单位:mm)

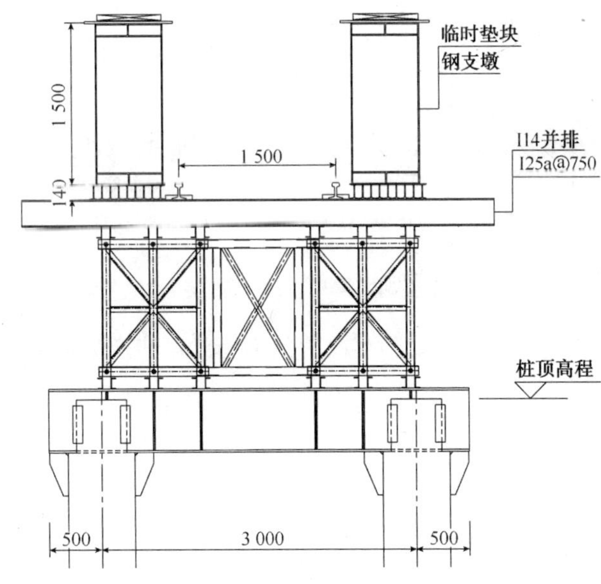

图 7-17　每台运梁小车对应的钢支墩示意图(尺寸单位:mm)

3)栈桥存梁施工显著风险事态识别

参考本书 2.2.4 节决策人效用函数代表值以及风险等级的划分水平,由表 2-3 及 ALARP 风险决策准则,将以上所确定的栈桥存梁施工风险事态的损失评定结果绘于风险等级区间划分表格内,如图 7-19 所示。由图可知,风险事态 ZQ01、ZQ02、ZQ03 及 ZQ04 位于 ALARP 区域内，均应采取合理的安全防范措施降低其风险。其中，ZQ02、ZQ03 及 ZQ04 位于风险可接受区域内，只需进行常规管理措施降低其风险，无需重点研究；而位于风险可控制区域的 ZQ01 属于显著风险事态，必须予以高度重视，除常规管理外，在考虑降低风险的成本与所获效应的相对比值后，还应采取合理必要的专门防控措施降低其风险。

栈桥存梁施工风险事态损失评定结果　　表 7-4

风 险 事 态	发生概率等级	人员伤亡	时间延误	货币损失	综合效应	损失评定
钢箱梁失稳(ZQ01)	2	3	3	3	3	5
沉降不均匀坍塌(ZQ02)	2	2	3	3	2.55	4.55
钢管桩冲刷严重(ZQ03)	2	2	3	2	2.35	4.35
船舶搁浅、碰撞(ZQ04)	2	2	2	2	2	4

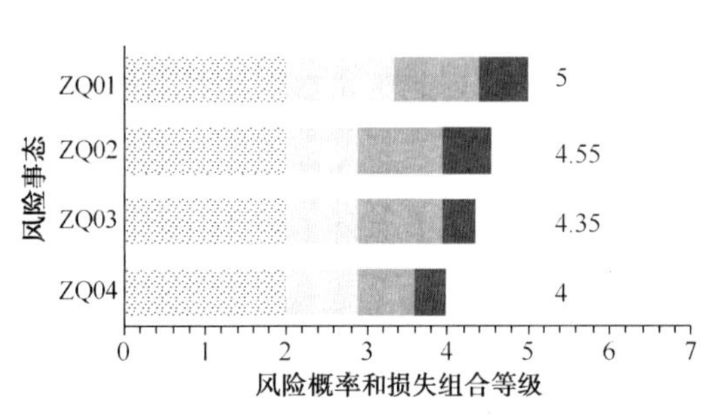

图 7-18　栈桥存梁施工风险事态损失评定各权重所占比例

发生概率等级；　人员伤亡；　时间延误；　货币损失

图 7-19　栈桥存梁施工风险等级划分结果

可忽略；　可接受；　合理控制；　严格控制；　不可接受

7.3.3　栈桥存梁施工安全监测

为降低栈桥存梁施工在吊梁、移梁和存放阶段钢箱梁可能产生的失稳风险，应对栈桥存梁各阶段施工严格进行安全监测。

1）浮吊吊梁阶段

（1）由两台浮吊抬吊，避免一台浮吊造成的重心不稳现象。

（2）起吊应分级进行，根据钢箱梁的重量，每 100t 为 1 个级别，实际吊装施工时，通过浮吊上自带的拉力计进行控制，每增加一个级别，相关人员检查各自负责的任务（锚缆、吊索、卡环、吊索垂直度等），无任何问题后施加下一级，直至钢箱梁被吊起。

（3）浮吊移动时应缓慢进行，幅度不宜过大。一方面，幅度太大容易造成两浮吊主钩受力不均，另一方面，移动的幅度太大容易碰撞其他设施，发生危险。

2）运梁阶段

在栈桥上选取几个参照点，对整个栈桥沉降进行观测，图 7-20 所示为沉降观测参考点选取方案。

3)存放阶段

(1)开启运梁小车上的千斤顶,4 台小车每次开启 1 台小车上的千斤顶下降,千斤顶每次下降至脱离钢箱梁底部 3cm 后停止,然后降落相邻 1 台小车的千斤顶,4 台运梁小车的千斤顶轮流下降,最终使钢箱梁由栈桥上的钢支墩承担。

(2)每一个梁段存放到位后,及时观测整个栈桥的沉降。

4)栈桥两侧布置航行警示浮标及警示灯

警示灯在晚上及恶劣天气下开启,必要时可在栈桥两侧布置一定数量的救生圈。

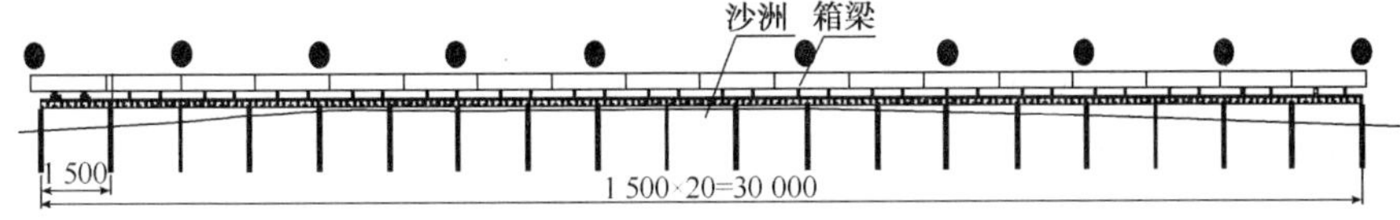

图 7-20　栈桥沉降观测参考点选取方案(尺寸单位:cm)

7.4　主梁吊装施工

悬索桥主梁又称为加劲梁,直接承受竖向活载及风荷载,大多采用钢结构,一般采用桁架梁和扁平钢箱梁结构形式,是悬索桥的重要组成部分。

7.4.1　主梁吊装施工工序

加劲梁采用扁平流线形钢箱梁,钢箱梁全宽为 38.5m(含风嘴),线路中心线处标准断面梁高 3.5m,中塔塔梁固结处主梁受力较大,梁高 5.0m,梁高在中塔两侧通过 $L=16.0\text{m}$ 的区段进行线性变化,变化坡度为 1:10.67。主梁横向沿线路中心设 2.0% 的双向横坡。钢箱梁标准横断面如图 7-21 所示。

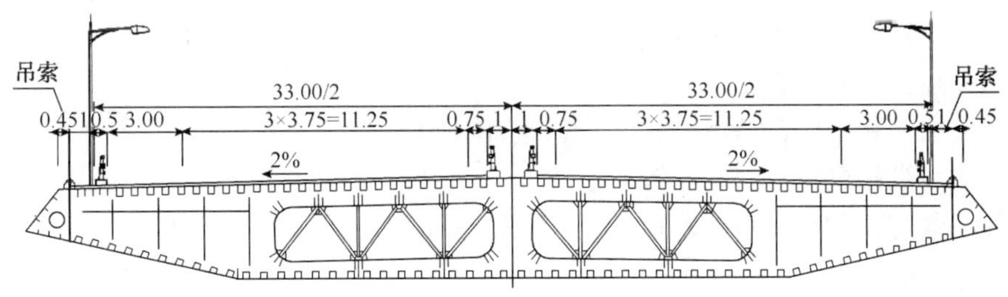

图 7-21　钢箱梁标准横断面图(尺寸单位:mm)

全桥共分 A、B、C、D、E、F、G、H 8 种类型共 135 个梁段,梁段 A 长 10.5m,梁段 G 长 19.3m,梁段 H 长 18.2m,其余梁段长 16m,节段 A′～G′沿中塔中心线与 A～G 节段对称。钢箱梁梁段划分和分类见图 7-22。

1)钢箱梁吊装顺序

钢箱梁吊装采用小节段吊装,每个制造梁段为一个吊装节段。北塔与中塔间钢箱梁的总体安装顺序是从跨中 33、34 号吊索梁段开始,同时向两端分两个作业面进行钢箱梁吊装施工。C、F 梁段为合龙段,先合龙 F 梁段,再合龙 C 梁段。钢箱梁总体安装程序如图 7-23 所示。

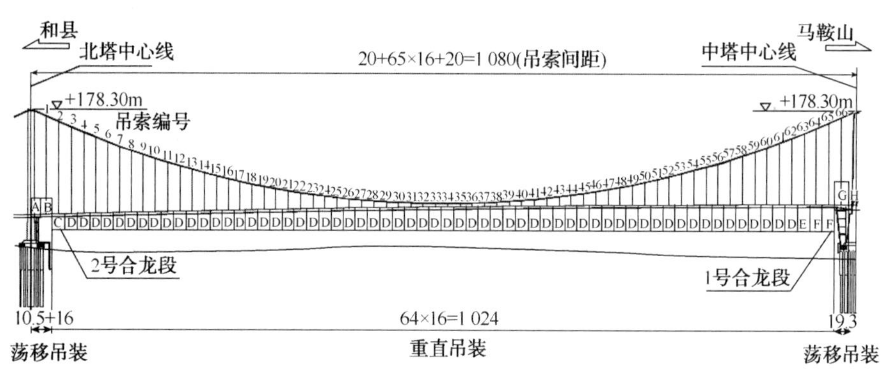

图7-22 钢箱梁梁段划分和分类(尺寸单位:m)

2)主梁吊装施工流程

钢箱梁吊装施工工艺流程如图7-24所示。

3)主梁吊装施工步骤

北塔与中塔间梁段施工共采用3种吊装方式:垂直吊装、荡移加支架法吊装和跨缆吊机牵引荡移吊装。

(1)钢箱梁垂直吊装梁段安装步骤

①跨缆吊机携带吊具行走至吊装位置定位;

②船舶运输梁段到达指定区域定位;

③下放吊具,吊具与钢箱梁临时吊点连接,调整吊具吊点平衡;

④跨缆吊机垂直起吊梁段略高于已吊装梁段高度20~30cm;

⑤手拉葫芦辅助调整吊装梁段与已安装梁段靠拢;

⑥连接吊索,安装钢箱梁顶板临时连接件;

⑦跨缆机慢速卸载,吊索完全受力后解除纵向扁担梁与梁段临时吊点的连接。

(2)荡移加支架法箱梁安装步骤

①将吊装梁段移荡至运存梁栈桥上存放,水平牵拉梁段至吊索下方存放;

②起吊梁段至略高于支架顶面;

③水平牵引荡移梁段,放置在支架轨道的移位器上;

④水平牵引纵移梁段至安装位置;

⑤解除吊具与梁段临时吊点连接,完成梁段吊装。

(3)跨缆吊机牵引荡移吊装施工步骤

中塔附近有G1′、G2′共2个特殊梁段采用跨缆吊机牵引荡移吊装,其中G2′梁段为无吊索梁段,G1′梁段为有吊索梁段。施工步骤如下:

①跨缆吊机分别在65′号吊索处定位,利用布设在H梁段顶面的牵引设备牵引荡移吊装G2′梁段,安装梁段临时连接件;

②利用SJ9索夹估计200t花车组,塔顶门架上10t卷扬机钢丝绳通过花车组选调G2′梁段在主缆上,通过收放卷扬机钢丝绳微调G2′梁段线形;

③跨缆吊机吊装G1′梁段,利用布设在H梁段顶面的牵引设备牵引荡移,并与66′号吊索连接;

④通过微调G2′梁段,使H、G2′、G1′梁段线形满足要求,连接G2′梁段与G1′梁段之间的

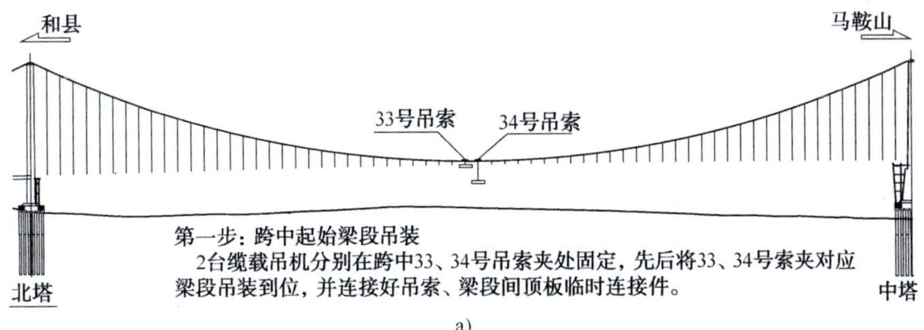

a)

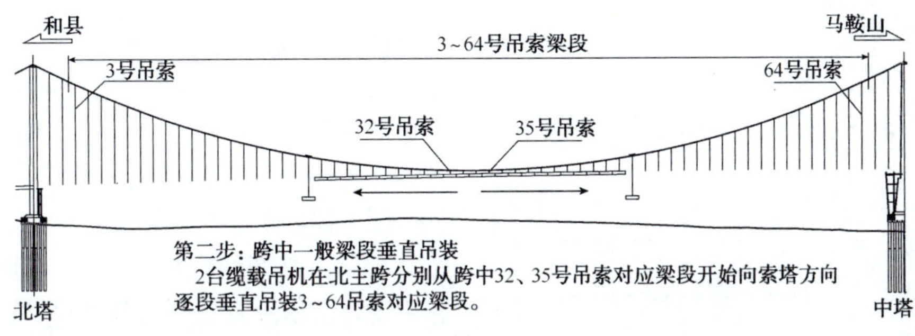

b)

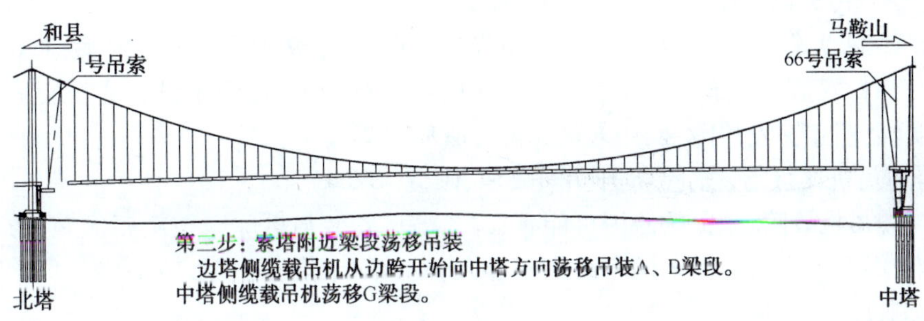

c)

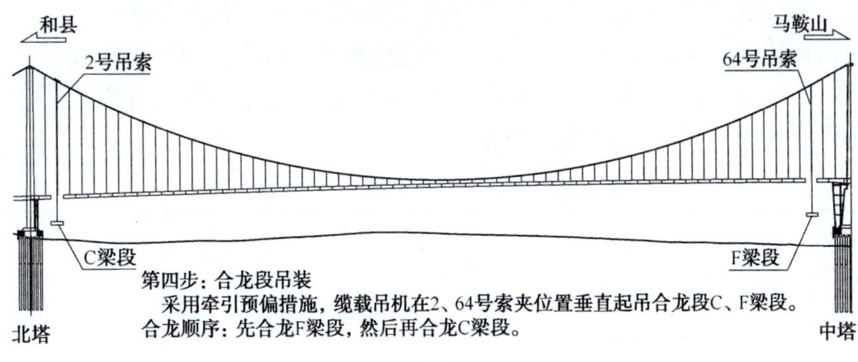

d)

图 7-23　钢箱梁总体安装程序

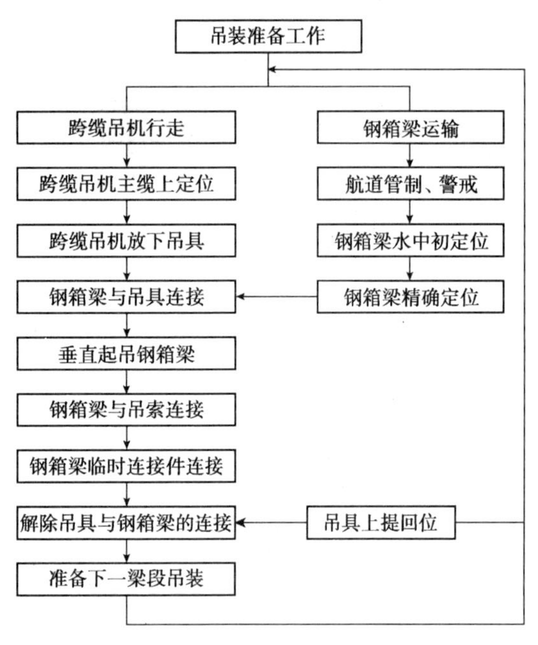

图 7-24 钢箱梁吊装施工工艺流程

临时连接件,完成梁段安装。

7.4.2 主梁吊装施工风险事态分析

1)主梁吊装施工风险事态(栈桥存梁风险见 7.3 节)

(1)主梁吊装期间高空作业人员坠落(DZ01)

造成高空作业人员坠落的原因可能有:跨缆吊机施工和钢箱梁安装时,患有高血压、恐高症等疾病人员进行高空作业;作业时未戴安全防护用品;猫道吊索孔洞处临边未做防护;安全防护措施设置不到位;未设置登高人员上下通道或施工人员攀爬结构物;顶推完索鞍和猫道后的网片、侧网扶手绳开裂,未及时恢复。

(2)主梁吊装荡移期间碰撞、失稳(DZ02)

造成荡移期间碰撞、失稳的原因可能有:主梁荡移前未进行受力安全计算,荡移施工方案不全面,牵引设备故障,荡移角度选取错误,人工牵引操作失误,荡移期间产生冲击力等。

(3)运梁及吊装期间船舶搁浅、碰撞(DZ03)

造成船舶搁浅、碰撞的原因可能有:船员操作失误,对水文地质状况不熟悉,遇 6 级以上大风、大雾天气时强行开船,不按照海事部门规定的航道行驶,未按规定设置通航警戒标示或警戒标示不明显,船舶突发故障,操作人员无证驾驶船只等。

(4)跨缆吊机在行走、固定、提升期间故障、倾覆(DZ04)

造成跨缆吊机故障、倾覆的原因可能有:跨缆吊机安装与拆除未按施工实施、吊机连接部位连接不牢;缆载吊机行走时不同步或偏差过大、支承索未抱紧主缆;桁架梁与负重梁连接不牢、桁架梁侧杆连接不牢。

2)主梁吊装施工风险事态损失评定

针对以上风险事态,根据本书 2.2.2 节公式(2-9)所提出的损失模型,对主梁吊装施工风险事态进行损失评定。评定过程:采用发放调查问卷的方式确定各风险事态人员伤亡、时间延误和货币损失等级,并将三者损失水平分别乘以不同权重系数得到损失的综合效应,计算结果如表 7-5 所示,各权重所占比例如图 7-25 所示。

主梁吊装施工风险事态损失评定结果　　表 7-5

风险事态	发生概率等级	人员伤亡	时间延误	货币损失	综合效应	损失评定
高处坠落(DZ01)	2	3	1	1	1.9	3.9
荡移碰撞、失稳(DZ02)	2	3	3	3	3	5
船舶搁浅、碰撞(DZ03)	3	2	1	2	1.65	4.65
跨缆吊机故障、倾覆(DZ04)	3	3	2	2	2.45	5.45

3)主梁吊装施工显著风险事态识别

参考本书2.2.4节决策人效用函数代表值以及风险等级的划分水平,根据表2-3及ALARP风险决策准则,将以上所确定的主梁吊装施工期间风险事态的损失评定结果绘于风险等级区间划分表格内,如图7-26所示。由图可知,风险事态DZ01、DZ02、DZ03及DZ04位于ALARP区域内,均应采取合理的安全防范措施降低其风险。其中,DZ01、DZ03位于风险可接受区域内,只需进行常规管理措施降低其风险,无需重点研究;而位于风险可控制区域的DZ02和DZ04属于显著风险事态,必须予以高度重视,除常规管理外,在考虑降低风险的成本与所获效应的相对比值后,还应采取合理必要的专门防控措施降低其风险。

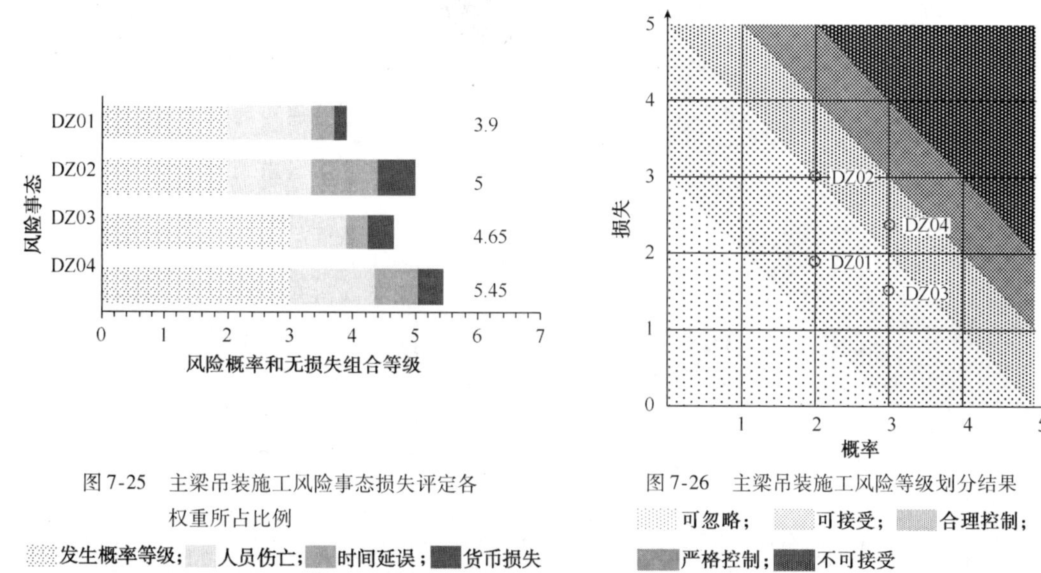

图7-25 主梁吊装施工风险事态损失评定各权重所占比例

发生概率等级; 人员伤亡; 时间延误; 货币损失

图7-26 主梁吊装施工风险等级划分结果

可忽略; 可接受; 合理控制; 严格控制; 不可接受

7.4.3 主梁吊装施工安全监(检)测

为有效防范主梁吊装施工过程中跨缆吊机在行走、固定、提升期间可能出现的故障、倾覆(DZ04)等问题,需在跨缆吊机正式工作前对其进行空载试验和加载(对拉)试验,以保证跨缆吊机工作状态的安全性。

本节对跨缆吊机的安装质量、运行状况及加载试吊(对拉)试验做了全面介绍,针对跨缆吊机的相关检测与试验技术全面检查了该设备的设计、加工制造、改造及配套装置等是否达到设计技术性能及质量要求,是否满足实际施工的需求,以检验跨缆吊机的整体可靠性、安全性,确保在马鞍山大桥钢箱梁的吊装施工中实现安全、高效施工的目的。

1)设备主要构成及主要性能参数

(1)跨缆吊机主要构成

单台跨缆吊机主要由1个主横梁、2个主缆行走模块、2套提升索股千斤顶、液压驱动卷扬机、钢箱梁吊具、中央控制系统、动力模块、2套吊机移动索股千斤顶等部分组成。跨缆吊机整体结构如图7-27所示。

(2)跨缆吊机主要性能参数

跨缆吊机采用智能化中央自动控制系统,可同步或非同步控制整个设备吊装、行走等全部作业。采用模块化设计使得吊机仅需更换少量的部件就可以适应不同跨径、不同缆径悬索桥钢箱梁的吊装工作。

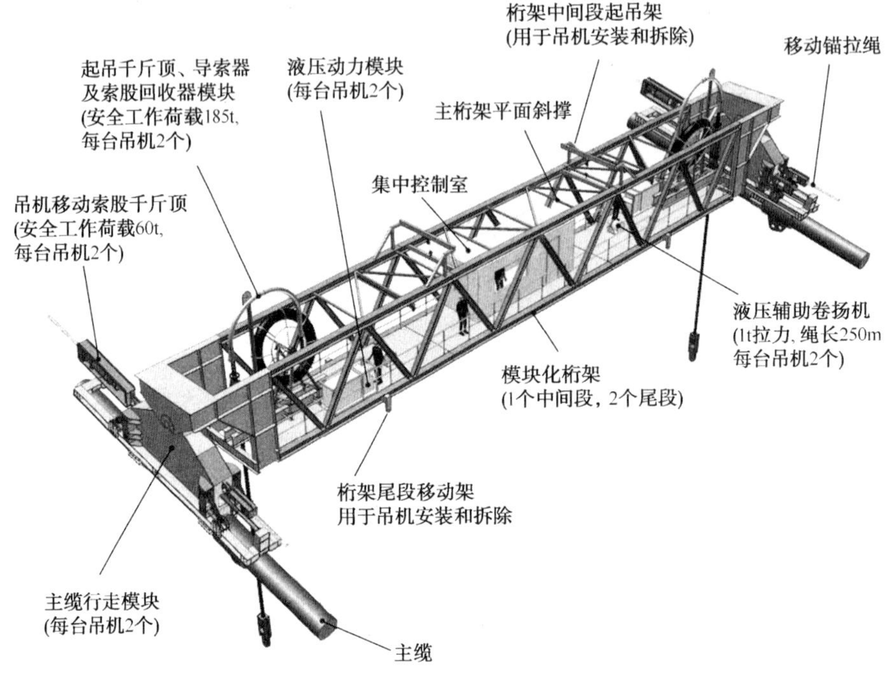

图 7-27 跨缆吊机整体效果图

2)试验内容

本次跨缆吊机试验分为空载试验和加载(对拉)试验两部分。试验在专门设计的模拟主缆试验架上进行。吊机、试验架布置如图 7-28 所示。

(1)空载试验

空载试验包括检测整体结构主要几何尺寸、联结件关联状况、控制系统、液压系统、整机顶升与行走状况等。空载试验实测内容包括主桁结构检测和行走机构检测。

(2)加载(对拉)试验

加载试验按每级 20% G($G=370$t)逐级递增加载,最大试验荷载为 125% G。在各级荷载下,对设定点的变形量和主要杆件的应变进行数据采集。

①变形量检测

在主桁结构中选定 8 个变形量测量点(图 7-29 中 1 ~ 8 号点),按规定的比例逐级加载(最大载荷为额定载荷的 125%),分别测量各点变形量。

模拟缆试验架一边为固定支架,另一边支承在移位器上(加载后可沿横桥向水平移动)。在可移动试验架上设置 1 个检测棱镜头(位置见图 7-29 中 9 号点),在各级加载时分别测量该点的水平位移量。

②缆吊机应力检测

通过在各测试点粘贴电阻应变片,利用应变仪实测各测试点的应变值,然后通过公式计算得出应力值。应变片布设在理论计算结构应力最大处,及重要杆件上。跨缆吊机应变测点布置见图 7-30。

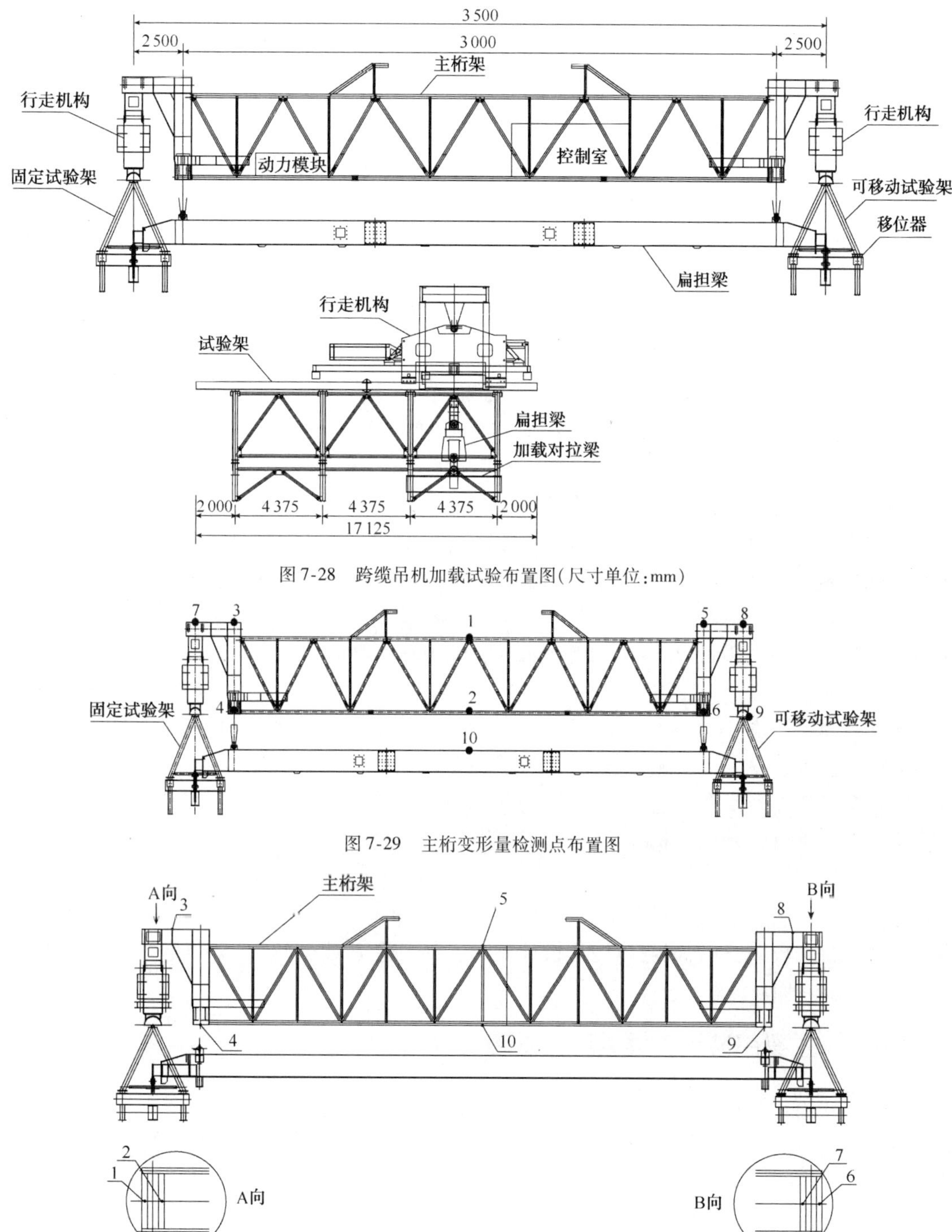

图7-28　跨缆吊机加载试验布置图(尺寸单位:mm)

图7-29　主桁变形量检测点布置图

图7-30　跨缆吊机应变测点布置总图

③起吊系统检测

在各级加载状况下,应检测DLS185索股千斤顶锚块夹片中钢绞线是否有滑移现象,扁担梁锚块夹片中钢绞线是否有滑移现象,电器液压控制系统是否操作灵活可靠、液压系统是否有渗漏现象。

3)试验方法

(1)空载检测

主桁两尾段销接板中心距离、主桁两台 DLS185 提升千斤顶间距离采用全站仪测量,其余几何尺寸采用钢尺测量。电器液压控制系统是否灵活可靠、结构件拼装及整体移动是否有无干涉,采用目测检查。

(2)加载(对拉)变形量位移检测

加载试验由空载开始,荷载按额定荷载20%递增,每增加1次荷载持续20min,直至加载至额定荷载的125%。

吊机主桁变形量和试验架位移量检测,采用 TCA2003 全站仪。全站仪精度为0.5″,±(1+1ppm)。测量采用三维坐标法观测。观测前在主桁、试验架上选取需要测量点并布设相应反射棱镜,试验前先测出各个点的初始值,每次加载后再对各观测点进行测量,测出的结果与初始值比较,得出主桁、试验架各测点的变量值。每一级加载都需要进行测量,最后全部卸载后再次进行测量,得出主桁的非弹性变量值。

应力检测采用静态应变仪,在检测点粘贴高精密级应变片,实测应变。应力检测应在首次加载至60%并归零后开始记录数据。各测点应力 σ 由实测应变按下式求得:

$$\sigma = E \cdot \varepsilon \tag{7-7}$$

式中:E——材料弹性模量(Q345B 弹性模量 $E_g = 210\ 000$MPa);

ε——实测应变。

钢绞线固定锚块(夹片)及电器液压控制系统,采用电脑自检系统和现场观测相结合。在扁担梁跨中位置设置1个检测棱镜头(位置见图7-30中10号点),在各级加载时分别测量该点的竖向变形量。当变形量超过 $L/125-2f$ 时停止加载(L 为扁担梁长度,$L=33\ 900$mm,f 为扁担梁自重下拱值),确保结构安全。

4)试验数据整理及分析

每台吊机试验结束后应对记录数据进行整理与分析,分析结果同理论计算变形量、位移、容许应力进行比较,所有数据均应满足设计要求。如有个别数据超差,必须详细分析原因,重新进行试验。

7.4.4 主梁吊装施工显著风险事态安全防控

1)主梁吊装荡移期间碰撞、失稳(DZ02)

为降低主梁吊装荡移牵引过程中的碰撞、失稳风险,主梁荡移应在荡移牵引力经过有效精准计算后严格按照以下程序进行:

(1)边塔钢箱梁荡移牵引

边塔支架搭设完毕后,在轨道上按钢箱梁的支点位置放置移位器。

边塔支架钢箱梁荡移牵引直接利用引桥上的10t卷扬机提供牵引力,牵引绳通过安装固定在引桥箱梁顶面的定滑车组绕线。边塔支架钢箱梁荡移牵引主要为A梁段吊装,以及后期F梁段合龙段预偏合龙时提供牵引力。A梁段荡移的牵引力约为40.3t,单点牵引力20.2t,考虑后期水位变化,运梁船定位及吊梁位置选择时采用50t滑车绕6线(图7-31、图7-32)。

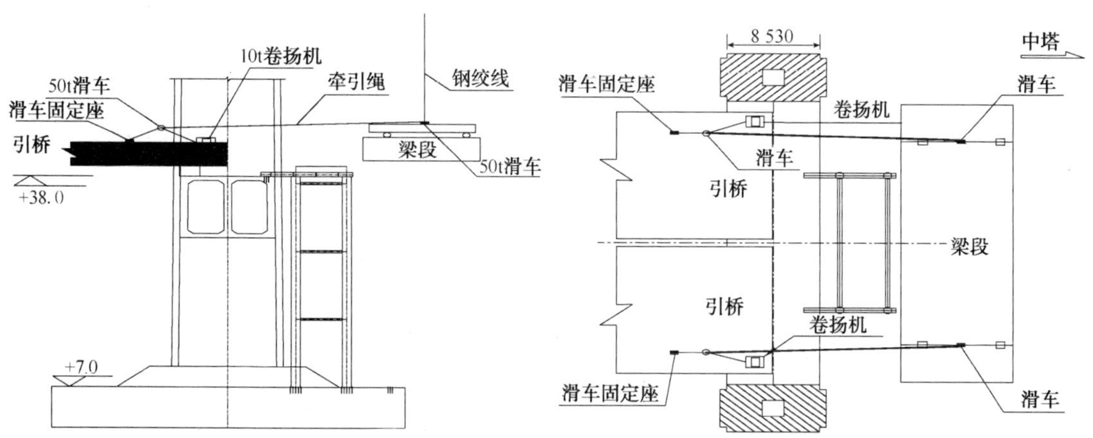

图 7-31　边塔支架钢箱梁荡移牵引立面图　　图 7-32　边塔支架钢箱梁荡移牵引平面图(尺寸单位:mm)

(2)中塔梁段荡移牵引

中塔附近特殊梁段荡移牵引吊装通过布置在塔顶门架上的 10t 卷扬机提供牵引力,牵引定滑车组固定于 H 梁段上。中塔支架搭设完毕后,在轨道上按钢箱梁的支点位置放置移位器。

中塔钢箱梁荡移牵引主要为 G1 梁段荡移吊装,荡移角度 8.6°,水平牵引力 15.1t,单点最大牵引力为7.55t,采用滑车牵引(图 7-33)。

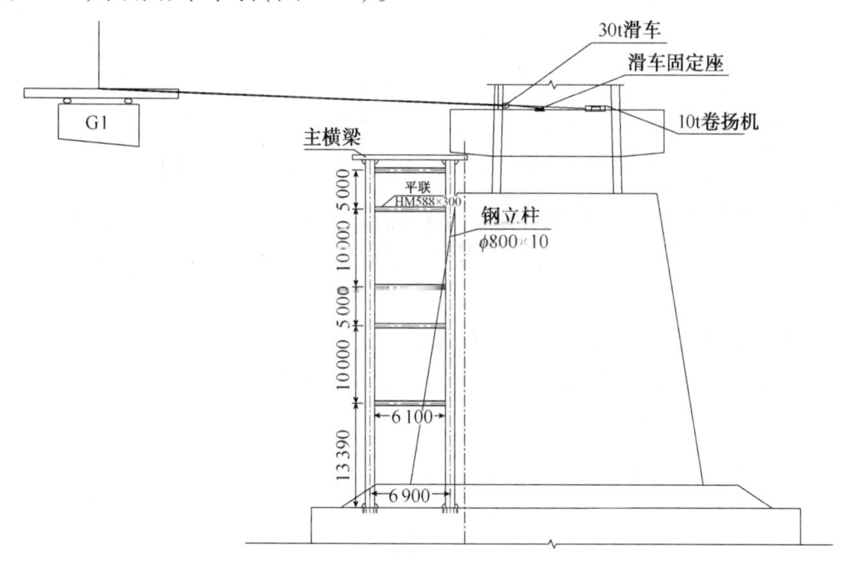

图 7-33　中塔梁段荡移牵引立面布置图(尺寸单位:mm)

2)跨缆吊机在行走、固定、提升期间故障、倾覆(DZ04)

保证跨缆吊机安全作业主要有以下措施:

(1)行走与起吊动作分开

液压提升跨缆吊机是以两条主缆为依托,为确保安全,跨缆吊机必须定点提升,这时行走机构不动作。跨缆吊机行走时,提升系统必须处于锁紧状态(非提升状态)。行走机构的动作,靠双作用液压千斤顶实现。

采用静定起吊的方式,起吊时行走机构不参与任何动作;行走时提升系统处于锁紧状态,两种工况由机械和控制系统双方面进行互锁,确保整个跨缆吊机的安全。

(2)行走工况下的制动及安全装置

跨缆吊机行走系统应满足以下性能要求:

①缆上移动能力:单机行走移动能力≥120t,滑移能力≥20t,荷载转移能力≥200t。

②工作速度:行走移动速度(上行速度)≥10m/h。

③安全系数:1.25(安全工作荷载)。

跨缆吊机行走系统安全装置如下:

①行走机构抱紧主缆

液压提升跨缆吊机及吊重的荷载传给主梁,主梁通过行走机构钢结构主体又传给主缆。此时行走机构既能抱紧主缆起抗滑作用,同时也有利于整体及抗风的稳定。

②行走机构对主缆的防护

行走机构与主缆之间采用硬质胶皮进行保护,根据在紧缆施工中的经验,可以有效避免对主缆表面造成的损伤。

③固定牵引端防止缆载吊机下滑

牵引千斤顶的固定端设置在距离跨缆吊机 100m 的地方,靠近索夹,利用索夹和抱箍自身与主缆的抱紧力使缆载吊机不产生下滑的趋势。

④牵引同步控制

牵引千斤顶是行走力的施加者,两台牵引顶分布在跨缆吊机两端。以其中一台为主令点,另一台与之比较,若伸缸较快,则减小相应的比例阀的流量,反之,则增大相应比例阀的流量以保证牵引顶的同步。同时将两台牵引顶的压力差控制在设定的范围内,若压力差超出范围,则系统自动报警提示。这是一个以位移控制为主,压差控制为辅的同步控制。

(3)吊梁工况下的制动及安全装置

跨缆吊机起升系统应满足以下性能要求:

①安全起吊能力:单机起吊能力≥450t(两台连续千斤顶工作)。

②工作速度:平均提升速度≥35m/h;平均下放速度≥30m/h。

③安全系数:1.25(安全工作荷载)。

④提升钢绞线长度:≥250m。

跨缆吊机起升系统安全装置如下:

①采用钢绞线千斤顶的吊升体系

采用钢绞线千斤顶的吊升体系提升重物安全高度。即使在液压失效时,荷载也可安全地控制在钢绞线千斤顶底部的锚固件内。

②提升顶同步运行

钢箱梁节段吊装时,两台钢绞线千斤顶用一台电脑进行监测、控制操作,并自动使两台千斤顶同步运动,以保持荷载平衡。如果其中一台千斤顶达到预定操作极限,电脑自动停止提升动作。

主控台除了控制两台提升千斤顶的统一动作之外,还可以使两台提升千斤顶每行程同步。即在千斤顶每行程的伸缩缸过程中,各千斤顶的位移量之差控制在允许范围内。其控制思路为以其中一台千斤顶为主令点,另一台与之比较,若伸缸较快,则减小相应的比例阀的流量,反之,则增大相应比例阀的流量。这是一个以位移控制为主的同步控制,此过程同步精度可控制在 ±5mm。

③超压保护控制

为了提高构件的安全性,每台千斤顶都布置了油压传感器,实时监测荷载变化情况。在操作过程中,通过设定每台千斤顶的最高压力防止千斤顶的荷载有异常突变。若某台千斤顶超压,则计算机会自动停机,并报警示意。

④系统可靠性

主控台、现场控制器、泵站启动箱的电器装置均按户外使用防护等级设计,内设温湿度测控器及风扇,当室外的温度低于 0℃,开启加热装置;当湿度较大时,开启除温装置,从而保证设备在 -20 ~ +50℃温度之间,相对温度为 90% 的野外环境下,工控机、PLC、各种电器元件能正常工作。

7.5　猫道拆除施工

猫道结构主要由猫道索(含锚固装置)、猫道面层和变位刚架等结构组成。猫道拆除按照猫道面层和改吊绳、变位刚架、猫道索三个流程的顺序进行。

7.5.1　猫道拆除施工工序

左汉悬索桥猫道拆除总体施工工序如图 7-34 所示。

1)边跨箱梁缺口处支撑梁设置

在箱梁缺口位置顶面、猫道下方靠塔侧设置支撑梁,用于后续拆除,防止猫道在此位置倾斜。支撑梁采用 2 根 H588 型钢,利用箱梁竖向预应力将 $\phi32$ 精轧螺纹钢锚固在引桥箱梁缺口位置(图 7-35)。

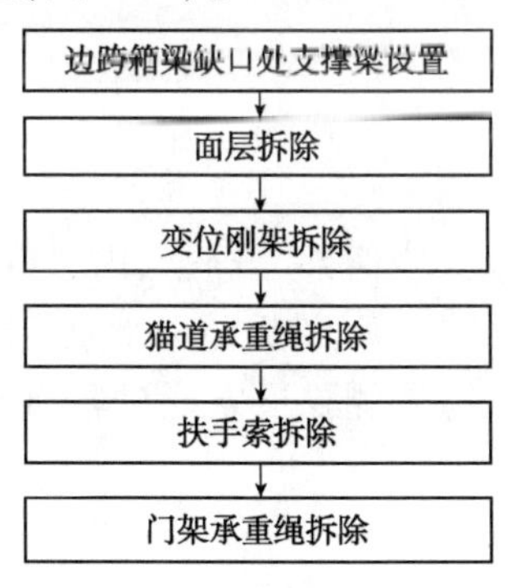

图 7-34　猫道拆除施工工序图

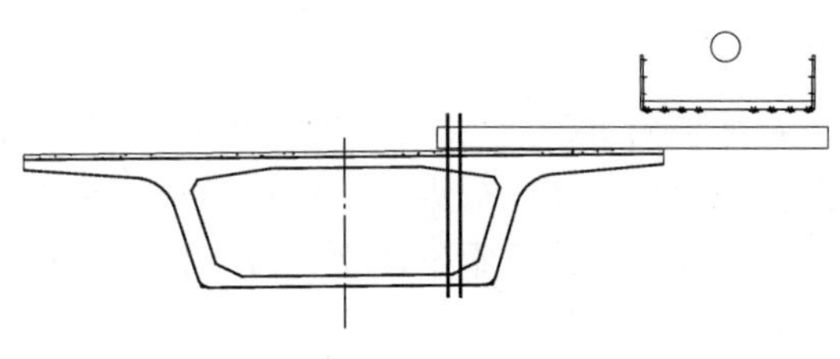

图 7-35　猫道下方设置支撑梁示意图

2)面层及改吊绳拆除

猫道面层拆除顺序为先拆除猫道门架处型钢横梁,再拆除猫道面层和其余部位型钢横梁。猫道型钢横梁随猫道面层同步拆除。猫道型钢横梁位于猫道索上方,通过螺栓与猫道索连接固定。猫道底网和侧网按照中、边跨分开同步进行,均由塔顶位置向中跨跨中和锚碇方向逐片进行拆除。猫道改吊绳为钢箱梁架设期间猫道线形为满足主缆线形变化的需要而设置的猫道悬吊绳。猫道改吊绳随猫道面网同步拆除。

3)变位刚架拆除

图7-36为变位刚架拆除示意图。变位刚架拆除顺序如下:

(1)用塔吊吊挂变位刚架;

(2)将变位刚架远离塔端扶手索,通过1台5t手拉葫芦拉紧,使之脱离扶手索变位块,放松手拉葫芦,扶手索呈自由状态;

(3)将变位刚架远离塔端最外侧1号、8号猫道索,通过1台10t手拉葫芦拉紧;

(4)解除变位刚架1号、8号猫道承重索变位块压板;

(5)通过手拉葫芦放松1号、8号猫道索至自由状态;

(6)由外向内同样方法放松另外六根猫道承重索;

(7)解除变位刚架索鞍侧8根猫道索变位块压板;

(8)使用吊机将变位刚架吊至桥面。

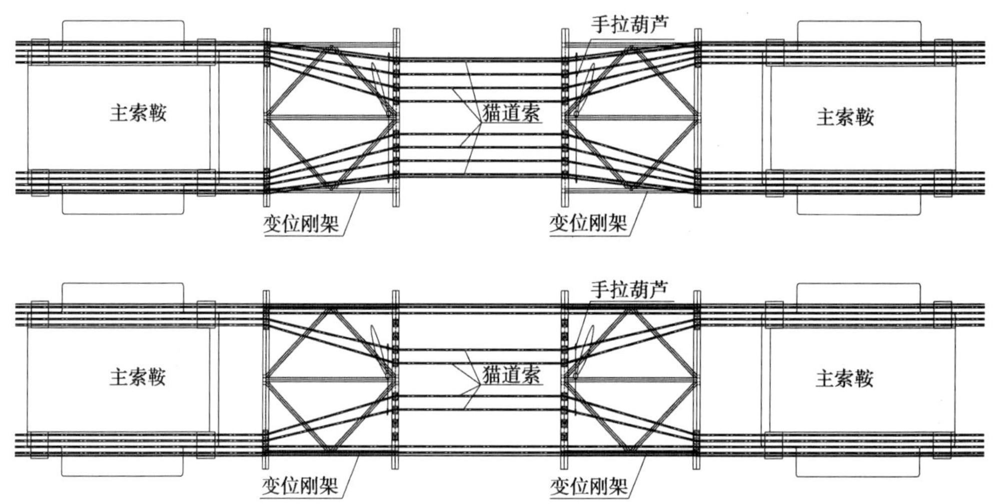

图7-36　变位刚架拆除示意图

4)猫道索拆除

因吊索和钢箱梁已安装,猫道索拆除分为主缆内侧和主缆外侧两部分进行,内、外两侧猫道索均按由内向外顺序进行拆除。猫道索按先猫道承重索、再扶手索、最后门架承重索的顺序依次拆除。主缆内侧猫道索下放至主缆内侧钢桥面上拆除,主缆外侧猫道索通过转换至主缆内侧再下放至桥面上拆除。

5)猫道转索鞍拆除

猫道转索鞍位于塔顶,在猫道索拆除完成后,将转索鞍与底座的焊接处割开,使用塔吊下放至地面。

6)锚固体系拆除

猫道锚固在鞍部顶部,当猫道索拆除完成后,将锚箱、小拉杆、大拉杆依次拆除,使用桥面汽车吊下放至地面。门架承重索锚固在锚体锚块上,在门架承重索拆除后,拆除拉杆、锚箱,利用桥面汽车吊下放至地面。

7.5.2 猫道拆除施工风险事态分析

1)猫道拆除施工风险事态

(1)猫道拆除期间高处坠落(CC01)

造成高处坠落的原因可能有:高空作业人员未按要求佩戴安全防护用品,临边防护不到位,作业人员酒后或带病进入高空作业,夜间施工照明不足等。

(2)猫道拆除期间起重伤害(CC02)

造成起重伤害的原因可能有:起重吊装作业未选用匹配吊具,吊物下有人作业或停留,无专人指挥或指挥信号不明确,吊大型物体时未设置缆风绳。

(3)猫道倾覆(CC03)

造成猫道倾覆的原因可能有:猫道拆除前未检查猫道是否倾斜,未及时调整猫道改吊绳,猫道拆除期间卸荷导致猫道不平衡,未控制猫道倾斜程度等。

(4)猫道拆除期间成品损伤(CC04)

造成成品损伤的原因可能有:在猫道拆除过程中,未留意控制猫道构件及提升设施运行状态,对已施工的索塔、主缆、吊索、主缆防腐涂装、主缆除湿系统和钢箱梁等构件造成损伤。

2)猫道拆除施工风险事态损失评定

针对以上风险事态,根据本书 2.2.2 节公式(2-9)所提出的损失模型,对猫道拆除期间风险事态进行损失评定。评定过程:采用发放调查问卷的方式确定各风险事态人员伤亡、时间延误和货币损失等级,并将三者损失水平分别乘以不同权重系数得到损失的综合效应,计算结果如表 7-6 所示,各权重所占比例如图 7-37 所示。

猫道拆除施工风险事态损失评定结果　　表 7-6

风险事态	发生概率等级	人员伤亡	时间延误	货币损失	综合效应	损失评定
高处坠落(CC01)	2	3	2	2	2.45	4.45
起重伤害(CC02)	3	2	1	2	1.65	4.65
猫道倾覆(CC03)	2	3	3	3	3	5
成品损伤(CC04)	3	1	3	4	2.3	5.3

3)猫道拆除施工显著风险事态识别

参考本书 2.2.4 节决策人效用函数代表值以及风险等级的划分水平,根据表 2-3 及 ALARP 风险决策准则,将以上所确定的猫道架设施工期间风险事态的损失评定结果绘于风险等级区间划分表格内,如图 7-38 所示。由图可知,风险事态 CC01、CC02、CC03、CC04 位于 ALARP 区域内,均应采取合理的安全防范措施降低其风险。其中,CC01 和 CC02 位于风险可接受区域内,只需进行常规管理措施降低其风险,无需重点研究;而位于风险可控制区域的 CC03 和 CC04 属于显著风险事态,必须予以高度重视,除常规管理外,在考虑降低风险的成本与所获效应的相对比值后,还应采取合理必要的专门防控措施降低其风险。

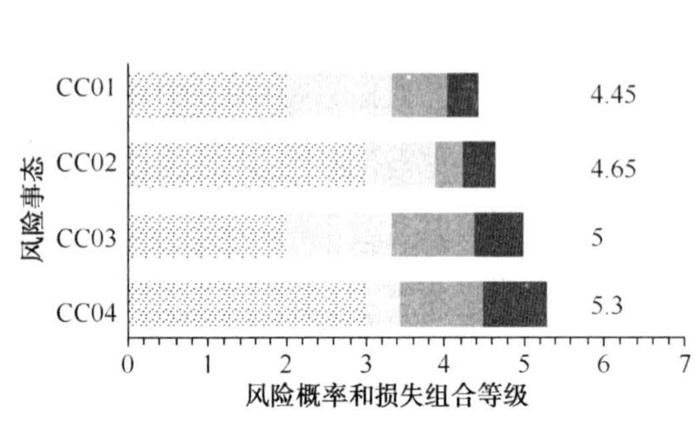

图 7-37　猫道架设施工风险事态损失评定各权重所占比例

发生概率等级；人员伤亡；时间延误；货币损失

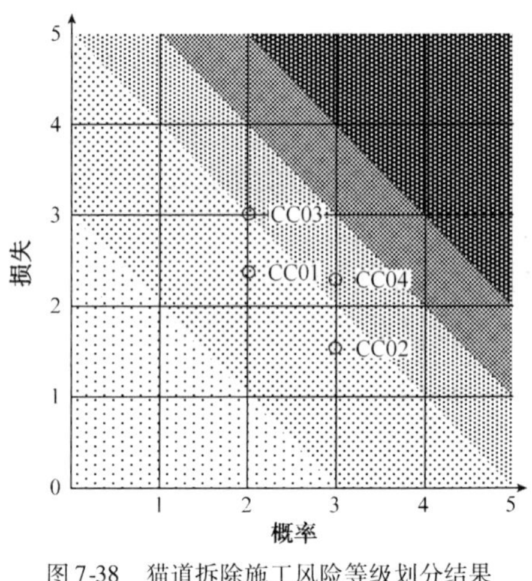

图 7-38　猫道拆除施工风险等级划分结果

可忽略；可接受；合理控制；严格控制；不可接受

7.5.3　猫道拆除施工安全监测

为有效防范猫道拆除过程中的倾覆风险（CC03），在猫道拆除过程中应完善各工况受力分析和线形计算，并对猫道线形进行实时监测：

（1）猫道拆除前，应对猫道姿态作出判断，检查猫道是否倾斜，及时调整猫道改吊绳。

（2）采用间接三角高程法观测调整各跨猫道承重索的线形，猫道拆除过程中对猫道线形进行严格的监控与测量。

（3）严格控制猫道倾斜程度，减少猫道拆除期间因卸荷导致的猫道不平衡。

（4）猫道中跨面层拆除过程中猫道会上升，施工时应注意观察，避免猫道线形上升时干涉主缆，损坏主缆防护涂装漆膜或其他机电设备，若出现猫道上升后影响主缆，则应通过塔顶猫道小索鞍间的猫道放松装置，将边跨承重绳部分牵拉到中跨。

（5）按照猫道架设时，中跨猫道承重绳长度增加 10cm，垂度增加约 20cm，当面网拆除过程中猫道承重绳距主缆 1m 左右时，将边跨猫道承重绳向中跨调入 25cm，保持猫道距主缆 1.5m 左右间距。

7.5.4　猫道拆除施工显著风险事态安全防控

猫道拆除期间的一显著风险事态是成品损伤（CC04），即猫道拆除过程中不得对已完工主体工程造成损伤。为有效降低成品损伤风险，应采取以下措施保护成品：

（1）检查猫道改吊绳与主缆涂装接触部位是否均有套管防护。

（2）猫道改吊绳拆除时，钢丝绳和手拉葫芦与主缆间采用软质材料覆盖，保护主缆涂装，且不得损伤主缆检修道构件及涂装层。

（3）猫道面层拆除，猫道面网和型钢横梁拆除、搬运时，应注意与主缆保持距离，保护主缆和主缆检修道涂装，防止损伤主缆检修道上除湿系统等附属构件。

（4）汽车吊和塔吊吊挂变位刚架拆除时，不得碰撞主缆和主缆检修道。

(5)猫道索拆除、下放时,观察猫道索状态,不得碰撞主缆及吊索。

(6)外侧猫道索下放时,及时向主缆内侧方向牵拉猫道索,尽可能避免碰撞检修道栏杆。

(7)猫道索在钢箱梁上收绳、上盘时,注意保护钢箱梁桥面和猫道索索节。

(8)外侧猫道索收绳时,每隔一段距离安排专人观察猫道索收绳情况,避免损伤吊索。

(9)猫道在塔、锚处转索鞍、锚固系统及预埋件等临时构件拆除时,及时修补螺栓孔和预埋板缺口,保护塔、锚混凝土结构。

第8章　斜拉桥上部结构施工

斜拉桥是一种由主梁、索塔和拉索三种基本承载构件共同承载的结构体系。斜拉桥主梁与其连接的桥面系直接承受车辆荷载,是斜拉桥主要受力构件之一。

右汉斜拉桥选择了塔梁同步施工的方法,即在索塔合龙前完成主梁0号块、1号块、挂篮安装及后续主梁部分梁段的施工。主梁采用前支点挂篮悬臂现浇施工(也称“牵索式挂篮”),提高了挂篮承载能力,加快了施工速度。

本章介绍右叉斜拉桥塔梁同步施工和主梁悬臂现浇施工风险事态分析,以及相应安全监(检)测技术,并重点对挂篮高强度螺栓连接摩擦面的抗滑移系数检验、挂篮焊接工艺评定试验、挂篮预压试验、主梁应力监测技术、挂篮抗倾覆监测技术进行阐述。

8.1　塔梁同步施工

右汉斜拉桥塔梁同步施工是指在桥塔施工过程中同步完成主梁0号块支架搭设、混凝土浇注、0号块支架拆除、挂篮提升以及主梁部分标准段的施工。

8.1.1　塔梁同步施工工序

右汉斜拉桥塔梁同步施工技术难度高、工序复杂。通过右汉斜拉桥塔梁同步施工,可以节省项目总工期。

1)施工流程

步骤一:

(1)搭设0号块支架;

(2)第二道横撑安装完毕,索塔施工至17号;

(3)浇注主梁0号混凝土。

步骤二:

(1)第三道横撑安装完毕,索塔施工至19号;

(2)浇注主梁1号混凝土;

(3)安装1号斜拉索并张拉;

(4)拆除0号支架。

步骤三:

(1)安装挂篮并预压;

(2)安装第四道横撑,索塔施工至22号节段;

(3)浇注主梁2号块段。

步骤四:

(1)安装第五道横撑,索塔施工至 23 号节段;

(2)浇注主梁 3 号块段。

步骤五:

(1)浇注主梁 4 号块段,索塔施工至 24 号节段;

(2)浇注主梁 7 号块段前拆除塔顶支架。

2)塔顶合龙段施工工艺

中塔、边塔塔顶合龙段采用钢管支架施工。中塔支架立柱采用 $\phi900 \times 16$mm 钢管(边塔为 $\phi900 \times 12$mm),用法兰螺栓进行连接。塔顶曲率变化较大段(中塔 20 ~ 22 节、边塔 16 ~ 18 节)采用爬架作为操作平台,模板单独固定。中塔支架如图 8-1 所示。

3)0 号块施工工艺

0 号块、1 号块采用钢管贝雷支架浇注,支架基础设在主墩承台上,0 号块和 1 号块分两次浇注,即第一次浇注 0 号块、长为 12.4m,用量约为 380m^3,第二次浇注 1 号块,每侧长度为 7m,用量约为 370m^3。预应力分两次张拉。0 号支架如图 8-2 所示。

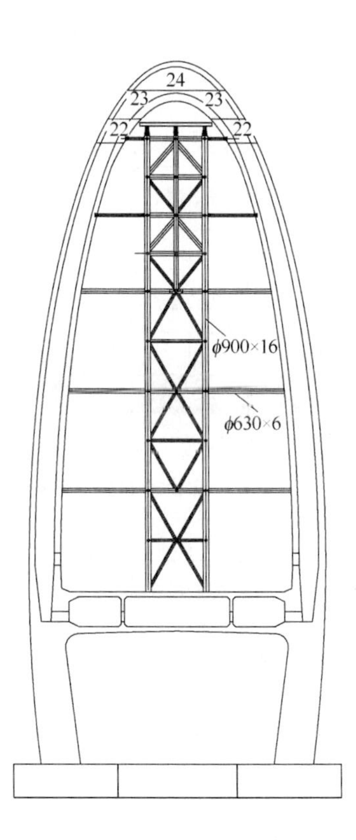

图 8-1　中塔支架示意图

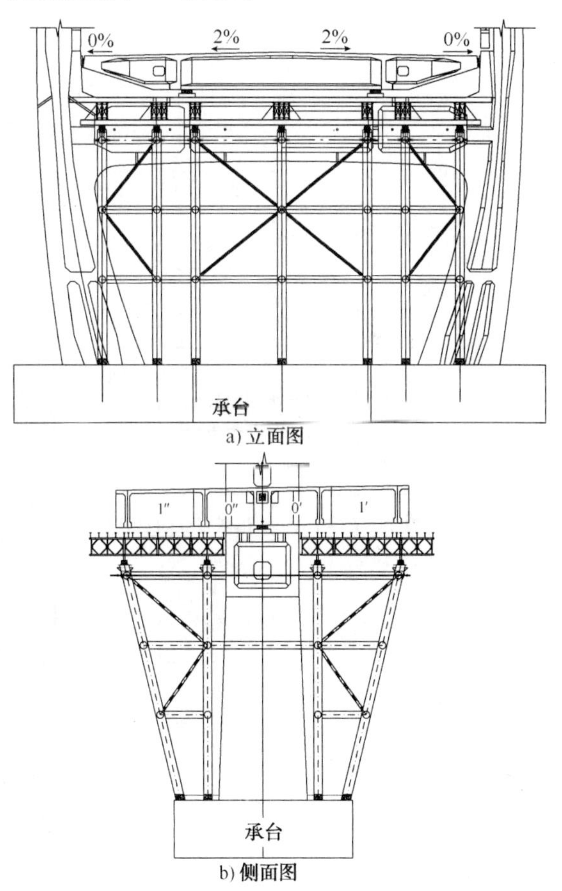

图 8-2　0 号支架示意图

4)挂篮施工工艺

挂篮在溧阳挂篮加工厂集中制作,制作完毕并检验合格后运输到施工现场,在主梁 2 号块下方进行拼装，拼装平台为钢管平台，拼装完成后采用卷扬机整体提升，在挂2号斜拉索之前采用悬挑梁、中锚杆、后锚杆以及反顶轮共同固定在桥面上。挂篮提升如图8-3所示。塔梁同步施工工序如图8-4～图8-6所示。

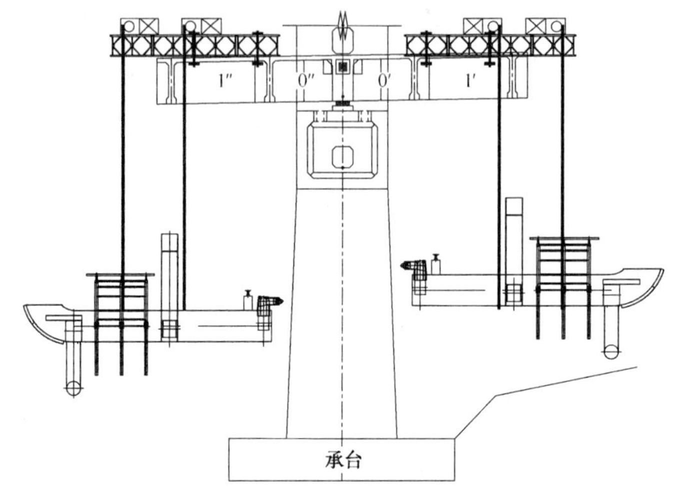

图8-3　挂篮提升示意图

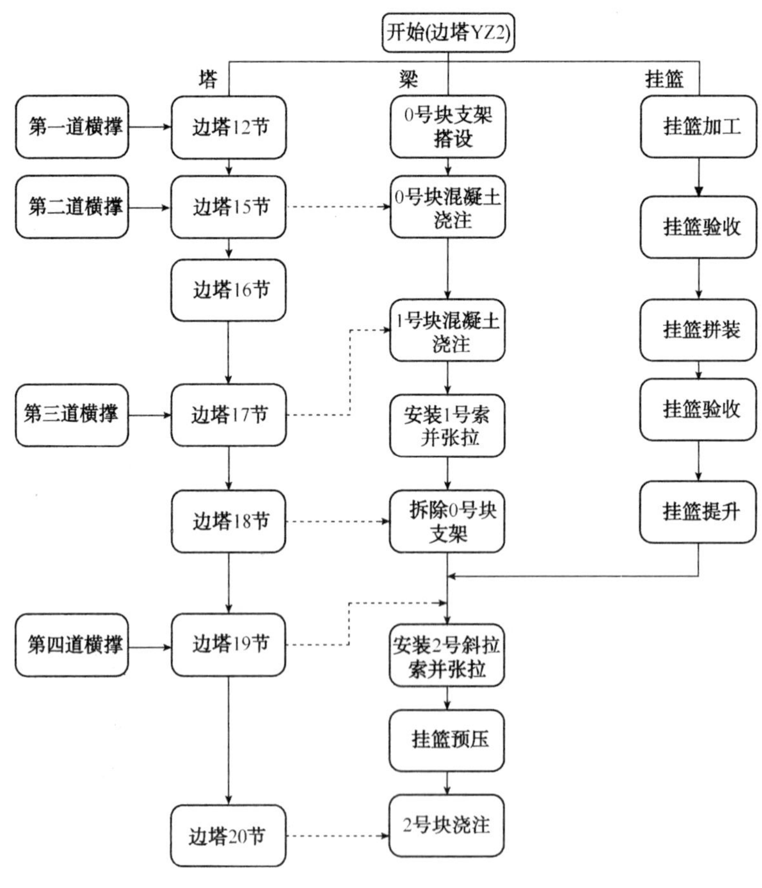

图8-4　北边塔塔梁同步施工流程图

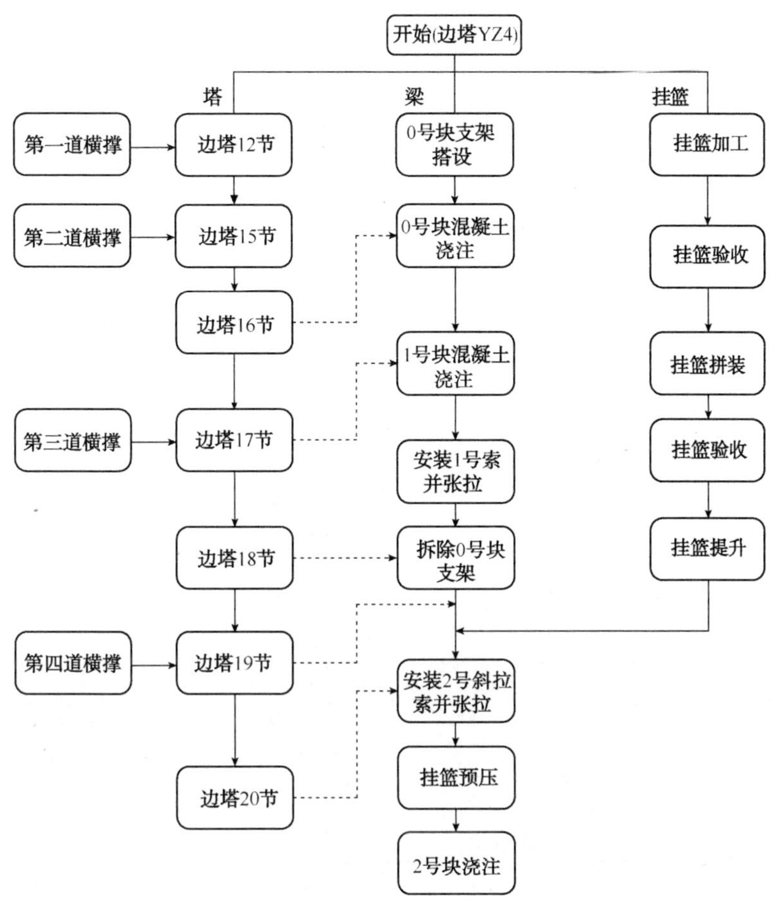

图 8-5　南边塔塔梁同步施工流程图

8.1.2　塔梁同步施工风险事态分析

1)塔梁同步施工风险事态

(1)塔梁同步施工期间高处坠落(TL01)

造成高处坠落的原因可能有:高空作业人员未按要求佩戴安全防护用品;各类施工平台的大型设施的临边、通道安全防护不到位,关键部位未设置护栏及安全网;作业人员酒后或带病进入高空作业;下雨时,各类通道的爬梯未安装防滑布,夜间照明设施不能满足施工要求等。

(2)索塔失稳(TL02)

造成索塔失稳的原因可能有:主梁混凝土未对称浇注或拱形索塔由于塔梁同步施工而产生的附加弯矩所引起的坍塌或整体失稳。

(3)塔梁同步施工期间物体打击(TL03)

造成物体打击的原因可能为:由于塔梁同步施工交叉作业而无法避免的人员在施工过程中不慎遗落物品;小型物件未集中存放;传递工具时,抛掷物件等。

(4)塔梁同步施工期间机械伤害(TL04)

造成机械伤害的原因可能为:机械(混凝土搅拌机、吊机、装载机等)运转工作时,因机械

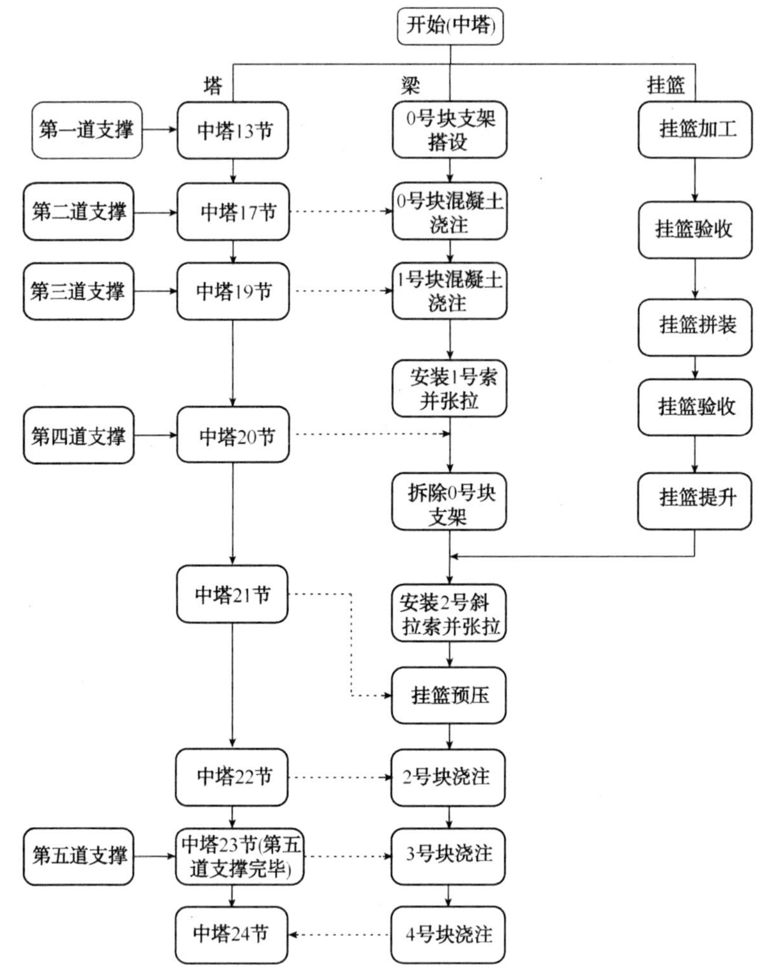

图 8-6 中塔塔梁同步施工流程图

意外故障或违规操作对人身造成伤害或机械损害。

2)塔梁同步施工风险事态损失评定

针对以上风险事态,根据本书 2.2.2 节公式(2-9)所提出的损失模型,对塔梁同步施工风险事态进行损失评定。评定过程:采用发放调查问卷的方式确定各风险事态人员伤亡、时间延误和货币损失等级,并将三者损失水平分别乘以不同权重系数得到损失的综合效应,计算结果如表 8-1 所示,各权重所占比例如图 8-7 所示。

塔梁同步施工风险事态损失评定结果 表 8-1

风险事态	发生概率等级	人员伤亡	时间延误	货币损失	综合效应	损失评定
高处坠落(TL01)	2	3	2	2	2.45	4.45
索塔失稳(TL02)	2	3	4	4	3.55	5.55
物体打击(TL03)	3	2	2	2	2	5
机械伤害(TL04)	2	2	1	1	1.45	3.45

3）塔梁同步施工显著风险事态识别

参考本书2.2.4节决策人效用函数代表值以及风险等级的划分水平，根据表2-3及ALARP风险决策准则，将以上所确定的塔梁同步施工期间风险事态的损失评定结果绘于风险等级区间划分表格内，如图8-8所示。由图可知，风险事态TL01、TL02、TL03及TL04位于ALARP区域内，均应采取合理的安全防范措施降低其风险。其中，TL01、TL04位于风险可接受区域内，只需进行常规管理措施降低其风险，无需重点研究；而位于风险可控制区域的TL02、TL03属于显著风险事态，必须予以高度重视，除常规管理外，在考虑降低风险的成本与所获效应的相对比值后，还应采取合理必要的专门防控措施降低其风险。

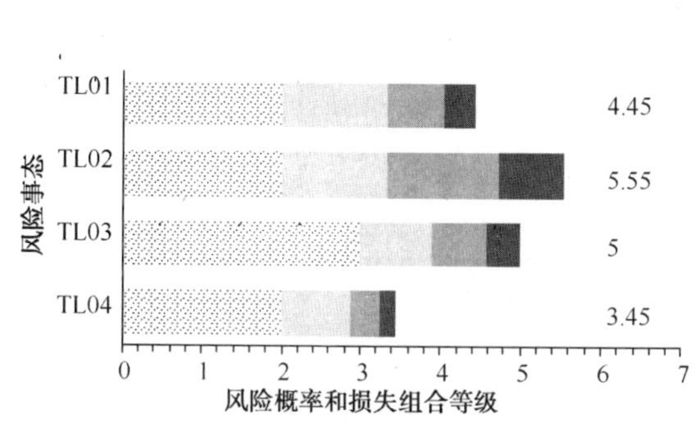

图8-7　塔梁同步施工风险事态损失评定各权重所占比例

发生概率等级；人员伤亡；时间延误；货币损失

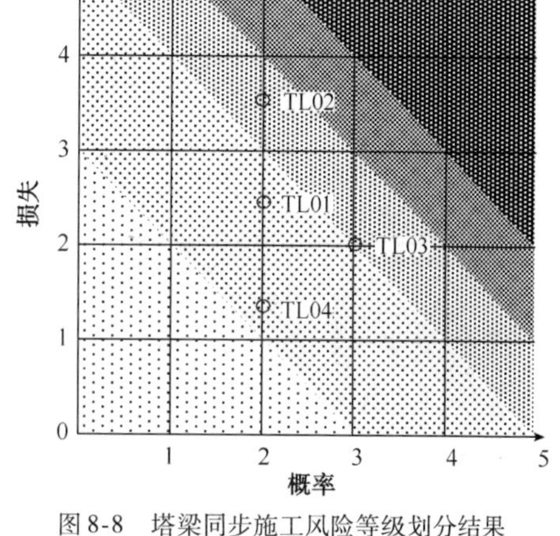

图8-8　塔梁同步施工风险等级划分结果

可忽略；可接受；合理控制；严格控制；不可接受

8.1.3　塔梁同步施工安全监测

塔梁同步施工过程中，由于未合龙的索塔承受了主梁给予的附加弯矩，而给整个施工过程增添了索塔失稳的风险（TL02），为降低索塔失稳风险，需在塔梁同步施工过程中对塔柱变形进行实时有效监测，若观测结果显示塔柱变形与计算结果相符，则可保证塔梁同步施工的安全。

1）塔梁同步施工安全监测内容及测点布置

索塔施工过程中，在索塔上埋设变形观测点，塔柱两肢共布设8个变形观测点，在塔柱跨度最大处两侧布置4个观测点，在上塔柱1/2处布置4个观测点，在塔柱施工时预埋钢管，浇注完成后嵌入棱镜，如图8-9所示。

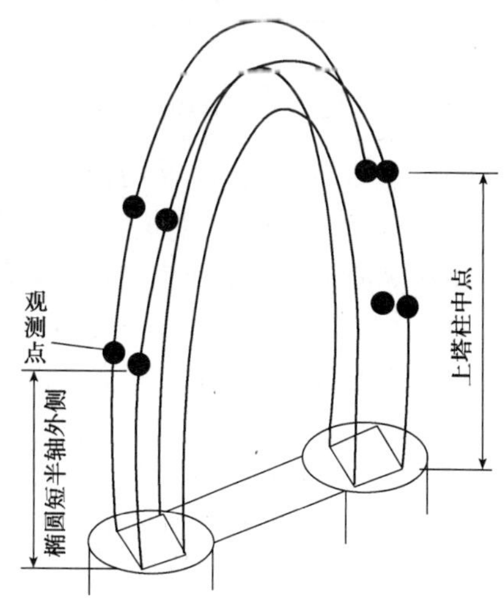

图8-9　塔柱变形观测点

2）监测仪器

采用全站仪三维坐标法监测主塔变形，绘制主塔变形测量图，并按设计、监理及监控部门的要求进行相应实时调整,以保证塔柱几何形状及空间位置符合设计及规范要求。索塔变形观测所用仪器如表8-2所示。

变形观测设备　　表8-2

序　号	名称(品牌)	精度(型号)	数　量	生产厂家	备　注
1	全站仪	TC1201 +	2	徕卡	正常使用
2	水准仪	NA2	1	徕卡	正常使用
3	测微器	GPM3	1	徕卡	正常使用
4	铟钢尺	3m	2	徕卡	正常使用
5	水准仪	DiNi	1	天宝	正常使用

3)监测时间及方法

在主梁每个工况改变前后均要对索塔的变形进行观测,以便及时和计算结果对应,并指导下步施工。塔梁同步施工阶段索塔变形监测时间点及监测方法如表8-3所示。

索塔变形监测　　表8-3

序　号	观测时机	观测位置	备　注
1	主梁0号块浇注前后	索塔顶部坐标	将前后变化值与计算值进行比对,若超过规范则进行调整
2	主梁1号块浇注前后	索塔顶部坐标	
3	主梁1号块斜拉索安装前后	索塔顶部坐标	
4	主梁0号块支架拆除前后	索塔顶部坐标	
5	主梁2号块施工时挂篮预压前后	索塔顶部坐标	
6	主梁2号块浇注前后	索塔顶部坐标	
7	主梁3号块浇注前后	索塔顶部坐标	
8	主梁4号块浇注前后	索塔顶部坐标	

8.1.4　塔梁同步施工显著风险事态安全防控

1)降低索塔失稳(TL02)的安全防控措施

(1)保证塔顶横向支撑及时安装

塔顶横向顶推可以使索塔产生往外侧的弯矩,从而改善施工过程中的线性和应力值。经过计算:中塔在第5道施加500kN的水平推力,同时将第4道支撑予以解除,待顶推后再固定第4道和第5道横撑;边塔不予顶推。整个顶推按顶推力控制,每塔左右各2个点,每个点250kN,采用标定的液压千斤顶顶推(图8-10)。

根据横向支撑的位置,考虑爬架的影响高度,确定横撑安装的时间点如表8-4所示。

(2)保证主梁混凝土对称浇注

在主梁0号块浇注时采用汽车泵或者1台卧泵浇注,采用卧泵时应用三通管引向两侧,保证两侧的混凝土用量差控制在5m^{3}以内,由技术员通过浇注高度来确定。在主梁浇注时,采用2台卧泵浇注,每台卧泵再配置一个三通管,保证中边跨两侧及左右幅两侧的用量差控制在5m^{3}以内,由现场技术人员通过合理分配混凝土来确定。

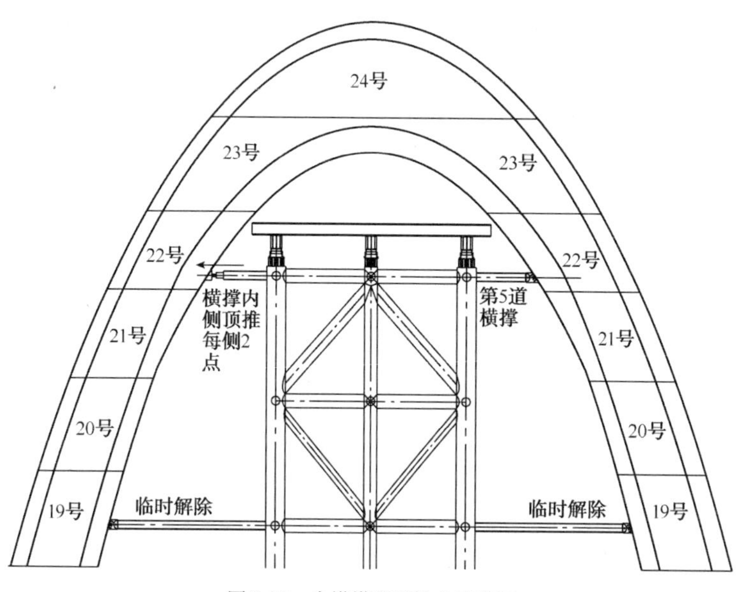

图 8-10　中塔塔顶顶推力示意图

横撑安装时间点　　表 8-4

位　置	横撑序号	横撑高程(m)	施工时间点
中塔	第 1 道	+44.815	13 号节段混凝土浇注前
	第 2 道	+59.815	16 号节段混凝土浇注前
	第 3 道	+74.815	19 号节段混凝土浇注前
	第 4 道	+86.315	20 号节段混凝土浇注前
	第 5 道	+97.815	23 号节段混凝土浇注前
边塔	第 1 道	+42.904	12 号节段混凝土浇注前
	第 2 道	+58.404	15 号节段混凝土浇注前
	第 3 道	+69.904	17 号节段混凝土浇注前
	第 4 道	+80.764	19 号节段混凝土浇注前

(3)斜拉索张拉时分阶段进行

在斜拉索安装后，由于张拉吨位较大，可采用多级张拉，每次张拉时 4 根斜拉索必须同时进行，每阶段张拉力为 300kN，由现场技术员统一指挥，待 300kN 全部张拉到位并确认好后再张拉 600kN、900kN 直到体系转换的张拉力。

2)保障高空交叉作业安全、降低物体打击(TL03)风险的安全防控措施

(1)索塔施工时，爬模内曲面及直面底部采用全封闭式，并在爬模和塔柱之间的空隙处设密目铁丝网。

(2)设置一防落物平台，平台设置在塔顶支架第一层横撑上，纵桥向布置 7.5m，横桥向为全遮挡，采用[8 槽钢按 1.5m 间距纵桥向布置，其上铺设钢筋网片和竹胶板(图 8-11)。

(3)尽量错开上下交叉作业时间，特别在上部进行大构件起吊、安装时，下方作业人员必须暂时性撤离。

(4)统一指挥、统一安排。每日下午召开生产调度会,对第二日所需要作业的内容进行汇总,由项目部和生产部根据高空作业的要求对次日工作进行科学的安排,避免出现风险过大的高空交叉作业。

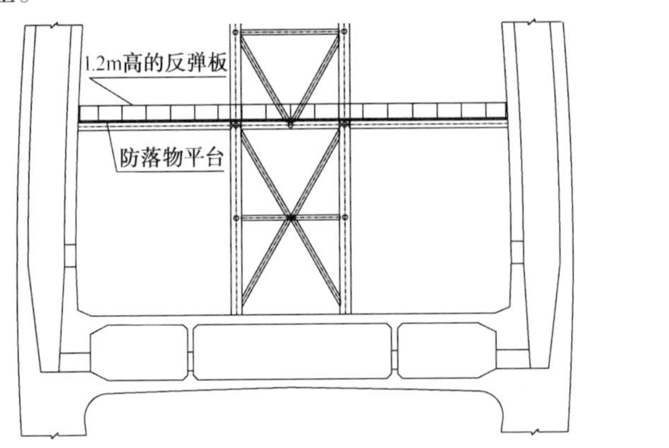

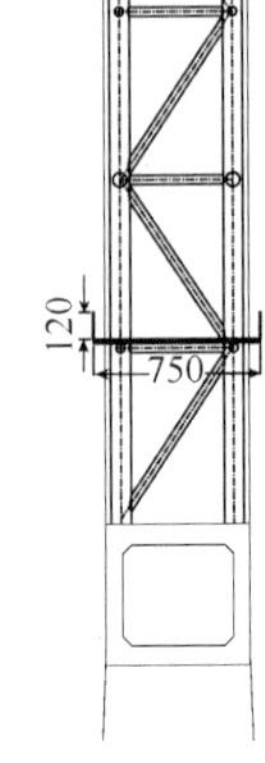

图 8-11 防护平台布置示意图(尺寸单位:cm)

(5)上层作业时,不能随意向下方丢弃杂物、构件,应将杂物集中放在杂物箱内,并及时清运处理,作业人员应随身携带物料袋,以便零散物件随身带走。

(6)上层有起重作业时,起吊物件必须绑扎固定,必要时以绳索予以牵引固定,防止随风摇摆,碰撞其他固定构件。严格遵守起重作业操作规程,起重物件严禁越过下层作业人员头顶。

(7)严格执行项目部《施工现场安全管理规定》和《各项安全操作规程》。

(8)作业人员必须戴好安全帽,高空作业必须系好安全带,采取安全防护措施,加固好爬架上的挡脚板及临边护栏。

(9)及时清理防落物平台上堆积的杂物,清理杂物时,上方停止施工。

8.2 主梁悬臂现浇施工

8.2.1 主梁悬臂现浇施工工序

主梁采用预应力混凝土双边箱梁,主梁中心处梁高 3.2m,锚索区边缘梁高 1.0m,主梁顶面设双向 2% 的桥面横坡,主梁顶面宽 35.3m,底面宽 35.5m,箱梁内顶板厚 0.25m,箱梁以外顶板厚 0.3m,标准段底板厚 0.5m,在边跨 44.65m 配重段内底板加厚为 0.8m,斜腹板厚 0.25m,直腹板厚 0.4m,锚索区边肋厚 1.5m。主梁标准节段长 7.0m,每 7.0m 设置一道横梁,箱梁内横梁厚 0.50m,箱梁以外横梁厚 0.40m,横梁采用底部带马蹄形断面主塔,辅助墩处中横梁厚 1.5m,过渡墩处的端横梁厚 1.8m,中、端横梁均采用矩形断面。梁在两边塔处的底板位置及箱梁内的横梁中均设置人孔,主梁左右边箱设 ϕ5cm 通气孔,于节段横梁处底板与直腹板相交的角隅。边跨 44.65m 范围为压重段,在两边箱内部按照顺桥向 300kN/m 的重量填筑铁砂混凝土。主梁采用 C55 混凝土。主梁构造如图 8-12 所示。

在承台上搭设钢管贝雷支架,先后浇注主梁 0 号块及 1 号块,然后采用挂篮对称悬浇主梁标准节段块件。施工顺序如下:移动挂篮、挂索,安装外模,绑扎钢筋及安装预应力管道,混凝土浇注,张拉主梁纵向和横向预应力束,体系转换张拉斜拉索,如此反复进行,完成对称悬浇。

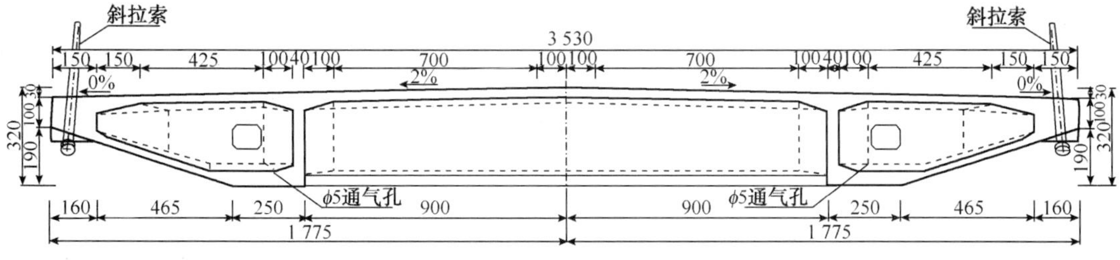

图 8-12　主梁构造图(尺寸单位:cm)

由于主梁节段重量较大,应采用牵引式挂篮。主梁标准节段悬浇工序如下:移动挂篮,挂篮精确定位,将当前斜拉索安装于主塔与挂篮上,第一次张拉斜拉索,浇注节段混凝土一半,第二次张拉斜拉索,施工完成后将斜拉索由挂篮转换至主梁上,第三次张拉斜拉索。

挂篮加工完毕并验收合格后运输至施工现场,在桥墩主梁 2 号块下方进行整体拼装,拼装采用塔吊、50t 履带吊及 30t 吊车配合使用,挂篮拼装验收合格后进行挂篮的整体提升。挂篮悬臂施工工艺流程图如图 8-13 所示。

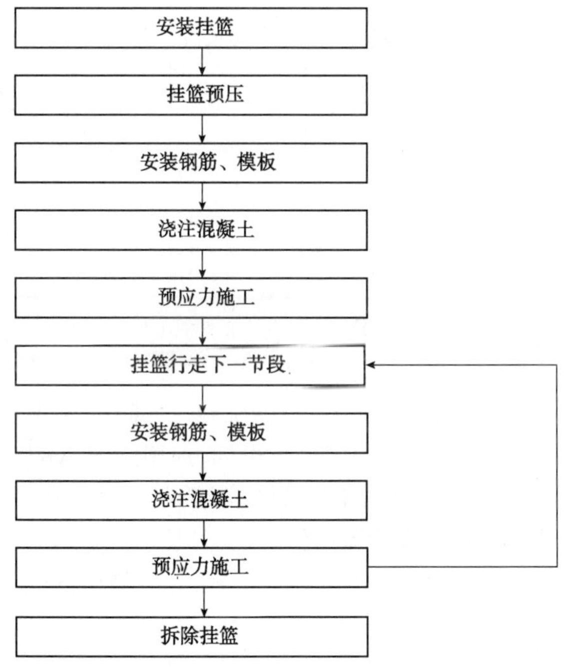

图 8-13　挂篮悬臂施工工艺流程图

8.2.2　主梁悬臂现浇施工风险事态分析

1)主梁悬臂现浇施工风险事态

(1)主梁悬臂现浇施工期间高处坠落(XB01)

在挂篮行走、混凝土浇注等高处作业时,由物品坠落或人员坠落造成的人体伤害或机械设备损失。

(2)主梁悬臂现浇施工期间挂篮失稳(XB02)

因挂篮设计不科学、不合理,施工不按要求进行,施工荷载超出设计值,造成挂篮坍塌,对人身或机械设备造成伤害或损害;混凝土浇注过程中未按要求进行,对浇注放量控制不严,造成两端偏载;挂篮牵引系统在预压过程中控制不严,造成偏载;挂篮行走过程中,横桥向行走不同步;行走过程纵桥向行走不同步造成失稳。

(3)主梁悬臂现浇施工期间物体打击(XB03)

因高空坠落及水平喷溅等物体造成的人身伤害。

(4)主梁悬臂现浇施工期间机械伤害(XB04)

机械(混凝土搅拌机、混凝土罐车、吊机、装载机等)运转工作时,因机械意外故障或违规操作对人身造成伤害或机械损害。

2)主梁悬臂现浇施工风险事态损失评定

针对以上风险事态,根据本书2.2.2节公式(2-9)所提出的损失模型,对主梁悬臂现浇施工风险事态进行损失评定。评定过程:采用发放调查问卷的方式确定各风险事态人员伤亡、时间延误和货币损失等级,并将三者损失水平分别乘以不同权重系数得到损失的综合效应,计算结果如表8-5所示,各权重所占比例如图8-14所示。

主梁悬臂现浇施工风险事态损失评定结果　　表8-5

风险事态	发生概率等级	人员伤亡	时间延误	货币损失	综合效应	损失评定
高处坠落(XB01)	2	3	2	2	2.45	4.45
挂篮失稳(XB02)	2	3	3	4	3.2	5.2
物体打击(XB03)	3	2	1	1	1.45	4.45
机械伤害(XB04)	2	3	1	1	1.9	3.9

3)主梁悬臂现浇施工显著风险事态识别

参考本书2.2.4节决策人效用函数代表值以及风险等级的划分水平,根据表2-3及ALARP风险决策准则,将以上所确定的主梁悬臂现浇施工期间风险事态的损失评定结果绘于风险等级区间划分表格内,如图8-15所示。由图可知,风险事态XB01、XB02、XB03及XB04位于ALARP区域内,均应采取合理的安全防范措施降低其风险。其中,XB01、XB03和XB04位于风险可接受区域内,只需进行常规管理措施降低其风险,无需重点研究;而位于风险可控制区域的XB02属于显著风险事态,必须予以高度重视,除常规管理外,在考虑降低风险的成本与所获效应的相对比值后,还应采取合理必要的专门防控措施降低其风险。

8.2.3 主梁悬臂现浇施工安全监(检)测

挂篮在正式施工使用前的材质检查、焊接工艺检验、预压试验,以及挂篮在施工期间的抗倾覆监测是降低挂篮失稳(XB02)风险的重要安全监(检)测手段。

8.2.3.1 主梁悬臂现浇施工安全检测与试验

1)挂篮钢材原材复验

钢材到厂后,除有生产厂家的出厂质量证明书外,还应按钢材复验标准进行抽样复验,做好复验检查记录。原材复验选用 Q235B 钢板板厚 10mm 及 Q345B 钢板板厚 20mm。原材复验主要检查原材的机械性能,检验项目见表 8-6。

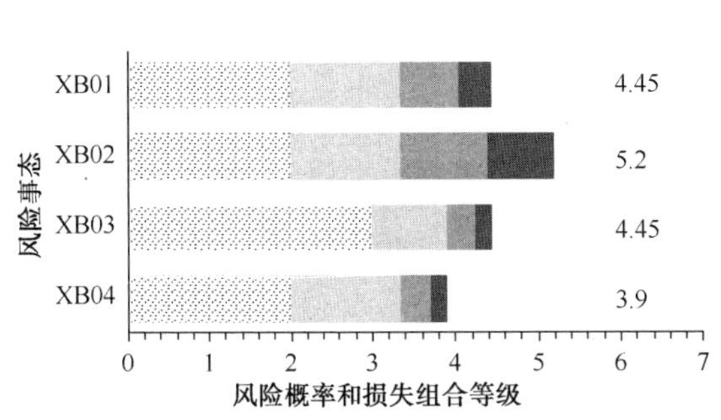

图 8-14　主梁悬臂现浇施工风险事态损失评定各权重所占比例

发生概率等级;人员伤亡;时间延误;货币损失

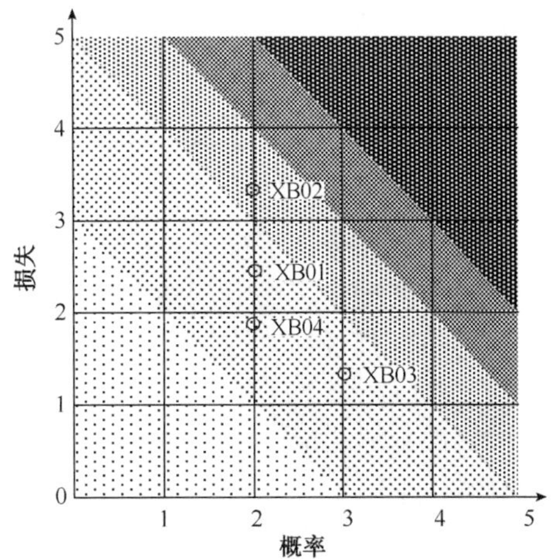

图 8-15　主梁悬臂现浇施工风险等级划分结果

可忽略;可接受;合理控制;严格控制;不可接受

原材复验检验项目　　表 8-6

序　号	牌　号	检 验 项 目	取 样 方 法	试 验 方 法
1	Q235B、Q345B	拉伸试验	GB2975	GB228
2	Q235B、Q345B	弯曲试验	GB2975	GB232

在复验抽样前应对钢材表面进行全面检查,当表面有锈蚀、麻点或划痕等缺陷时,其深度不得大于该钢材厚度允许负偏差值的 1/2。

2)挂篮中锚杆拉力试验

锚杆每批次进场需抽样做抗拉试验,批次按照热处理批次进行确定。锚杆抗拉试验张拉吨位为挂篮工作中锚杆最大拉力(945kN)的 1.2 倍,即 1 134kN。锚杆合格标准为锚杆张拉至张拉吨位后,锚杆丝扣未出现明显变形。

3)挂篮高强度螺栓扭矩系数复验

复验用螺栓应在施工现场待安装的螺栓批中随机抽取,每批应抽取 8 套连接副进行复验。连接副扭矩系数复验用的计量器具应在试验前进行标定,误差不得超过 2%。每套连接副只做一次试验,不得重复使用。在紧固中若垫圈发生转动,应更换连接副,重新试验。连接副扭矩系数的复验应将螺栓穿入轴力计中,在测出螺栓预拉力 P 的同时,测定施加于螺母上的施拧扭矩值 T,并应按下式计算扭矩系数 K。

$$K = \frac{T}{P \times d} \tag{8-1}$$

式中:T——施拧扭矩(N · m);

d——高强螺栓的公称直径(mm);

P——螺栓预拉力(kN)。

进行连接副扭矩系数试验时，螺栓预拉力值应符合表8-7的规定。

螺栓预拉力值范围(单位:kN) 表8-7

螺栓规格(mm)		M16	M20	M22	M24	M27	M30
预拉力值 P	10.9s	93～113	142～177	175～215	206～250	265～324	325～390
	8.8s	62～78	100～120	125～150	140～170	185～225	230～275

每组8套连接副扭矩系数的平均值应为0.110～0.150，标准偏差小于或等于0.010。对扭剪型高强度螺栓连接副，当采用扭矩法施工时，其扭矩系数亦按上述规定确定。

4)挂篮高强度螺栓连接摩擦面的抗滑移系数检验

(1)基本要求

制造厂和安装单位应分别以钢结构制造批为单位进行抗滑移系数试验。制造批可按分部工程划分规定的工程量每2 000t为一批，不足2 000t的可视为一批。选用两种及两种以上表面处理工艺时，每种处理工艺应单独检验。每批3组试件。

抗滑移系数试验应采用双摩擦面的二栓拼接的拉力试件(图8-16)。

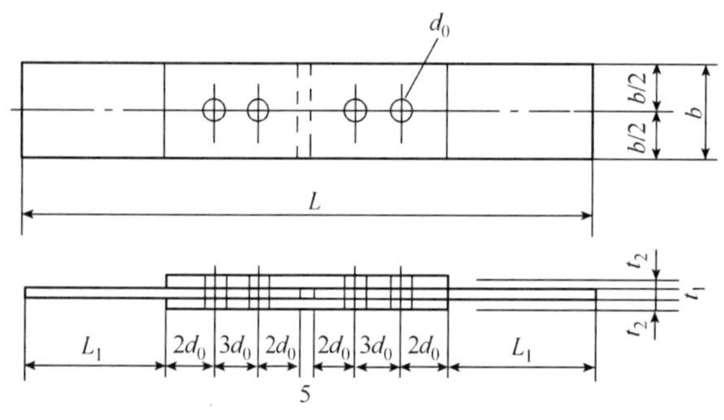

图8-16 抗滑移系数拼接试件的形式和尺寸

抗滑移系数试验用的试件应由制造厂加工，试件与所代表的钢结构构件应为同一材质、同批制作、采用同一摩擦面处理工艺和具有相同的表面状态，并应用同批同一性能等级的高强度螺栓连接副，在同一环境条件下存放。试件钢板的厚度 t_1 取16mm、t_2 取10mm，同时应考虑在摩擦面滑移之前，试件钢板的净截面始终处于弹性状态；宽度 b 可参照表8-8中规定取值。L_1 应根据试验机夹具的要求确定。

试件板的宽度(单位:mm) 表8-8

螺栓直径 d	16	20	22	24	27	30
板宽 b	100	100	105	110	120	120

本挂篮设计螺栓直径为M24，故宽度 b 取110mm。试件板面应平整、无油污，孔和板的边缘无飞边、毛刺。

(2)试验方法

试验用的试验机误差应在1%以内。试验用的贴有电阻片的高强度螺栓、压力传感器和电阻应变仪应在试验前用试验机进行标定，误差控制在2%以内。试件的组装顺序应符合下列规定。

先将冲钉打入试件孔定位，然后逐个换成装有压力传感器或贴有电阻片的高强度螺栓，或换成同批经预拉力复验的扭剪型高强度螺栓。紧固高强度螺栓应分初拧、终拧，初拧应达到螺栓预拉力标准值的50%左右，终拧后，螺栓预拉力应符合下列规定：

①对装有压力传感器或贴有电阻片的高强度螺栓，采用电阻应变仪实测控制试件每个螺栓的预拉力值应在 $0.95P \sim 1.05P$（P 为高强度螺栓设计预拉力值）之间。

②不进行实测时，扭剪型高强度螺栓的预拉力（紧固轴力）可按同批复验预拉力的平均值取用。试件应在其侧面画出观察滑移的直线。组装好的试件置于拉力试验机上，试件的轴线应与试验机夹具中心严格对中。

加荷时，应先加 10% 的抗滑移设计荷载值，停 1min 后，再平稳加荷，加荷速度为 3 ~ 5kN/s，直拉至滑动破坏，测得滑移荷载 N_v。

抗滑移系数 μ 应根据试验所测得的滑移荷载 N_v 和螺栓预拉力 P 的实测值按下式计算，取小数点二位有效数字。

$$\mu = \frac{N_v}{n_f \cdot \sum_{i=1}^{m} P_i} \tag{8-2}$$

式中：N_v——由试验测得的滑移荷载（kN）；

n_f——摩擦面面数，取 $n_f = 2$；

$\sum_{i=1}^{m} P_i$——试件滑移一侧高强度螺栓预拉力实测值（或同批螺栓连接副的预拉力平均值）之和（kN），取三位有效数字；

m——试件一侧螺栓数量，取 $m = 2$。

5）挂篮焊接工艺评定试验

（1）焊接工艺评定试验目的

①选定适合本项目的所有 Q235B、Q345B 钢材的焊接材料。

②选择合理焊接工艺，使其焊缝内外部质量及焊接接头的各项力学性能全面达到设计和相关标准的要求。

（2）焊接工艺评定试验内容

①试验项目的确定

根据本工程设计图，挂篮构件焊接接头形式可归纳为两种形式：对接焊缝、T 形熔透角焊缝。本评定试验对接接头 2 组、T 形熔透角接接头 2 组，共计 4 组。

②母材的选用和要求

钢板材质为Ⅰ级钢中的 Q235B 型号为 δ10mm，Q345B 型号为 δ16mm，质量符合《碳素结构钢》（GB/T 700—2006）的规定

③焊接方法

根据不同位置和接头形式，本次试验所采用的焊接方法为半自动实芯焊丝气体保护焊（GMAW）焊接方法。

④焊接材料的选用和要求

根据本工程所用钢材，按表 8-9 选择与其相匹配的焊接材料，焊接材料应符合表 8-10 中国家标准或技术条件的规定。

⑤焊接设备

半自动实芯焊丝气体保护焊：NBC-500 半自动气体保护焊机。

试验用焊接材料　　表 8-9

钢　材	使用部位	焊 接 方 法	焊 接 材 料	
			型　号	规　格
Q235B	对接焊缝	半自动实芯焊丝气体保护焊	ER50-6	ϕ1.2
	T 形角焊缝	半自动实芯焊丝气体保护焊	ER50-6	ϕ1.2
Q345B	对接焊缝	半自动实芯焊丝气体保护焊	ER50-6	ϕ1.2
	T 形角焊缝	半自动实芯焊丝气体保护焊	ER50-6	ϕ1.2

焊接材料应符合的国家标准或技术条件　　表 8-10

序　号	焊材名称	标　　准	标　准　号
1	焊丝 ER50-6	气体保护电弧焊用碳钢、低合金钢焊丝	GB/T 8110—2008
2	焊丝 ER49-1		
3	CO_2气体	焊接用二氧化碳	HG/T 2537—1993

⑥焊接工艺相关概述

焊前必须彻底清理待焊区的铁锈、氧化铁皮、油污、水分等杂质，同时应检查定位焊焊缝是否已发生开裂，如果不符合要求，则应修整至合格。多层焊施焊过程中每焊完一道，必须将熔渣清除干净，并将焊缝及附近母材清扫干净，再焊下一道。焊后必须清理溶渣及飞溅物，图纸要求打磨的焊缝必须打磨平顺。

CO_2气体保护焊的电流为 260 ~ 330A，电弧电压为 26 ~ 34V，CO_2 气体纯度应不低于 99.5%，流量为 14 ~ 16L/min；

在温度不低于 5℃ 和相对湿度不高于 90% 的焊接环境下方可施焊，当环境条件不满足上述要求时，可以通过预热创造局部施工环境；当焊接作业风速气体保护焊超过 2m/s 时，应用防风棚以局部防风；在雨天施工时，除局部预热去湿和防风外，整条焊缝都需置于有效防护的条件下方能施焊。

接头和焊缝的类别有对接接头焊缝、T 形接头角焊缝，形式为双面焊缝，全部采用连续焊；施焊位置为平焊；焊接工艺为，第一层打底焊控制在 3 ~ 6mm 范围，第二层控制在 5 ~ 8mm 范围，第三层控制在 3 ~ 6mm 范围。需要注意的是，在进行第二层焊接前，应检查第一层打底焊缝是否清洁、干燥，如不符合要求，应在清理完后才能施焊。对接焊缝示意如图 8-17 所示。角焊缝焊角尺寸控制在 10mm，角焊缝示意如图 8-18 所示。

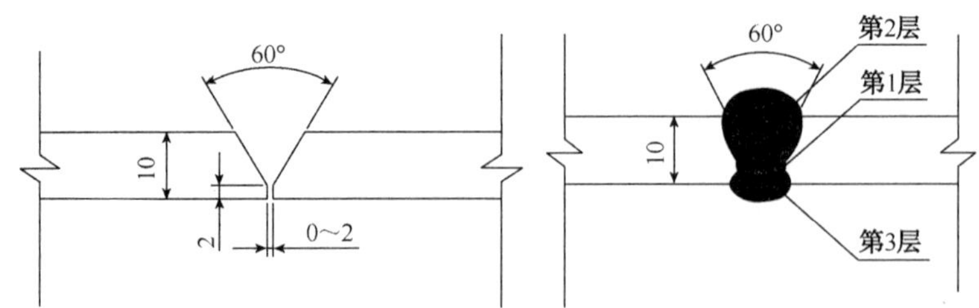

图 8-17　对接焊缝示意图（尺寸单位：mm）

坡口的加工采用半自动切割机进行切割加工，用手提砂轮机进行打磨。

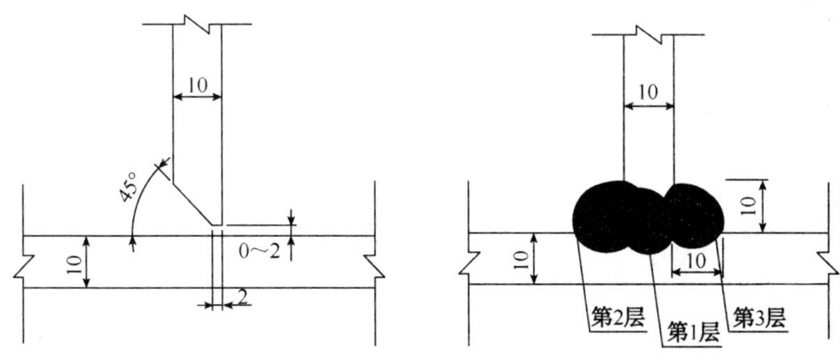

图 8-18　角焊缝示意图(尺寸单位:mm)

(3)试验检验内容

①焊接工艺评定试验项目(表 8-11)。

焊接工艺评定试验项目　　表 8-11

试件形式	试验项目	试验方法
对接接头试件	无损探伤检测	按《焊接接头拉伸试验方法》(GB/T 2651—2008)等的规定进行
	焊缝金属拉伸试验	
	弯曲试验(含背弯、面弯)	
	冲击试验	
T 形接头试件	宏观腐蚀及硬度	
	无损探伤检测	
	弯曲试验	
	宏观腐蚀及硬度	

②对接焊缝试验部分。

试件规格为长 500mm × 宽 400mm;板厚 10mm 送平焊试件 1 件,板厚 16mm 送平焊试件 1 件。对接焊缝试件及取样如图 8-19 所示。

③角接焊缝试验部分。

试件规格为长 500mm × 宽 500mm × 高 250mm,板厚 10mm 送平焊试件 1 件,板厚 16mm 送平焊试件 1 件。角接焊缝试验取样如图 8-20 所示。

④在整个试件的制作过程中,由试验员、技术员、驻地监理旁站监督,试件送检时由驻地监理批准实施。

⑤所有焊缝应待焊缝金属冷却后再进行外观检查,焊缝不得有裂纹、未熔合、焊瘤、气孔、咬边、烧穿、加渣、漏焊等缺陷。焊缝外观检查应在现场完成,对不符合上述要求的试件予以报废,重新焊接后的试件仍不符合要求时,则应改进焊接工艺,重新焊接。

6)挂篮预压试验

挂篮预压主要是消除挂篮结构的非弹性变形,同时检测出挂篮的弹性变形并检验挂篮的安全性,预压重量安装 2 号块混凝土重量 480t 的 1.1 倍系数进行分级加载,加载顺序为 0→50%→70%→100%→110%,每级加载后静止 4h 后采集数据,观测完毕方可进行下级加载;卸载则反之进行。挂篮加载流程如图 8-21 所示。

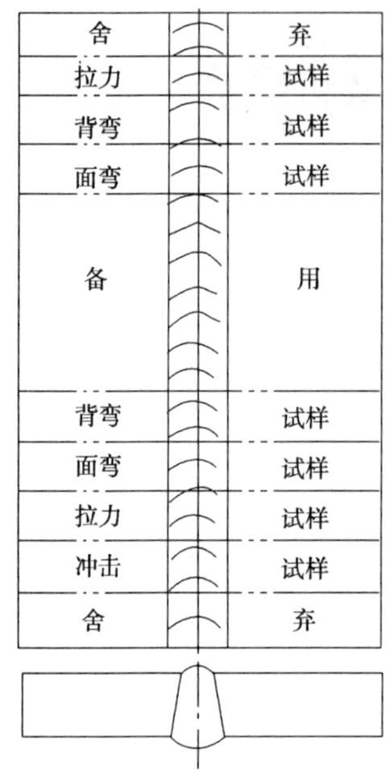

图 8-19 对接焊缝试件及取样示意图

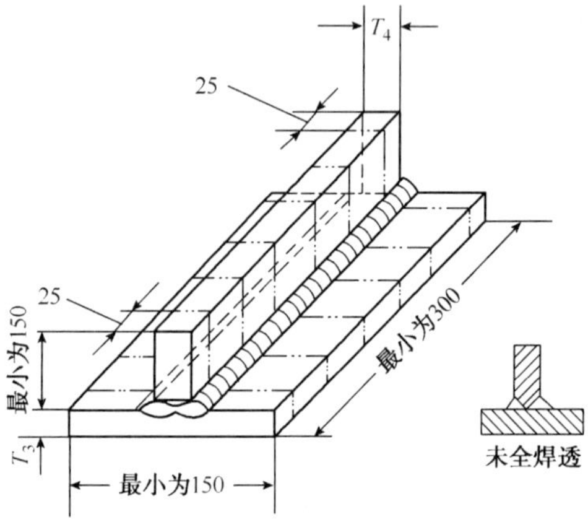

图 8-20 角接焊缝试验取样图(尺寸单位:mm)

挂篮加载注意事项:挂篮加载前必须由项目部检查小组对挂篮的构件进行检查签认;挂篮加载到每级时需要对挂篮和主梁高程以及索力数据进行采集,同时需要对挂篮的止推器、中锚杆、钢箱连接处、焊缝等进行检查;挂篮加载过程中如遇暴雨则停止加载,并用防雨布遮盖,若无法遮盖时必须将砂袋卸到 70% 以内。挂篮加载过程为 24h 不间断连续进行,现场必须保证有充足的照明设施;挂篮加载完毕后要对挂篮的螺栓进行再次检查,若该面发生 3 颗以上的螺栓有松动时,则需要将该面的螺栓全部预紧,3 颗以内则直接拧紧。

8.2.3.2 主梁悬臂现浇施工安全监测

下面从挂篮结构组成、倾角传感器性能以及倾角传感器安装方案三方面对挂篮抗倾覆监测进行介绍。

1)挂篮结构组成

挂篮由承载平台、张拉机构、行走系统、定位系统、锚固系统、模板系统、操作走道及预埋件系统组成。前支点挂篮总体布置图如图 8-22 所示。

2)倾角传感器性能

为防止挂篮坍塌对人身、机械设备造成伤害、损害,或挂篮发生倾覆、失稳等危险,可在挂篮承载平台下部两端点设置高精度倾角传感器,测量挂篮承载平台在浇注混凝土过程中或行走过程中是否存在沿两水平垂直纵轴的倾斜现象,有效预防挂篮失稳的发生。

高精度双轴倾角传感器主要用于静态测量载体相对于水平面的倾斜角度。产品具有 1 ~ 5

阶数字滤波器,用户可根据使用环境及需求进行设置;产品输出速率可调,最高可达 100Hz。倾角传感器可用于科研、机械制造、设备安装、道路桥梁、建筑工程、自动控制等方面。倾角传感器具有性能优良、使用简便、可靠性高、工作温度范围宽、功耗低、易于安装、维护成本低等特点。其外形尺寸、工作原理如图 8-23、图 8-24 所示。

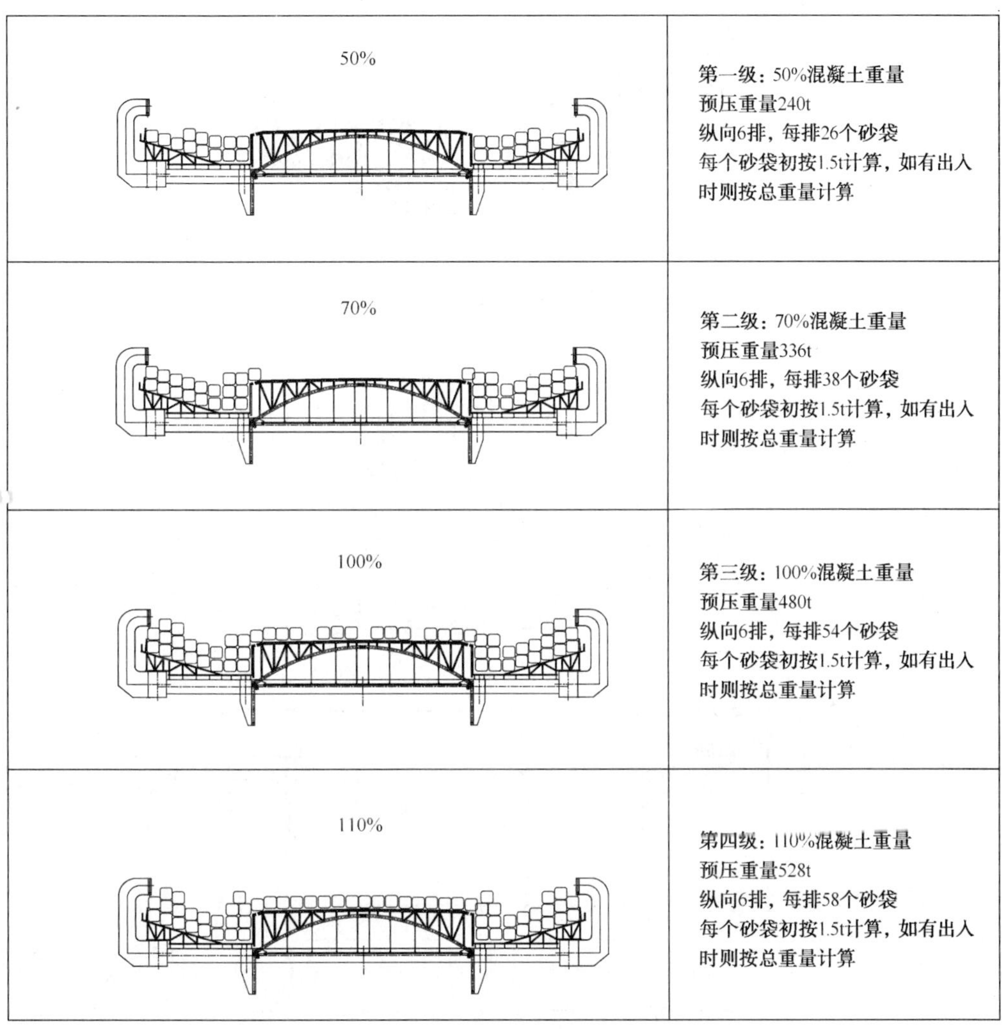

图 8-21　挂篮加载流程图

首先,微处理器控制 A/D 对 *X* 轴加速计、*Y* 轴加速度计、温度传感器数据进行采集;其次,对采样数据进行角度解算和数字滤波,角度补偿等;然后,将数据处理后的角度数据打包;最后,通过 RS-232 或 RS-422 接口与外部进行数据交互。

3)倾角传感器安装方案

倾角传感器有两个基准面,一个是底面,另一个是与插头相邻的左侧面。用户在安装倾角传感器时,底面应该与载体的被测平面平行,侧面应该与载体被测平面的轴线平行或垂直。倾角传感器安装位置如图 8-25 所示。

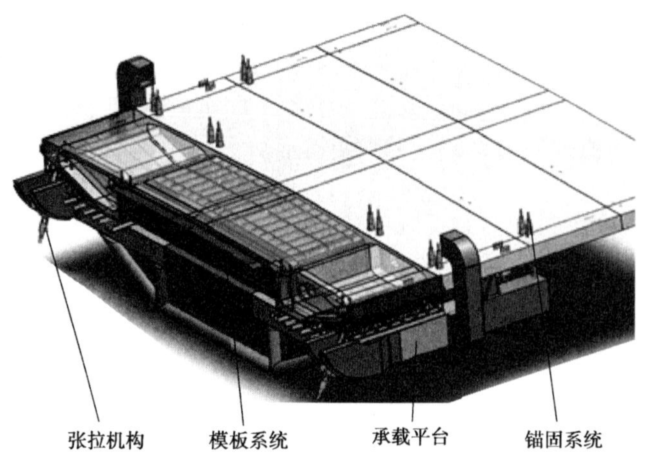

图 8-22　挂篮总体布置图

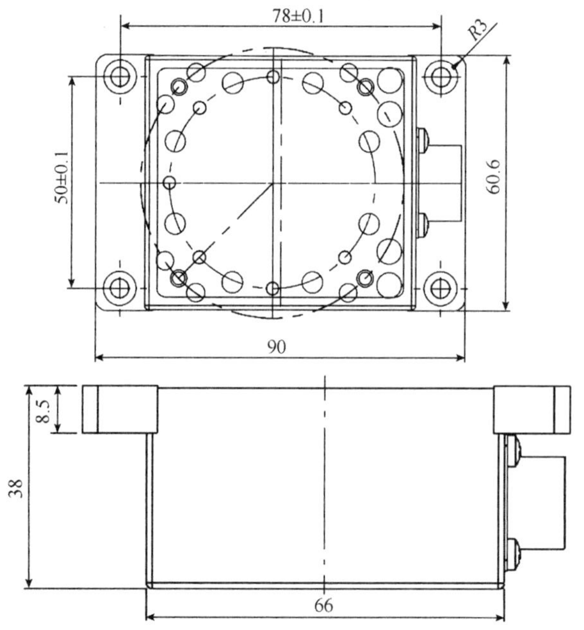

图 8-23　倾角传感器外形尺寸图(尺寸单位:mm)

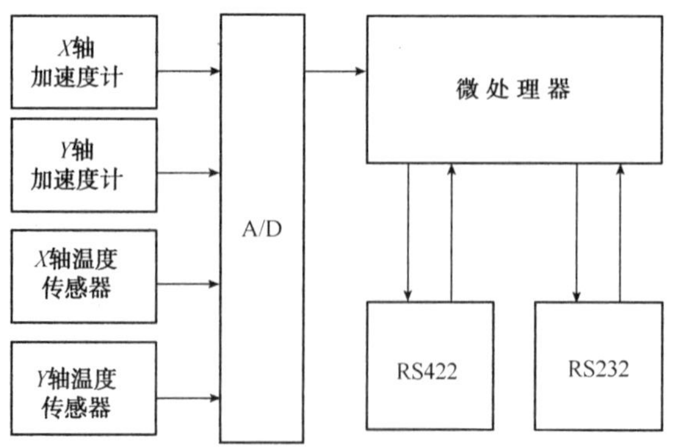

图 8-24　倾角传感器系统原理框图

图 8-25　倾角传感器安装位置图

第9章　大型临时工程施工

马鞍山长江公路大桥大型临时工程包括大型支架、栈桥、码头、钻孔施工平台等临时设施。本章主要阐述引桥大型支架施工以及右汊斜拉桥钢栈桥施工安全风险事态分析和安全监测、防控措施。

大型支架是交通建设工程特别是桥梁工程建设中常用的临时支撑结构,使用范围很广。大型支架一般分为满堂钢管支架和梁式支架,本章以大桥建设中常见的满堂钢管支架和梁式支架为研究对象,介绍了箱梁满堂钢管支架、梁式支架施工的风险事态分析,在支架地基承载力检测、钢管质量检查、支架预压试验和钢管脚手架位移监测等方面实施的相关技术手段。同时阐述了钢栈桥使用期间的风险事态和风险对策,提出了降低栈桥船撞风险的安全防控措施。

9.1　满堂钢管支架施工

满堂钢管支架在纵、横方向,由不少于三排立杆(门架)并与水平杆、水平剪刀撑、竖向剪刀撑、扣件等构成的承力支架。该架体顶部的钢结构安装等(同类工程)施工荷载通过可调托撑轴心传力给立杆,顶部立杆呈轴心受压状态,也称满堂支撑架。

大桥引桥满堂支架分为满堂门式支架和满堂碗扣式钢管支架两种,其中04标采用满堂门式支架,其余标段满堂支架施工均采取满堂碗扣式钢管支架。碗扣式钢管支架,其特点是重量轻、操作简单、承载力大、高度和宽度可以根据箱梁尺寸不同而选择相应的模数,可调式上下托座对于支架的安装和高度的调整以及支架的拆除都非常有利。满堂支架的支架搭设高度宜不大于12m。

9.1.1　满堂支架施工工序

1)地基基础处理

原地面整平压实。清除地表腐植土,根据现场实际地形、地基土质,确定地面平整方案,选用合适的压实设备,根据不同情况,可采用不同方法进行地基与基础加固。

2)支架搭设

在编制支架搭设方案时应进行荷载验算,验算内容包括杆件支架的受力验算和支架的稳定性验算。搭设过程中必须严格按照支架方案搭设,严格控制支架的垂直度、标高,以确保各个杆件受力均匀。

3)支架体系预压

为验证地基以及满堂支架系统的承载力能否满足施工安全要求,抵消地基和支架系统的非弹性变形,准确测定支架系统的弹性变形,必须对支架系统进行预压。通过预压,一方面是进行一次承载模拟,检验满堂支架及地基的强度和稳定性,确保施工安全;另一方面是消除施工前支架和地基的非弹性沉降变形,同时收集支架和地基的弹性变形和非弹性变形的数据,为箱梁底模施工高程控制和跨中预拱度设置提供准确的依据,确保梁体几何线形的准确。

4)满堂支架体系拆除

箱梁纵向预应力张拉完成后,进行该跨箱梁支架的拆除,支架拆除从箱梁跨中向两端对称拆除,并留 8m 不拆从而与下一跨箱梁支架形成稳定结构。

南引桥满堂支架侧面图如图 9-1 所示。满堂支架施工流程如图 9-2 所示。

图 9-1　南引桥满堂支架侧面图

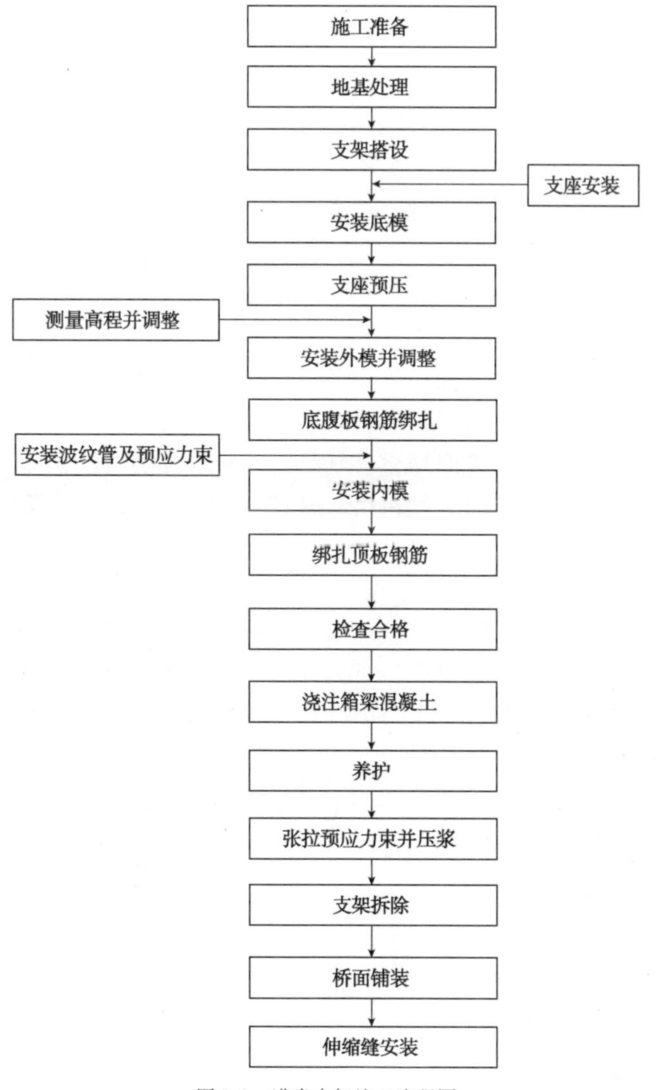

图 9-2　满堂支架施工流程图

9.1.2 满堂支架施工风险事态分析

1)满堂支架施工风险事态

(1)满堂支架施工期间高空坠落(MT01)

造成高空坠落的原因可能有:作业平台脚手板未铺满,未按要求设置防护栏杆或防护栏杆不够稳固,登高人员未按要求佩戴和使用劳动防护物品,酒后进行高空作业。

(2)满堂支架施工期间物体打击(MT02)

造成物体打击的原因可能有:满堂支架安装和拆除过程中,无专人监控或未设置警戒区域,材料堆放混乱或人员随意向下丢掷物件,上下垂直作业,吊装作业无人指挥或指挥信号不明确,起重臂下及周围站人,违章操作,吊物捆绑不牢靠,钢丝绳断裂,超负荷,吊运模板前未将模板连接栓全部拆除,大风大雨天继续吊装作业。

(3)满堂支架施工期间坍塌(MT03)

浇注混凝土过程中,由于加载不均,产生的振捣荷载过大以及较大冲力等原因,引起满堂支架失稳;地面不平整或地基处理后在搭设过程中出现不均匀沉降,雨水冲刷引起地基的不均匀沉降;吊装失误导致物体撞击引起满堂支架失稳;设计荷载时考虑不合理而引起的结构在搭设过程或梁施工过程中造成支架破坏或失稳;使用的脚手架钢管、脚手架扣件存在初始缺陷;钢管和扣件在使用过程中出现磨损、锈蚀;搭设扣件过程中由施工不当引起的扣件未拧紧;安装立杆时由于施工不当,一些立杆处于悬空状态,未固定好;施工经验不足,未设置足够的剪刀撑和斜撑,稳定性不足等。

(4)满堂支架施工期间机械伤害(MT04)

混凝土振动棒、切割机、钢筋弯曲机等设备带病作业,设备皮带轮、外露齿轮无防护罩或防护罩破损;高压油泵与千斤顶之间连接点的接口未接好,油泵操作人员未带劳保用品,张拉预应力筋滑丝、崩断;张拉锚固后未及时压浆,锚固装置及钢绞线锈蚀,出现滑丝,压浆时输浆管道断裂,压浆时锚头未封闭好,浆泵速度过快,张拉作业区无警示标志,张拉过程中千斤顶后方有人站立或穿行。

2)满堂支架施工风险事态损失评定

针对以上风险事态,根据本书2.2.2节公式(2-9)所提出的损失模型,对满堂支架施工风险事态进行损失评定。评定过程:采用发放调查问卷的方式确定各风险事态人员伤亡、时间延误和货币损失等级,并将三者损失水平分别乘以不同权重系数得到损失的综合效应,计算结果如表9-1所示,各权重所占比例如图9-3所示。

满堂支架施工风险事态损失评定结果 表9-1

风险事态	发生概率等级	人员伤亡	时间延误	货币损失	综合效应	损失评定
高处坠落(MT01)	2	3	1	2	2.1	4.1
物体打击(MT02)	3	2	1	2	1.65	4.65
坍塌(MT03)	2	4	3	2	3.25	5.25
机械伤害(MT04)	3	2	1	2	1.65	4.65

3）满堂支架施工显著风险事态识别

参考本书 2.2.4 节决策人效用函数代表值以及风险等级的划分水平，根据表 2-3 及 ALARP 风险决策准则，将以上所确定的满堂支架施工期间风险事态的损失评定结果绘于风险等级区间划分表格内，如图 9-4 所示。由图可知，风险事态 MT01、MT02、MT03、MT04 位于 ALARP 区域内，均应采取合理的安全防范措施降低其风险。其中，MT01、MT02 和 MT04 位于风险可接受区域内，只需进行常规管理措施降低其风险，无需重点研究；而位于风险可控制区域的 MT03 属于显著风险事态，必须予以高度重视，除常规管理外，在考虑降低风险的成本与所获效应的相对比值后，还应采取合理必要的专门防控措施降低其风险。

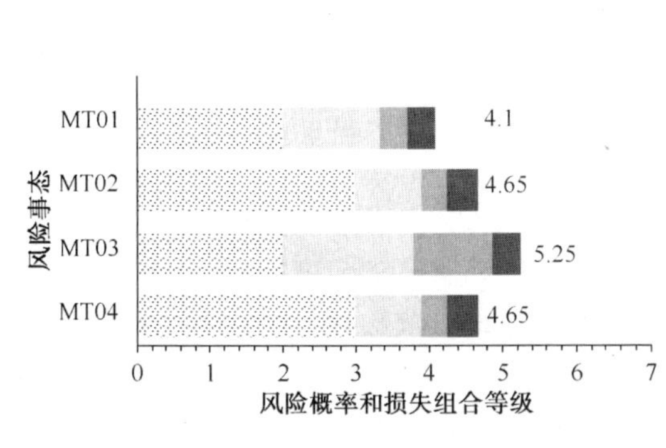

图 9-3　满堂支架施工风险事态损失评定各权重所占比例

发生概率等级；人员伤亡；时间延误；货币损失

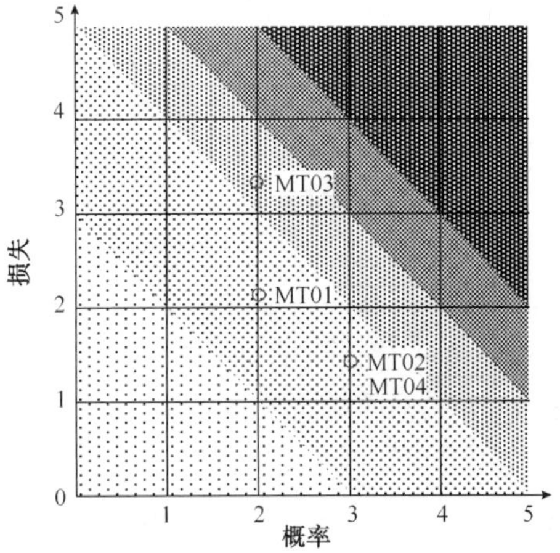

图 9-4　满堂支架施工风险等级划分结果

可忽略；可接受；合理控制；严格控制；不可接受

9.1.3　满堂支架施工安全监（检）测

针对满堂支架施工过程中的坍塌风险，本小节主要介绍了地基承载力检测、钢管质量检查、支架预压试验以及钢管脚手架位移监测技术，多种监（检）测相结合，可有效减小满堂支架的坍塌风险。

9.1.3.1　满堂支架施工安全检测与试验

1）地基承载力检测

（1）地基承载力计算

箱梁底板下单根钢管最大受力为 15.1kN，地基处理后，铺垫层再打 15cm 厚混凝土，安放钢管底座（100mm × 100mm），搭设钢管。计算地基承载力 $\sigma = N/A = 1.51 \times 10/(0.4 \times 0.4) = 94\text{kPa}$。取地基处理后承载力必须 ≥150kPa。

箱梁腹板下单根钢管最大受力为 21.4kN，地基处理后，铺垫层再打 15cm 厚混凝土，安放钢管底座（70mm × 70mm），搭设钢管。计算地基承载力 $\sigma = N/A = 2.14 \times 10/(0.4 \times 0.4) = 133.8\text{kPa}$。取地基处理后承载力必须 ≥150kPa。

箱梁翼缘下单根钢管最大受力为 19kN，地基处理后，铺垫层再打 15cm 厚混凝土，安放钢管底座（70mm×70mm），搭设钢管。计算地基承载力 $\sigma = N/A = 1.9\times10/(0.4\times0.4) = 118.8$ kPa。取地基处理后承载力必须≥150kPa。

（2）地基处理与地基承载力检测

原地基场地硬化：地基采用50cm厚5%石灰改善土分层换填，在其上铺设15cm厚C20混凝土，在承台周边、泥浆池回填处填筑厚度60cm的5%石灰改善土，浇注C20混凝土厚度为20cm，顶面做好排水处理。

①首先采用挖掘机完成支架基础范围内泥浆池清理，清除表层淤泥软弱土、表面杂草和废弃垃圾等，考虑到本项目取土资源紧缺，采用反挖30cm后回填，并采用轻型触探仪检测开挖后基底承载力，应达到60kPa以上。同时在开挖、检测过程中，检查基底有无软弱下承层。个别软弱地段抛填片石，进行加固处理后填筑石灰土。

②采用的石灰为Ⅱ级以上标准，改善土施工7天前石灰充分消解，并堆高焖放2～3天，再用于填筑施工，这样既利于彻底消解，又不易扬灰，减少环境污染。进场的生石灰块应妥善保管，加棚盖或覆土储存，应尽量缩短生石灰的存放时间。

③采用压路机对反挖后基底进行碾压，对开挖后泥浆池、承台基坑周边压路机无法碾压部位，采用平板振动夯人工夯实。

④石灰采用人工撒铺，挖掘机翻拌、整平，回填两层5%石灰改善土，桥墩两侧（承台周边）各3m范围内灰土厚度为60cm，采用压路机分层（20cm）碾压密实，压实度≥90%（重型）。

⑤石灰改善土宜在拟处理路段混凝土硬化7天前（≥7天）完成施工，并加强养护工作，养生期间要保持灰土表面经常湿润，并应封闭交通，除洒水车外禁止一切车辆通行，以确保灰土强度有效增长。地基通过灰土处理后，采用重力触探仪检测地基承载力，其地基容许承载力应达到150kPa以上，同时对处理好的地基进行弯沉检测，若地基承载力未达到要求，则采取继续填筑灰土或通过加厚硬化混凝土面层并通过试验检测后验证。

⑥在检验合格的灰土面上，浇注15cm厚C20混凝土作为面层，基础两边宽度为16m。在桥墩两侧（承台周边）浇注厚度为20cm的C20混凝土，防止不均匀沉降，承台回填范围内的支架下托底部通长铺设[16的槽钢（或20cm宽，厚度≥5cm木板）作为垫板（单根长度不少于2跨），确保地基整体受力，顶面做好排水处理。

⑦经以上方法处理，能保证地基承载力≥150kPa，满足施工要求。

2）满堂支架钢管质量检查

（1）外观检查

钢管的内外表面不允许有目视可见的裂纹、折叠、结疤、轧折和离层。要对钢管的壁厚进行检查，壁厚不得小于出现负偏差。不超过壁厚负偏差的其他局部缺陷允许存在。可用游标尺对钢管进行外观检查，如图9-5所示。

（2）型式检查

钢管按批进行检查和验收。由现场监理进行取样做拉伸和弯曲试验。拉伸和弯曲试验由具有检验资质的权威机构给出，依据《金属材料 室温拉伸试验方法》（GB/T 228—2002）和《金属管 压扁试验方法》（GB/T 246—2007），检验钢管的抗拉强度、下屈服强度和断后伸长率。

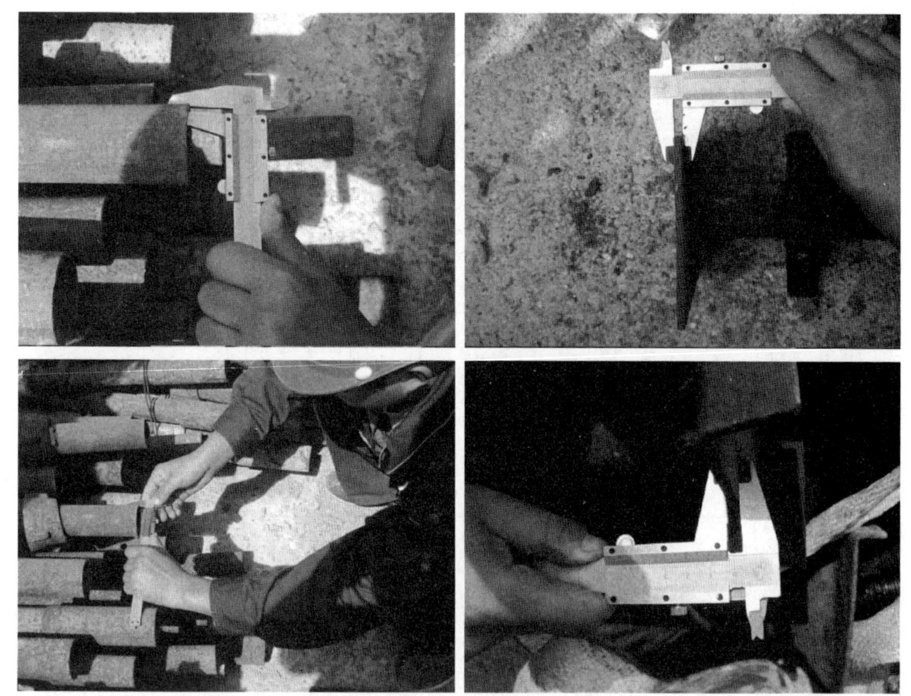

图 9-5　应用游标卡尺对钢管外观检查

3)满堂支架预压试验

(1)支架预压目的

①验证现浇梁支架的整体稳定性、刚度、强度以及支架结构的承载能力,消除现浇梁支架结构的非弹性变形。

②通过加载试验,在箱梁浇注之前,测量、计算出支架结构弹性变形及非弹性变形,结果用于支架模板预高设置,调整现浇箱梁的线形。

(2)现浇支架加载预压方案

支架预压范围定为全断面(腹板、底板、翼缘板)各部分支架,预压荷载按照箱梁断面荷载分布形式进行施压。支架预压荷载按箱梁自重的 1.1 倍计算。预压荷载的选用材料采用防水砂袋进行压重,同时可以采用钢筋调节。保证在预压加载时按照箱梁横向荷载分布形式进行。

(3)加载

①加载前准备

采用分级均匀加载,按三级进行,即 60%、100% 和 110% 的加载总重进行加载。预压观测:满堂支架预压测点沿纵桥向布置在箱梁支架两端、1/4 跨、1/2 跨和 3/4 跨,每个断面的测点布置 5 个。在点位处喷涂红油漆作标记,以便于观测沉降。变形观测点布置如图 9-6、图 9-7 所示。

在预压墩位要求长 40m、宽 18m 的空白场地清除杂物,设置安全围挡及警示牌,闲杂人等一律不得入内,场地内照明充足。按要求的压重荷载备足砂袋数量,准确称重标记,提前备料至方便运输的地方备用。落实施工机械、人员,对施工人员进行技术交底和安全教育。拼装完成后进行全面检查,测点标记。

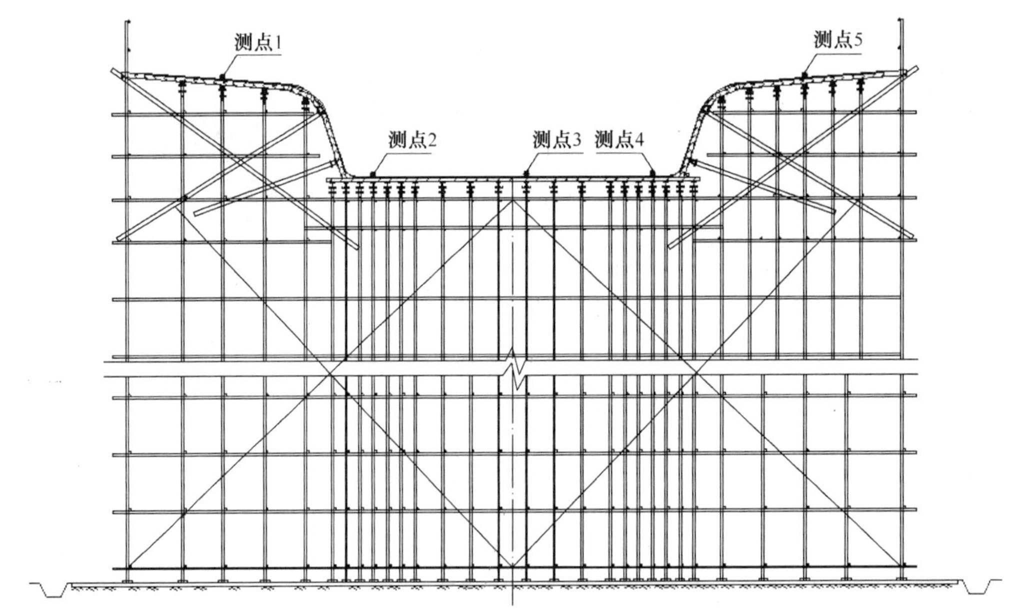

图 9-6　支架加载沉降变形观测点横断面布置图

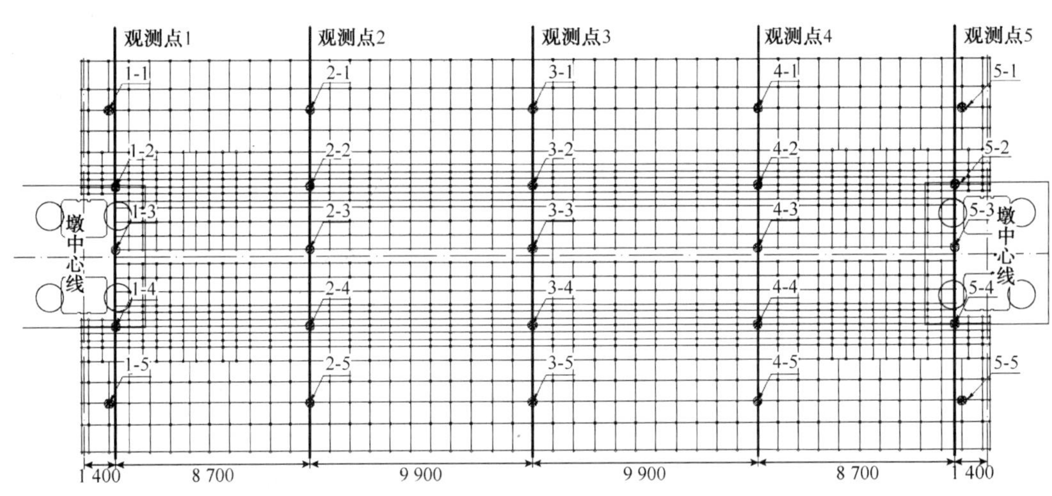

图 9-7　支架加载沉降变形观测点纵断面布置图(尺寸单位:mm)

②预压步骤

满堂支架预压共分以下六个步骤:

第一步:预压准备(技术交底、人员、机械、材料等),对已完成拼装的现浇支架进行检查验收,全面检查现浇支架的各个受力部位,确保现浇支架的每一个受力构件均处于正确的受力状态。

第二步:将现浇支架主梁和模板调整到箱梁施工时的设计高程及平面位置。

第三步:在现浇支架顶面上做标记观测点,测量各点预压前的高程值,并填写测量记录。

第四步:分级加载。

加载过程分三级,即按加载总重的 60%、100% 和 110% 加载。第一次加载后,每 2h 观测一次，连续两次观测的总沉降量不超过2mm，且沉降量稳定时进行第二次加载。按此步骤，直到加载100%完毕。每个中间过程均需要测量相应的观测点数据，预压完毕后，测量组第一时间将数据汇总，报质量检查小组。并随时观察现浇支架各部位有无异常变形。在加载过程中应注意箱梁两侧对称、均匀进行。

第五步：满载后（110%），仔细检查现浇支架各个受力部位，并静置至少48h，每4h观测一次各点高程，累计变形值不大于2mm，表明地基及支架已基本沉降到位，可卸载，并填写测量记录。否则还必须持荷进行预压，直到地基及支架沉降到位方可卸载。

第六步：分级卸载，与加载过程相反，并填写测量记录。卸载时采用分层卸载的方式，可直接调至下一阶段进行预压。每级卸载后均静载1h观测一次，卸载完成后继续观测4h，每2h观测一次。在卸载过程中同样应注意箱梁两侧对称、均匀进行。

第七步：整理、分析测量的数据，根据分析结果调整模板高程。

（4）加载观测方法

①观测点布置

根据图9-6、图9-7中的位置布置观测点，支架顶托上的纵向方木铺好后，在各观测断面处的顶托上方的纵向方木上顺桥向安装一小吊耳，利用该吊耳吊挂一2kg线锤（注：采用细钢丝绳进行吊挂）。

②将一段钢卷尺抽出捆绑于线锤垂线上，钢卷尺位置以水平仪视线便于观测的位置为宜。观测标设置如图9-8所示。

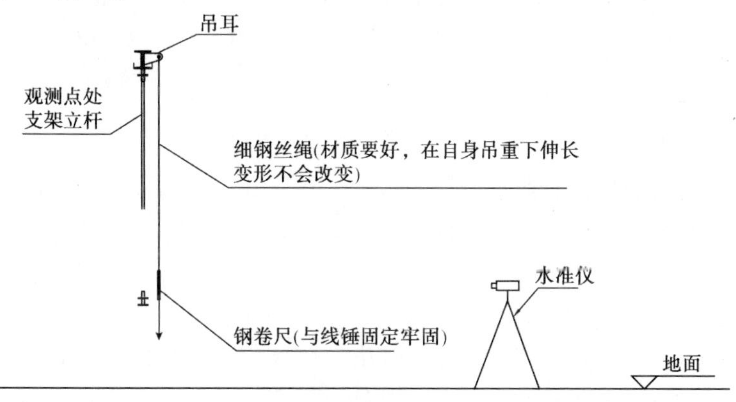

图9-8　测量观测标设置示意图

③在各支架观测点线锤对应基础位置埋设钢筋头并固定牢靠，钢筋头位置宜靠近支架钢管底角位置，以反映地基沉降的情况。

④加载前对各测点观测并记录原始数据。

⑤每阶段加载完毕后，测定基础预埋钢筋的高程变化即为基础部分的沉降量。

⑥每阶段加载完毕后，测定铅垂线的高程变化扣除基础沉降量后即为支架部分的压缩量（包括弹性和非弹性压缩）。

⑦卸载过程中按照上述方法分别观测测量支架和基础的回弹值。

⑧根据以上采集到的沉降量和回弹量计算确定支架的弹性、非弹性压缩量以及地基的沉降量。

⑨观测成果处理。

9.1.3.2 满堂支架施工安全监测

以引桥40m整体箱梁钢管支架为实际工程背景，为有效防范施工中的钢管脚手架倒塌，最大限度减小人员伤亡和财产损失，研发了一种新型碗扣式钢管脚手架位移监测系统。研究表明，新型碗扣式钢管脚手架位移监测系统目前虽处于测试阶段，却为支架工程的倒塌预警工作提供了一种可行的方案，且具有操作简单、成本可控的优点。

1）监测系统原理及组成

新型碗扣式钢管脚手架位移监测系统实现的主要手段为，在脚手架可能发生较大位移的关键部位布设激光发射器，应用激光发射器所发射激光投射在固定参考坐标系（如桥墩侧壁、临时面墙等）内轨迹的变化情况，求取碗扣式钢管脚手架关键部位的水平方向和竖直方向位移，监测系统原理示意图如图9-9所示。

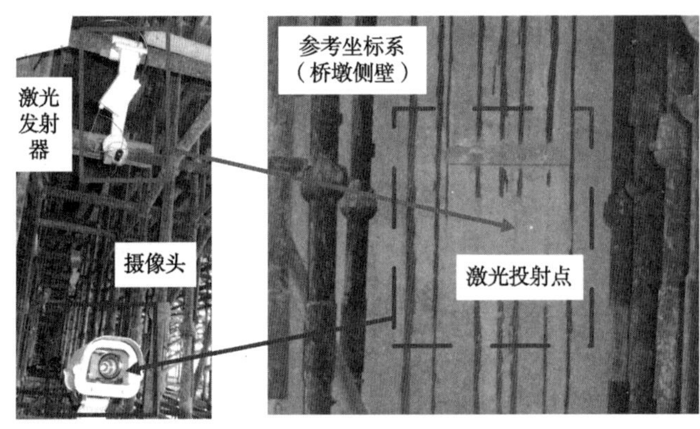

图9-9 监测系统原理示意图

由于激光具有定向性和直线性，在激光发射器仅平动而不参与转动的情况下，激光投射点位移严格等价于激光发射点位移，故无需对激光发射器进行调平或换算。同一参考坐标系内可容纳多个激光投射点，也就实现了位移监测系统的多点测量。采用摄像机实时追踪激光投射点运动轨迹，并通过无线网络将视频信号传递至管控中心的监测预警系统内，根据参考坐标系，在PC终端通过手动位移量测方法或研发相应自动位移识别软件即可获取脚手架关键部位的位移情况，并与钢管脚手架稳定承载力计算分析所得参考预警值对比，从而实现钢管脚手架的动态监测与倒塌预警。

2）监测系统现场布置

以桥墩侧壁为参考坐标系，根据支架稳定承载力计算结果，选取南引桥40m整体箱梁碗扣式钢管脚手架近顶端一处竖直钢管和两处水平钢管安装激光发射器，三处位移监测点均位于箱梁腹板以下位置。摄像头安装于沿纵桥向靠近桥墩处位置（图9-10）。

3）监测系统的传输

由于布设钢管脚手架位移监测系统的施工标段距马鞍山长江大桥指挥部较远，故需先将监测系统所获视频信号通过无线网桥接入已建成的马鞍山长江公路大桥MIWAVE无线传输系统中，经该系统将视频信号汇总至管控中心的“马鞍山长江公路大桥施工进程重大危险源动态监控预警系统”，从而方便施工安全管理人员实时动态查看碗扣式钢管脚手架关键部位的位移状况。如图 9-11 所示，钢管脚手架位移监测系统视频信号传递路径为：摄像头采集视频信号→信号发射端网桥→信号接收端网桥→MIWAVE 无线传输系统中的无线基站→管控中心 PC 终端。

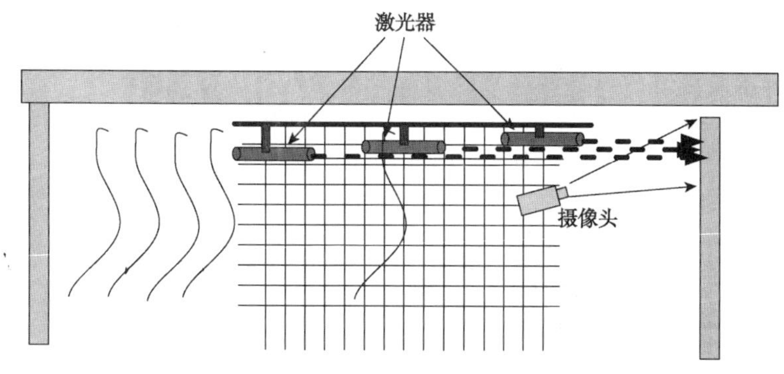

图 9-10　监测系统现场布置纵桥向平视图

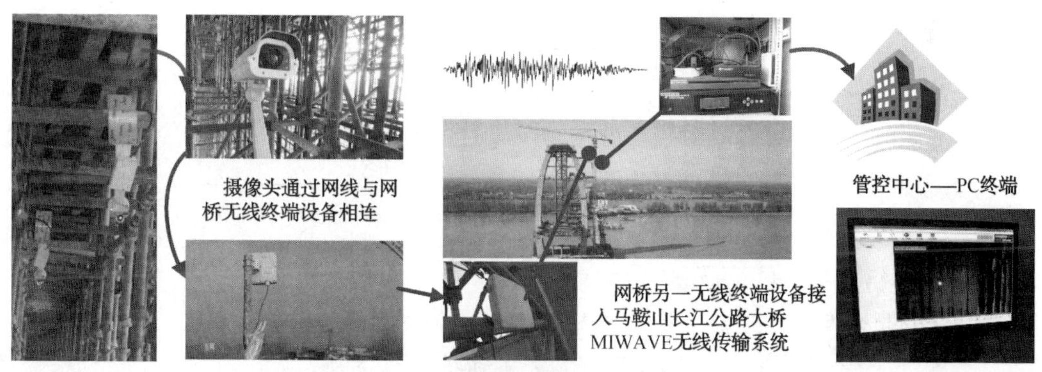

图 9-11　碗扣式钢管脚手架位移监测系统视频信号传递路径

4）位移识别

由于碗扣式钢管脚手架位移监测系统尚属测试阶段，相关图像处理软件的开发还不完善，本系统采用 AutoCAD 手动测量激光点位移的方法，获取南引桥 40m 整体箱梁碗扣式钢管脚手架关键部位水平与竖直方向的位移，即在激光所投射桥墩侧壁设立“标靶”，给定间距为 1mm 的标准网格，在 PC 终端采用 AutoCAD 手动实时量取激光点偏离原中心的水平方向和竖直方向位移，若激光点不处于标靶横纵轴线交点处，则可采用内差方法获取位移。有关本系统手动位移量测方法及位移自动识别软件的开发，详见后续相关文章。

9.1.4　满堂支架施工显著风险事态安全防控

在满堂支架架设施工过程中，由于施工的重复性，容易让人将一些显而易见的危险忽略，在满堂支架施工时，显著风险事态为支架坍塌，有可能是由于抗力过小或者荷载过大等原因。造成荷载过大的常见原因有：浇注混凝土的过程中由于荷载不均及动力效应引起的局部失稳坍塌；由于地基不平整即施工或在搭设过程中因雨水冲刷引起的不均匀沉降导致支架失稳。抗力过小的常见原因有：施工中未搭设足够的剪刀撑引起的失稳；由于搭设过程中的立杆悬空或扣件未扣紧引起的承载力不足,长期使用的杆件由于磨损、腐蚀等原因失效或使用具有初始缺陷的钢管或扣件进行搭设。此外,在施工过程中由于吊装的失误引起物体对脚手架的打击也是导致支架坍塌的一个原因。

满堂支架在架设和施工过程中坍塌事故树如图 9-12 所示。可以利用布尔运算简化事故树,从而得到整个集合的最小割集,以此表明系统的危险性,并找出顶上事件(满堂支架施工过程中失稳坍塌)发生的每一种可能的渠道,由事故树可知,造成该事故发生的基本原因有 11 个,分别用 X_1、X_2、X_3……X_9、X_{10}、X_{11}来表示,这些基本事件就是事故隐患。事故的发生并不是所有事故隐患同时发生,这些集合称为割集,既顶上事件发生的集合。如果割集里面的基本事件对于顶上事件的发生缺一不可,则称该集合为最小集合。最小割集求解过程为:

$$T = A_1 + A_2 = (X_1 + B_1 + B_2) + (B_3 + B_4) = X_1 + X_2 + X_3 + X_4 + X_5 + X_6 + X_7 + X_8 + X_9 + X_{10} \tag{9-1}$$

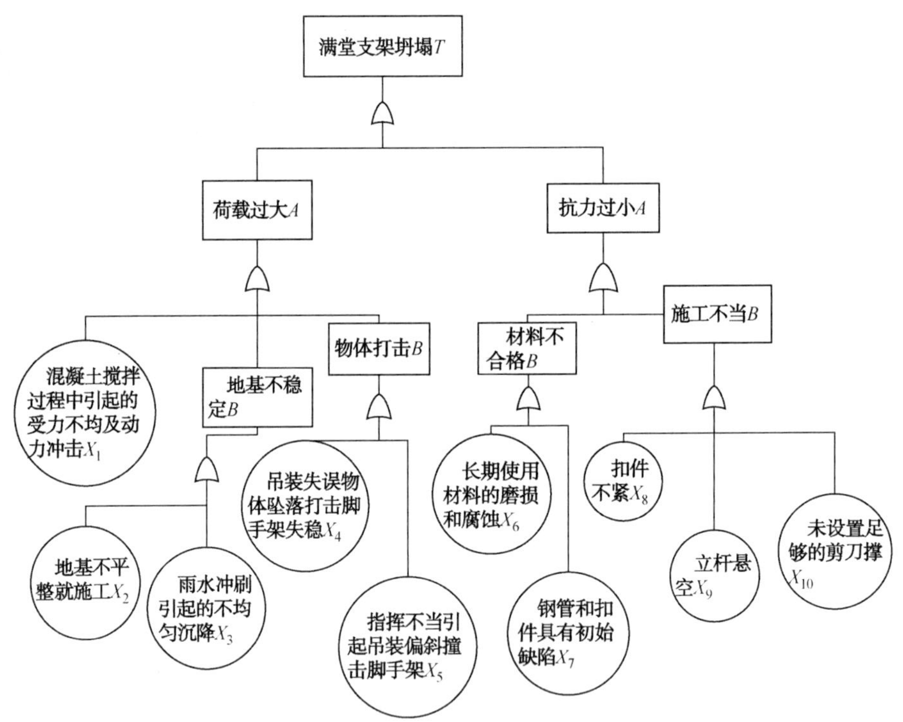

图 9-12　满堂支架坍塌事故树

根据布尔代数简化,得到了 10 组割集,均为最小割集,即事故树的最小径集为:$\{X_1\}$、$\{X_2\}$、$\{X_3\}$、$\{X_4\}$、$\{X_5\}$、$\{X_6\}$、$\{X_7\}$、$\{X_8\}$、$\{X_9\}$、$\{X_{10}\}$。

基本事件的结构重要度分析为:$X_1 \geqslant X_2 \geqslant X_3 \geqslant X_4 = X_5 = X_6 = X_7 = X_8 = X_9 = X_{10}$。

由事故树可知,事件全部由或门组成,根据或门的定义,只要有任意一个基本事件发生就有输出,通过对事故树的定性分析可知,脚手架支撑系统坍塌的可能原因有 10 种,可见,满堂支架坍塌的可能性还是很大的,从该事故的最小径集和基本事件的结构重要度来看,混凝土浇注过程中引起的荷载过大及动力冲击是引起满堂支架坍塌的最主要原因。因此,在浇注混凝土的过程中,在施工区域设置警戒线和专人防护,禁止无关人员进入,同时由专业人员监测满堂支架的变化显得尤其重要。还可以发现，由于雨水冲刷引起的地基不平整也是引起坍塌的主要因素，需要在施工过程中严格控制满堂支架的沉降。设专门人员对满堂支架在施工过程中的沉降进行监测。一旦出现大变化，马上暂停施工，检查原因，并采取相应解决措施后方可继续施工。

在满堂支架的搭设和施工过程中，由于不均匀沉降引起的失稳坍塌事故频频发生，因此在施工中控制满堂支架的位移沉降具有相当重要的意义。在实际施工中，本项目在搭设满堂支架前先对地基进行平整，在平整度符合标准的前提下，在地基上部浇注 20cm 厚混凝土垫层，并在周围布置排水沟，上述做法有效的减少了地基不均匀沉降现象的产生。此外，通过有限元软件可以事先对满堂支架在实际搭设和施工过程中的薄弱杆件进行有效监测，可以通过传感器得出的实时应变或位移，掌控整个满堂支架的受力以及工作状态，有效地预防了坍塌事故的发生。

9.2　梁式支架施工

梁式支架是采用多跨连续梁形式搭设，用于支承模板或其他施工荷载的临时结构。梁式支架主要由部分型钢、钢管支架及其上的满堂支架或贝雷架组成。跨线组合支架一般采用门洞形式，门洞基本结构为：钢管立柱、型钢盖梁、型钢分配梁（贝雷分配梁）。一般需要根据跨线宽度，在钢管顶布设相应跨度的横梁、型钢分配梁或贝雷梁等，然后在分配梁上设置满堂支架，满堂支架一般采用门式支架或者扣件式支架。跨河组合支架一般根据是否有通航需要，搭设相应间距的钢管桩，在钢管桩顶设置型钢横梁、型钢分配梁或贝雷梁等，然后在分配梁上设置满堂支架。支架高度大于 12m 时，宜采用梁式支架。

9.2.1　梁式支架施工工序

1）地基基础处理

梁式支架基础应根据设计参数检验原地基的地基承载力，如不符合要求应进行换填压实处理，一般基础采用浇注混凝土基座硬化处理，基座尺寸根据地基承载力和荷载等设计参数确定并适当配筋，设置基座高度时建议考虑防撞要求。

跨河组合支架如采用钢管桩基础，其入土深度根据设计参数通过计算确定，实际施工应当以入土深度、贯入度进行双控。

整个支架基础范围的周边应设有排水系统，防止因长期持续降雨排水不畅造成的基础进水而使支架系统发生不均匀沉降现象。

2）支架搭设方案

在承台混凝土浇注时安装预埋件，以使钢管桩基础生根；承台外部分采用钻孔桩作业支撑点，支点基础采用 ϕ1.2m 钻孔桩，桩顶面抄平，焊接 1m 的钢管桩，同时安装管桩之间连接系，安装于承台上的钢管桩与墩身预埋件连接，与墩身牢固连为一体；桩顶安装纵横分配梁；分配梁上安装主梁贝雷片，使贝雷梁成为整体；安装横向槽钢分配梁，调整高程，安装底模。翼缘板采用排架施工，纵向坡度采用桩长及钢垫块调坡，横向坡度采用钢垫块调坡。

（1）安装前准备工作

钢管柱、柱间联结系、柱顶分配梁、附着装置及贝雷梁纵梁加工或拼装完成并检查合格。

设置测量控制点。装前应进行技术交底,有关施工及操作人员应熟悉施工图纸。准备吊具、缆风绳、卡环、导链等工具。

(2)钢管柱安装

在工厂将钢管柱按照施工方案上的长度进行组拼。对承台上预埋件进行清理及位置复核。利用50t履带吊机分节整体吊装钢管柱。安装时均要设置操作平台、栏杆及爬梯。及时安装组组之间的联结系及附着结构,尽早张拉附着精轧螺纹并做好记录。安装过程中要严格控制钢管柱高程及垂直度在1.5‰以内。必要时设置缆风绳以保证安装过程中结构稳定、安全。

(3)柱顶分配梁安装

从下至上逐根安装桩顶分配梁及滑动面,及时抄平并互相焊接固定。安装过程中要严格控制各分配梁的位置。滑动面要严格按照图纸进行安装,四氟板与不锈钢板均要符合设计要求。

(4)贝雷梁纵梁拼装

贝雷梁纵梁拼装完成后将两组连接成整体结构,安装贝雷梁纵梁顶分配梁并设置预拱,贝雷梁纵梁与滑动面进行临时锁定,贝雷梁纵梁吊装前进行一次全面检查。箱梁梁式支架纵桥向布置如图9-13所示。

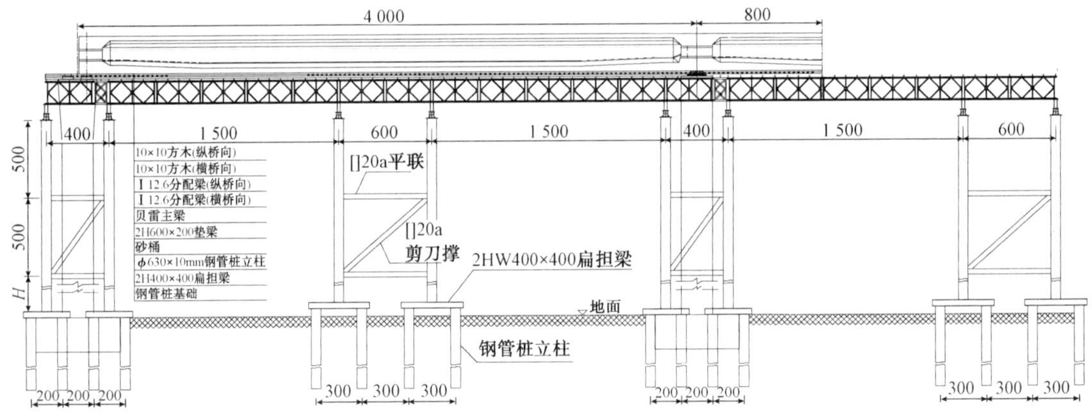

图9-13 箱梁梁式支架纵桥向布置图(尺寸单位:cm)

(5)支架预压

支架的非弹性变形通过预压消除后,预拱度等于弹性变形,弹性变形等于卸载后高程减去加载完成后高程,即可设置合理的预拱度,预拱度设置通过调整砂筒实现,按抛物线进行设置。

3)支架拆除方案

待混凝土强度大于50%设计强度后,拆除箱梁内模;待混凝土强度大于75%设计强度后,拆除箱梁侧模;梁体混凝土强度和弹模达到设计要求的90%后张拉预应力钢束,拆除底模和翼缘模板及支架,支架拆除从梁跨中部向两端对称推进。

(1)待混凝土强度达到要求后,拆除简支梁两侧支架、翼缘底模及外侧模。同时利用拆除的模板铺设在贝雷梁上,作为下一步拆除简支梁下底模的作业平台。

(2)将管桩顶砂箱内砂粒从侧面泄砂孔内放出,砂箱带着上面的贝雷梁下降5~10cm,作业人员利用撬棍等,将下底模撬离混凝土面落于贝雷梁上。

(3)利用导链、吊机等,将下底模抽离出,并整理好吊放到地面。作业过程中严禁歪拉斜拽,且抽离作业时,作业区域内下方严禁站人。

(4)先割除贝雷梁之间的连接器,使 3 ~4 片贝雷梁为一个整体,然后用两台吊机协同作业,将外侧贝雷梁吊离到地面,然后使用导链、利用分配梁作为滑道,将梁底贝雷梁移出,再使用吊机吊至地面。

(5)使用两台吊机或在梁面设置卷扬机,分别系住分配梁两端,将分配梁与钢管桩割离,然后起吊,将分配梁吊移至地面。钢管桩拆除时,吊机钢丝绳挂系于管桩顶,出绳方向靠吊机一侧,然后利用梁面卷杨机系住相对称的位置,吊机、卷场机稍微带劲,然后割开管桩底部(或解除连接螺栓),吊机起钩外移,卷扬机配合松绳,至钢管桩落于地面。

梁式支架施工流程如图 9-14 所示。

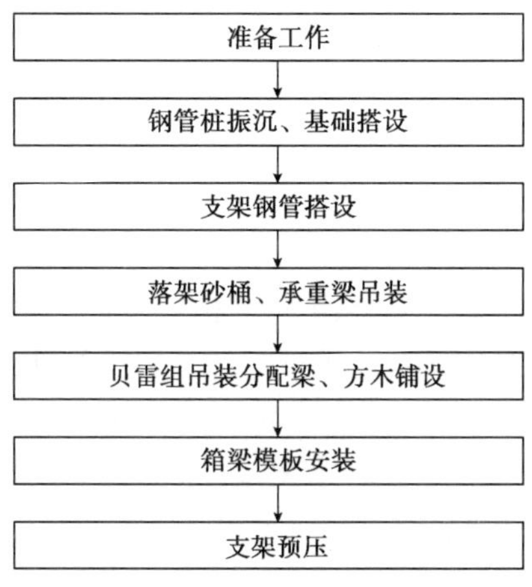

图 9-14　梁式支架施工工艺流程

9.2.2　梁式支架施工风险分析

1)梁式支架施工风险事态

(1)梁式支架施工期间高处坠落(LS01)

作业人员高处作业未佩戴安全带或安全带未挂;连接器焊接作业无作业平台;作业人员在管桩顶无防护或在连接器上行走。

(2)梁式支架施工期间物体打击(LS02)

高处作业人员向下随意抛丢物品;模板、管桩拆除时,作业下方有人员穿行或停留。

(3)梁式支架施工期间坍塌(LS03)

安装前未对使用工具、材料进行检查或检查不合格;钢管桩连接螺栓不合格;管桩拼接焊缝不合格;管桩立好后垂直度达不到要求;管桩连接螺栓未拧完或连接处未焊完便松开吊机钢丝绳;浇注混凝土或试压前未对支架进行检查验收签证;混凝土浇注过程中未对支架稳定性进行监控检查。

(4)梁式支架施工期间起重伤害(LS04)

管桩吊装对位时无人指挥或未拉缆风绳;贝雷梁吊装前未检查吊具、吊机站位、吊点等;贝雷梁起吊前未试吊;大型构件吊装无缆风绳。

2)梁式支架施工风险事态损失评定

针对以上风险事态,根据本书2.2.2节公式(2-9)所提出的损失模型,对梁式支架施工风险事态进行损失评定。评定过程:采用发放调查问卷的方式确定各风险事态人员伤亡、时间延误和货币损失等级,并将三者损失水平分别乘以不同权重系数得到损失的综合效应,计算结果如表9-2所示,各权重所占比例如图9-15所示。

梁式支架施工风险事态损失评定结果　　表9-2

风险事态	发生概率等级	人员伤亡	时间延误	货币损失	综合效应	损失评定
高处坠落(LS01)	2	3	1	2	2.1	4.1
物体打击(LS02)	3	2	1	2	1.65	4.65
坍塌(LS03)	2	4	3	2	3.25	5.25
起重伤害(LS04)	3	2	1	2	1.65	4.65

3)梁式支架施工显著风险事态识别

参考本书2.2.4节决策人效用函数代表值以及风险等级的划分水平,根据表2-3及ALARP风险决策准则,将以上所确定的梁式支架施工期间风险事态的损失评定结果绘于风险等级区间划分表格内,如图9-16所示。由图可知,风险事态LS01、LS02、LS03、LS04位于ALARP区域内,均应采取合理的安全防范措施降低其风险。其中,LS01、LS02和LS04位于风险可接受区域内,只需进行常规管理措施降低其风险,无需重点研究;而位于风险可控制区域的LS03属于显著风险事态,必须予以高度重视,除常规管理外,在考虑降低风险的成本与所获效应的相对比值后,还应采取合理必要的专门防控措施降低其风险。

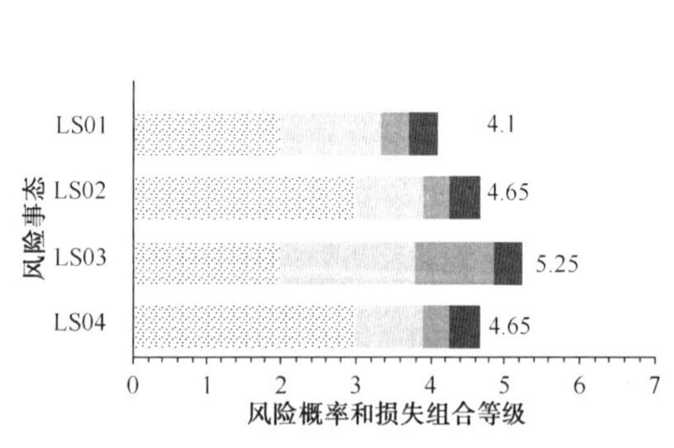

图9-15　梁式支架施工风险事态损失评定各权重所占比例

发生概率等级;人员伤亡;时间延误;货币损失

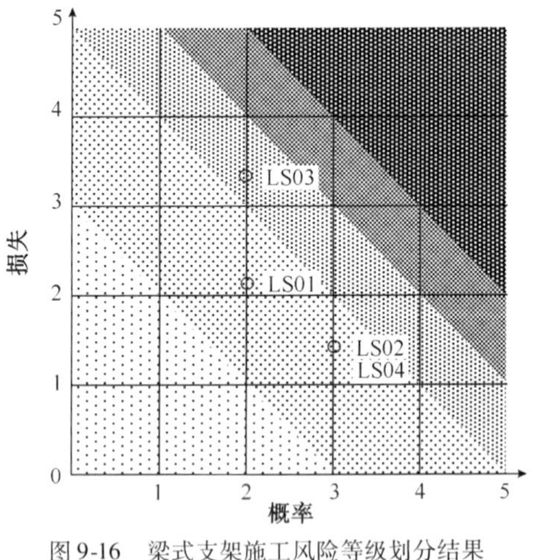

图9-16　梁式支架施工风险等级划分结果

可忽略;可接受;合理控制;严格控制;不可接受

9.2.3　梁式支架施工安全监测

针对梁式支架施工过程中的坍塌风险,本小节主要介绍了梁式支架预压试验方案和相关注意事项,以有效减小梁式支架的坍塌风险。

(1)预压荷载计算

支架预压荷载取支架承受的混凝土结构恒载与模板重量之和的 1.2 倍。箱梁纵断面分成 3 个区域,即变截面区、跨中区、变截面区,横向分成 5 个区域,即翼缘区、腹板区(2 个区)、顶底板区(2 个区)(图 9-17、图 9-18)。

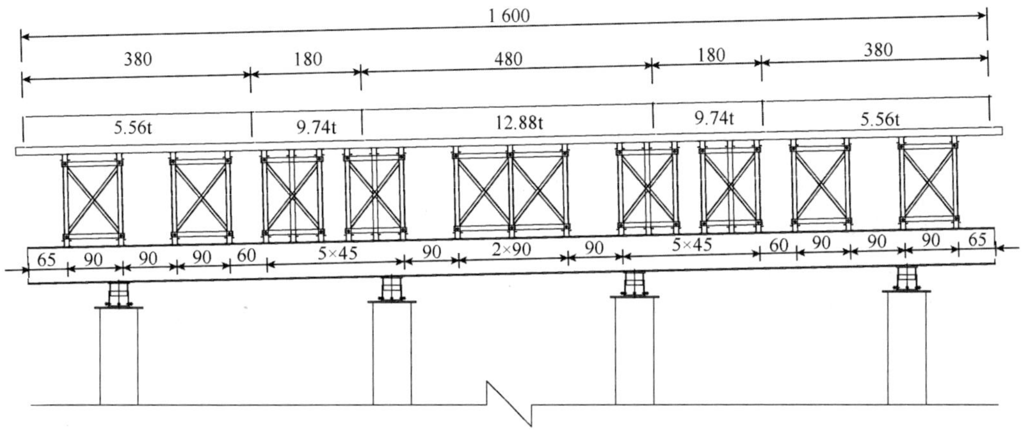

图 9-17　变截面预压荷载分部图(尺寸单位:cm)

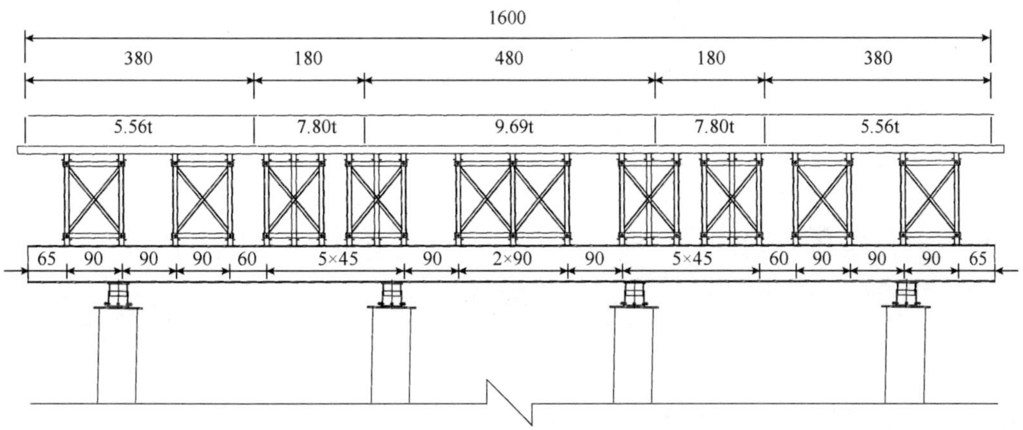

图 9-18　跨中处预压荷载分部图(尺寸单位:cm)

预压沙袋横截面布置 5 个检测点,纵桥向一跨布置 5 处观测断面,即墩顶处、1/4 跨位置处、1/2 跨位置处、3/4 跨位置处、墩顶处。为便于测量,在分配梁上焊接型钢,将观测点引至沙袋以上进行测量。

(2)加载与卸载

预压荷载分三级加载,第一次加载为预压荷载值的 60%,第二次加载至 80%,第三次加载至 100%。纵向加载时,从箱梁跨中向支点处对称布载,横向加载时,从箱梁中心线向两侧对称布载。每级加载完后,对支架进行观测,并每间隔 12h 对支架沉降量进行一次观测,当支架顶部监测点 12h 的沉降量平均值小于 2mm 时,可进行下一级加载。支架预压可一次性卸载,预压荷载均衡、对称、同步卸载。

(3)沉降量检测

在全部加载完成后的支架预压检测过程中,各监测点连续观测 48h 沉降量平均值小于

2mm，支架预压合格。

（4）检测内容

①加载之前检测高程；

②每级加载后检测点高程；

③加载至100%后每间隔24h检测点高程；

④卸载后6h检测点高程。

（5）检测记录

预压检测主要采用水准仪，水准仪按照现行行业标准《水准仪检定规程》（JJG 425—2003）进行检定。预压采用三等水准测量要求作业，支架沉降检测记录与计算符合下列规定：

①预压荷载施加前，检测并记录支架顶部和底部监测点的初始高程；

②每级荷载施加完成时，检测各监测点高程并计算沉降量；

③全部预压荷载施加完毕后，每隔24h检测一次并记录各监测点高程，直到满足要求；

④卸载6h后，检测各监测点高程，并计算支架监测点的弹性变形量；

⑤计算支架各监测点非弹性变形量。

（6）支架预压时注意事项

①每次观测都要严格记录加载量级、变形值、测量的日期与时间、大气温度、天气情况等数据；

②每级加载要均匀连续，确保均匀加载，并尽可能做到对称加载；

③支架预压加载时随时观察记录支架的变形情况，发现支架有异常时必须立即停止加载并采取相关措施。

9.3 钢栈桥施工

右汉斜拉桥钢栈桥顶宽6.0m，顶高程+8.5m，跨径主要为9.0m，在栈桥第27跨设置一跨径40m临时应急通航孔道，并且两端均加设一排钢管桩，使该跨成为单独的结构。另外在栈桥第十六跨处设置长18m、宽3.0m的会车平台，以保证会车车辆的安全正常通行。上部构造由贝雷架、型钢构成，其中承重结构采用2I45a和双排单层不加强的贝雷架形式，贝雷架上采用I25a、I12.6a的型钢作为分配梁，分配梁上铺设δ10mm的钢板作面板，桥面两侧设置1.3m的安全护栏。钢栈桥基础采用单排钢管桩，规格为ϕ630mm、δ8mm的螺旋钢管，横向中心距离为4.65m，钢管之间采用ϕ300mm、δ6mm钢管（或采用槽钢[20a）的平联进行连接，以加强钢管整体平整性，底层平联在最底潮位时焊接。

9.3.1 钢栈桥施工工序

钢栈桥施工采用逐孔振沉钢管桩、逐孔架设上部结构的施工方法施工。钢栈桥钢管桩振沉采用50t浮吊，配备DZ90型振桩锤进行，下横梁、承重贝雷架采用浮动进行，上部结构采用25t汽吊逐孔进行架设。钢栈桥施工流程见图9-19。

1）钢管桩施工

钢栈桥钢管桩由附近其他工地周转，每节长度为12.0m，根据设计图纸要求在现场焊接接桩。钢管桩进场后注意整体验收，确保钢管桩质量能满足钢栈桥搭设质量、安全要求。钢管桩构件运输最大长度 12.0m，利用交通船运输至施工现场。每次运载钢管桩时根数要合适，并且用钢丝绳对钢管桩进行临时固定。振沉钢管桩采用悬打法施工，采用 50t 浮吊车配合 DZ90 型振桩锤振沉钢管桩。钢管桩振沉施工完成后，安排测量组进行测量放样，控制好钢管桩的平面位置、倾斜度等质量指标，验收合格后方可进行该墩钢管桩间牛腿、平联、斜撑、桩顶下横梁施工。

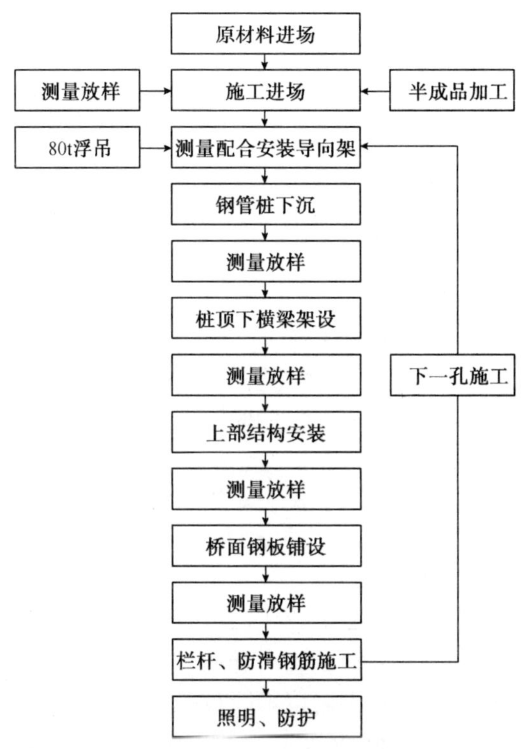

图 9-19　钢栈桥施工流程图

2）钢栈桥上部结构安装

贝雷梁拼装考虑在江堤滩地上拼装，利用浮吊运输，逐孔吊装。由于贝雷梁重量不大（9m 跨径双排单层不加强形式贝雷梁重约 2.16t），故单跨双排单层贝雷梁作为一组同时吊装。准确就位好一组贝雷梁后，同步安装横梁，横梁每 3m 设置一道，横梁利用夹具固定在贝雷下弦横联孔上，然后利用小型槽钢[8 ~ [10 将贝雷梁与下横梁固结，增强钢管与上部构件的整体稳定性。依此方法类推完成整座钢栈桥贝雷夹的安装、固定工作。采用 50t 浮吊进行分配梁的安装，上横梁材料采用 I25a，间距为 75cm 一道，上横梁的支点必须放在贝雷梁竖弦杆或菱形弦杆的支点位置，以满足受力要求，并用骑马螺栓固定好，骑马螺栓采用 18mm 的圆钢加工而成。

3）桥面系施工

上部结构安装完成后进行桥面系施工，面板采用宽 2 × 2.0m（桥梁中心留 60cm 铺钢筋网片，两段各留 70cm 铺钢筋网片）、厚度 δ10mm 的桥面钢板，桥面板与纵梁均要点焊牢固，焊缝质量要满足要求。最后安装防滑钢筋（ϕ12 的螺纹钢）、护栏立杆（ϕ48mm、δ3.5mm 钢管）、护栏扶手（ϕ12 的螺纹钢）以及涂刷油漆。

4)材料检验与试验

钢栈桥所用的材料,尤其是贝雷架、钢管桩、工字钢、槽钢、角钢等主要材料必须严格检验、验收。物资部、试验室、质检部是控制质量的首要部门,要严格供货原则,提高安全保证措施。

9.3.2 钢栈桥施工风险分析

1)钢栈桥施工风险事态

(1)钢管桩施工期间物体打击(GZ01)

钢管桩吊运时吊钩脱落,钢丝绳断裂,吊装振桩锤的起重机钢丝绳不符合要求或钢丝绳断裂等。

(2)钢栈桥使用期间坍塌、损伤(GZ02)

钢栈桥设计不符合规定,受力不满足要求,在钢栈桥运行期间无安全值班岗人员监督运行车辆在钢栈桥上的行使速度,车速超过15km/h,水中有漂浮物冲击栈桥(如垃圾等),栈桥贝雷片销子、螺栓等构件有松动,施工人员监管不力。

(3)钢栈桥使用期间船舶搁浅、碰撞(GZ03)

船舶驾驶员不按照海事部门规定的航道行驶,未按规定设置通航警戒标示或警戒标示不明显,船员操作失误,对水文地质状况不熟悉,船舶突发故障,操作人员无证驾驶船只等。

(4)钢栈桥钢管桩冲刷严重(GZ04)

没有定期观测栈桥钢管桩的冲刷情况,没有对钢管桩冲刷过大的位置采用抛砂袋、片石的办法进行维护。

2)钢栈桥施工风险事态损失评定

针对以上风险事态,根据本书2.2.2节公式(2-9)所提出的损失模型,对钢栈桥施工风险事态进行损失评定。评定过程:采用发放调查问卷的方式确定各风险事态人员伤亡、时间延误和货币损失等级,并将三者损失水平分别乘以不同权重系数得到损失的综合效应,计算结果如表9-3所示,各权重所占比例如图9-20所示。

钢栈桥施工风险事态损失评定结果　　表9-3

风险事态	发生概率等级	人员伤亡	时间延误	货币损失	综合效应	损失评定
物体打击(GZ01)	2	3	2	2	2.45	4.45
钢栈桥坍塌、损伤(GZ02)	2	3	3	2	2.8	4.8
船舶搁浅、碰撞(GZ03)	3	2	2	3	2.2	5.2
钢管桩冲刷严重(GZ04)	2	2	2	2	2	4

3)钢栈桥施工显著风险事态识别

参考本书2.2.4节决策人效用函数代表值以及风险等级的划分水平,根据表2-3及ALARP风险决策准则,将以上所确定的钢栈桥施工期间风险事态的损失评定结果绘于风险等级区间划分表格内,如图9-21所示。由图可知,风险事态GZ01、GZ02、GZ03、GZ04位于ALARP区域内,均应采取合理的安全防范措施降低其风险。其中,GZ01、GZ02和GZ04位于风险可接受区域内,只需进行常规管理措施降低其风险,无需重点研究;而位于风险可控制区域的 GZ03 属于显著风险事态，必须予以高度重视，除常规管理外，在考虑降低风险的成本与所获效应的相对比值后，还应采取合理必要的专门防控措施降低其风险。

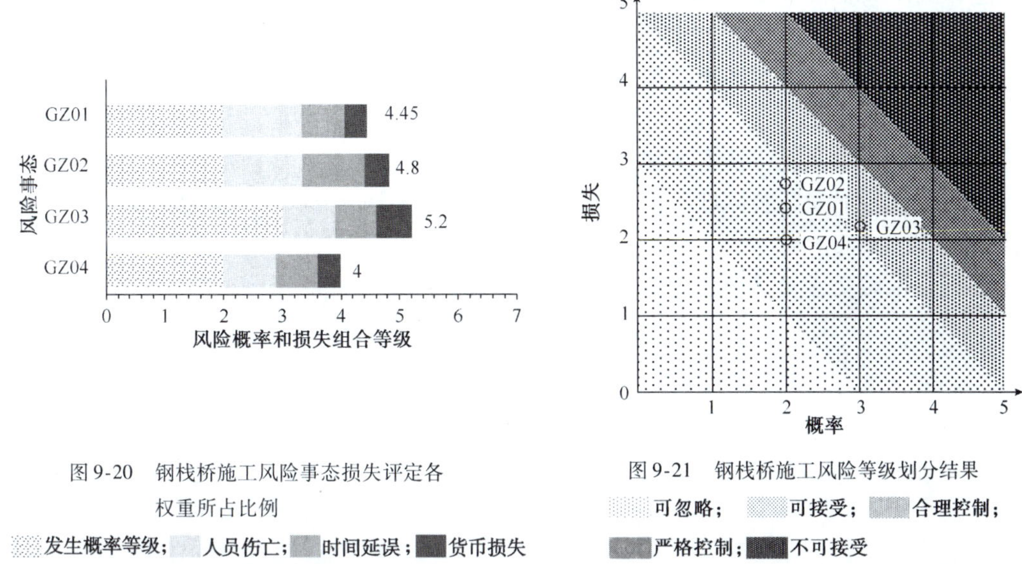

图 9-20　钢栈桥施工风险事态损失评定各权重所占比例

发生概率等级；人员伤亡；时间延误；货币损失

图 9-21　钢栈桥施工风险等级划分结果

可忽略；可接受；合理控制；严格控制；不可接受

9.3.3　钢栈桥施工显著风险事态安全防控

钢栈桥在施工过程中可能出现船舶搁浅、碰撞（GZ03）风险，可采取以下安全防控措施。

1）船舶搁浅防控措施

（1）船长接到值班驾驶员的报告或发现船舶搁浅后，立即进入驾驶台判明情况，通知大副到现场，轮机长到机舱，大副指派人员测量四周水深，查看吃水，了解搁浅情况，检查船体是否漏损。

（2）驾驶员应指派舵工按规定显示号灯号型，如碍航，还应立即通报周围船舶及当地海事部门和公司调度室。

（3）关闭所有水密舱门，指挥有关人员检查机器、管系、海底阀等有无异常，并报告船长。

（4）了解有否破舱情况，并采取相应的堵漏措施及时估算破舱稳性。

（5）船长根据实测记录和机舱报告确定能否自行脱险，拟定脱浅操作方案和安全措施。

（6）当自力脱浅方案不足以脱浅时，船长应考虑拖轮协助方案计算出浅时需要的拖轮功率、艘次，要求他船抵达现场的时间，并确保其他船只作业的位置和出浅路线。

（7）脱浅操作时，全体船员在船长的统一指挥下，密切配合，争取时间，全力以赴执行脱浅方案的各项操作计划，使船舶及早脱浅。

（8）驾驶员应在《航行日志》上记录船舶搁浅的时间、地点、方位、航速、水文、气象等情况，施救方案及操作过程和脱浅时间。

2）船舶碰撞安全措施

（1）船舶发生碰撞，船长应立即进入驾驶台，判明情况，当碰撞危及本船或他船安全时，应立即发出警报，全体船员迅速进入应急工作岗位。

（2）关闭全部水密舱室，大副在船长指挥下，指挥有关人员了解损坏情况，查看是否进水。

(3)迅速确定碰撞部位,是否有液货溢漏,并将碰撞发生的时间与地点,双方大概的危险程度、人员伤亡情况,是否发生污染,对方的船名、船籍港、货物情况、碰撞角度及碰撞前的航向、航速和操作状况、当时的气象、水位情况等记入航行日志。并以最快捷有效的通信途径报所管辖海事部门和公司调度室。

(4)针对碰撞损失情况迅速组织自救,视航道、气象、水位和附近情况,采取滞航、抛锚措施以策安全。

(5)如实填写记录航行日志、轮机日志、车钟记录,保管好原始安全资料。

(6)在钢栈桥上安装航标灯(和海事部门协商),以便船舶的航行;在钢栈桥两侧适当距离配备临时用救生圈。

(7)配备两艘交通船,交通船严格按照相关管理规定,注意做到限人限载,配备救生衣等。

参 考 文 献

[1] 张喜刚,等. 公路桥梁和隧道工程设计安全风险评估[M]. 北京:人民交通出版社,2010.

[2] 交通运输部工程质量监督局. 公路桥梁和隧道工程施工安全风险评估制度及指南解析[M]. 北京:人民交通出版社,2011.

[3] 何光,马中南,等. 安徽省公路水运重点工程项目建设质量管理指南[M]. 2 版. 北京:人民交通出版社,2013.

[4] 何光,卞国炎,等. 安徽省公路水运重点工程项目安全生产管理指南[M]. 2 版. 北京:人民交通出版社,2013.

[5] 阮欣,陈艾荣,石雪飞,等. 桥梁工程风险评估[M]. 北京:人民交通出版社,2008.

[6] 上海城建集团公司,等. 城市高架桥施工风险评估和管理[M]. 北京:人民交通出版社,2009.

[7] 孟凡超. 悬索桥[M]. 北京:人民交通出版社,2011.